国家社科基金重点项目“分析的西方哲学史研究”
（项目编号：19AZX013）的阶段性成果

《分析哲学研究丛书》主编：江　怡

“纯粹恶的神话”之批判

基于西方伦理学的视角

陈常燊　著

中国社会科学出版社

图书在版编目(CIP)数据

“纯粹恶的神话”之批判：基于西方伦理学的视角 / 陈常燊著．
—北京：中国社会科学出版社，2021.4
（分析哲学研究丛书）
ISBN 978-7-5203-8137-6

Ⅰ.①纯…　Ⅱ.①陈…　Ⅲ.①善恶—伦理学—研究
Ⅳ.①B82

中国版本图书馆 CIP 数据核字(2021)第 052517 号

出 版 人　赵剑英
责任编辑　冯春凤
责任校对　张爱华
责任印制　张雪娇

出　　版　中国社会科学出版社
社　　址　北京鼓楼西大街甲 158 号
邮　　编　100720
网　　址　http://www.csspw.cn
发 行 部　010-84083685
门 市 部　010-84029450
经　　销　新华书店及其他书店

印　　刷　北京君升印刷有限公司
装　　订　廊坊市广阳区广增装订厂
版　　次　2021 年 4 月第 1 版
印　　次　2021 年 4 月第 1 次印刷

开　　本　710×1000　1/16
印　　张　17.5
插　　页　2
字　　数　285 千字
定　　价　108.00 元

目　　录

前　言

近年颇受好评的电视剧《我们与恶的距离》，围绕一个无差别杀人案件，讲述了基于不同立场、扮演不同角色的几个家庭的故事：这里有因孩子罹难濒临破碎的受害者家庭，有因儿子杀人不得不避逃人群的施害者家庭，有为死刑犯辩护而备受误解的律师，还有因弟弟患病而给自己带来沉重人生课题的姐姐——当然，最容易忽略却又最不该忽略的，是每一个作为旁观者、某种意义上又作为幸存者的“我们”，在此类事件中，该选择何种立场，抑或事不关己高高挂起？

在现实生活中，什么是恶？善恶的区分标准是什么？当我们视某些人和事为“恶”时，该如何应对？进一步，在恶的“施”与“受”之间是否存在某种融贯一致的解释策略？抑或它们只是一枚硬币的两面，一面是恶的受害者，另一面是恶的施害者，而这枚硬币正是人类自身？在此种意义上，“我们与恶的距离到底有多远”这个问题显得尤为迫切。

一　批判的缘起及其对象

让我们先假定，就像其字面意思所指的那样，恶是真实存在的——它并非单纯的是一种普遍的幻觉、概念混乱或“隐藏的善”的结果。纵然“恶”的概念相当模糊，恶的现象非常多样且复杂，但这些都不能成为否认恶之真实存在的充分理由。形形色色的“恶”形成一个边界不清的概念家族，很难说其中哪些形态的“恶”占据了绝对核心的位置，也很难脱离历史和文化的语境给出某些抽象规定。日常之“恶”既可以对人，也可以对事，其概念家族里既有一些内涵性的成员，譬如我们熟悉的

“邪恶”[①]“罪恶”“丑恶”，也有一些外延性的成员，譬如同样常见的“恶习”“恶意”“恶行”“恶俗”“恶政”。对“恶”的一个勉强界定是，某个或某些人（群体），出于某种动机或以某种名义，借助某些手段或策略，对他人、社会或者其自身造成了某种性质或某种程度上的伤害或苦难。从这个显然缺乏反思的字面理解看，本书要批判的“恶（行）”之观念涉及如下四个要素：

（1）恶行中的角色：谁对谁作恶？——Who（Whom）问题
（2）恶行的近因：为何作恶？——Why 问题
（3）恶行的表现：如何作恶？——How 问题
（4）恶行的性质：怎样的恶？——What 问题

可以对这里第一个要素“恶行中的角色”作狭义和广义两种理解。狭义的“恶行中的角色”包括施害者和受害者；在一个人对其自身作恶的情况下，施害者和受害者是同一个人；有时候受害者是一群人乃至整个社会。广义的“恶行中的角色”还包括旁观者、仲裁者，以及当事人身处的社会习俗、文化制度和权力结构。恶行的目击证人、大众、媒体以及对之进行舆论监督、作出道德评价的公众，都是旁观者。此外，警察、法院乃至整个国家机器，很多时候扮演了仲裁者的角色。在某些关于“恶”的纯粹观念中，这些仲裁者很多时候被假定为自始至终置身事外同时又是铁面无私的，因此在法律上其通常不被包括在当事人范围内。所谓“恶行中的角色”，纯粹地看，就是那个以伤害为乐、不可救药的作恶者与那些善良无辜的受害者。所有人都被贴上非善即恶的标签，并不存在不善不恶的模糊地带或者既善又恶的交叉区域。

“恶行中的角色”被标签化或脸谱化的一后果，就是对“恶”进行纯粹化理解。存在一些纯粹的恶人，正如存在一些纯粹的善人一样。在善恶之间存在一些纯粹的判断标准和奖惩制度。恶人要么是天生的，要么就是

① 本书中的“邪恶”与“恶”都对应于英文单词“evil”。直觉上看，“恶”的外延比“邪恶”要更宽泛一些，但我们不打算对“邪恶”中的“邪”作更多的分析，而假定二者是近义词。

无可救药的，不存在缓冲地带。但是从不纯粹的角度看，任何一个当事人都生活在特定社会的文化、权力结构之中，我们对当事人之所作所为或者所经历遭受之事的观察或评价，同样是在特定的社会文化、权力结构之中进行的，因此我们倾向于将"当事人身处的社会及其文化、权力结构"理解为特定社会文化、权力结构中的当事人。

第二个因素"恶行的近因"同样也是一个相当模糊的说法，有些社会学家可能会称之为恶的根源之类。"动机"很大程度上是一个犯罪心理学术语，动机分析对于恶行来说，具有一定的理论意义，也有相当的局限性。在《恶——在人类暴力与残酷之中》一书里，杰出的社会心理学家罗伊·鲍迈斯特尔（Roy Baumeister）探讨了"恶的四种根源"，它们分别是工具型的恶、自尊型的恶、理想型的恶和乐趣型的恶。[①] 它们在内涵上未必具有完全一样的分类标准，在外延上也无法穷尽恶的所有表现动机类型，其间也难免有所交叉，但仍然大致准确地概括了人类世俗之恶的几种主要的心理动机。

恶之观念形形色色。有人认为，作恶者通常拥有特定的面相，他们"一看就不像好人"，甚至依据其基因就能得到先天的判定。有人认为，酒精和毒品是大多数暴力行为的根源，抑或"万恶淫为首"，没有比放纵色欲更大的恶了。有人更加宽泛地指出，自私或物欲是邪恶的根源。他们甚至进一步认为，自私或物欲本身即是恶，就好比贫穷或愚昧既是恶的根源，其本身也是恶一样。有一种观念认为，恶行必定是蓄意的，无论在形式上还是内容上，作恶动机都是相当纯粹的，其典型形态是将作恶本身当作目的，而不只是手段——有时候，作恶被看作为了获得金钱或权力而采取的手段，但实际情况可能是，存在某些未能得以完整表达的动机，譬如作恶本身所带来的乐趣或刺激在其作恶目的的清单中被低估或忽视了。

不少人认为，那种为了从作恶中得到乐趣或刺激而作恶的动机是最不可容忍的，这是一种纯粹的害人之心。倘若作恶者或其辩护人拒绝从这些角度看待其恶行，则被认为本身就是一种不可饶恕的狡辩。因此即便是日常生活中的人际冲突也可以容纳于"纯粹恶的神话"（the Myths of Pure E-

---

① ［美］罗伊·鲍迈斯特尔：《恶——在人类暴力与残酷之中》，崔洪建等译，东方出版社1998年版，第137—329页。

vil）解释中，人们不能够也不情愿去知道伤害他们的人是否有某些哪怕是最低限度内的“情有可原”的近因，相反，他们更愿意歪曲别人的行为以适应有关纯粹恶的神话。[①] 他们无法容忍“恶”之解释的滑坡论证，以免将“恶”的责任最终稀释在日常行为或普通人性之中。

第三个要素“恶行的表现”，涉及我们熟悉的种种形式的“硬暴力”，谋杀、抢劫、绑架、强奸、恐怖袭击等；以及各种各样的“软暴力”，剥削、欺骗、背叛、伪善、自欺等。从某种“隐喻”角度看，大自然本身也会对人类作恶，这些所谓的“恶”未必是人犯下的，却总是人所遭受的，一系列地质灾害、气象灾害、生物灾害，比如地震、海啸、洪涝、瘟疫，常被归入“无情的命运”范畴，对此的一种宿命论解释是“来自上天的惩罚”[②]。究竟存在多少种类型的恶，取决于我们的观察力、想象力和敏感性，这些能力的阙如本身也是恶的渊薮，比如反应迟钝、想象力匮乏和麻木不仁。但这些宝贵能力经常被用错地方，在需要更加仔细观察的地方，不少人宁愿选择视而不见，而在想象力不必要过于发挥之处又显得过于敏感。我们能关注的焦点是有限的，如果对伪善过于敏感，可能忽视残酷之恶，除非能够表明伪善之恶本身就要超过残酷之恶。

在这份“恶的清单”中我们没有找到麻木、盲从、偏见和愚蠢的位置，这并不意味着它们危害性更小，相反，它们是大量上述显见之恶的人性根源。也不必否认纯粹恶的可能性，但它并非以某些相当“日常”的方式而现实地存在；相反，日常生活中的恶并不是纯粹的，而它恰恰是纯粹恶的社会文化土壤——那些看似无迹可寻、微不足道的日常之恶。作为一种特殊现象的纯粹恶，不应该被视为一种普遍现象而得以关注，某些表面上重视“恶”的研究视角，实际上恰恰是在忽视其更深层次的原因；真正普遍的是“纯粹恶的神话”，它认为暴力就是这样一种“纯粹的手段”——“任何情况下，暴力都是恶的”，这个口号往往被纯粹化为一种政治正确，从而将更加致命的问题掩盖起来，而非设法去解决它。在有些

① ［美］罗伊·鲍迈斯特尔：《恶——在人类暴力与残酷之中》，崔洪建等译，东方出版社1998年版，第101页。

② 在基督教神学上，“自然之恶”（natural evil）又被称为“形而上学之恶”（metaphysical evil），正是基于此类考虑。参见 Nigel Warburton, *Philosophy: the Basics*, 5th Edition, Abingdon & New York: Routledge Taylor & Francis, 2013, pp. 20 - 21。

人那里，说谎也被视为一种“纯粹的手段”，因其自身而被视为恶，而不必问其目的。将暴力或说谎认为“纯粹恶”，一方面不恰当地评估了其作为作恶手段的性质；另一方面助长了对恶的其他表现型的忽视。某些类型的恶以其残忍和血腥而耸人听闻，某些类型的恶则以其深藏不露而从恶的名单中逃脱了。由于我们过于强调显见之恶的代表性和纯粹性，从而心安理得地忽视了隐藏之恶的危害性。

关于第四个要素“恶行的性质”，要说的话最多，同时也最无从说起。就像其他学者所做的那样，我们可以从对暴力和残酷的理解中得到某些启发。可以将它与作为其字面上的对立面“善”联系起来，比如将“纯粹恶”（pure evil）与“纯粹善”（pure goodness）的观念进行比较，深化我们对恶之性质的理解。当然，一种至少在西方传统中极为源远流长的理解，来自我们上述讨论的“世俗之恶”的对立面即“神圣之恶”。伊甸园的亚当和夏娃为什么会经受不住蛇的诱惑，偷食善恶之树上的果实，而背负上“原罪”的呢？“全善”的上帝为什么要创造一个邪恶的撒旦来祸害人类呢？……在基督教传统的“邪恶”问题上著述极丰的历史学家杰弗瑞·拉塞尔（Jeffrey Russell）特别指出，在邪恶形象和邪恶力量的刻画方面，不唯独基督教，全球各种文化之间达到了一种“惊人的相似程度”。[①] 他认为，尽管存在文化交流的因素，但这些相似性最重要地来自一些相通的心理机制，因为有关邪恶的相似看法是在世界上不同区域、不同时代中各自独立显现出来的，而诸多宗教中的邪恶观就产生于人们对世界的认知方式。

从人类学角度看，人们对世界的认知方式所塑造出来的“恶”的形象，除了反映在宗教信仰之中，还体现在形形色色的大众娱乐、民间仪式和艺术创作之中，这些经过娱乐化、仪式化和艺术化的“恶”的形象又反过来深刻地塑造了民众对于“恶”的想象，存在这样一种由来已久同时又根深蒂固的“神话”，借助现代大众传媒的影响，集中了普通大众关于“恶”的世界观，它以“纯粹恶”的观念为核心，故而被称为“纯粹恶的神话”。“纯粹恶”观念的背后是一整套标签化、脸谱化的思维方式

---

① Jeffrey Russell, *The Prince of Darkness*: *Radical Evil and the Power of Good in History*, New York: Cornell University Press, 1988, p. 12.

和刻板印象，忽视了邪恶现象的复杂性、异质性和多变性。

对于“纯粹恶的神话”的理解和批判，与上面过于简单化、脸谱化因而存在诸多问题的“恶之四要素”密切相关，我们首先对此作一个最低限度的说明。这个神话是对于人类之恶在理论上存在的诸多种理解之一，只不过它是一种在流行文化和大众传媒中最具有代表性的一种。但它不是一个被虚构出来备受攻击的“稻草人”，尽管并非每一件恶行事实上都符合这一刻画，但关于恶的大众想象会在不知不觉间把我们对事件的评价或理解引到这个方向上。结合上述“恶的四个要素”，对于人类之恶的一般性理解大致是这样的：

> 一个面目狰狞的虐待狂，出于从伤害行为中获得快乐的动机，利用惨无人道的暴力手段，对善良无辜的受害者施加了或造成了极端残酷的灾难性后果；受害者得到社会各界的广泛同情，在代表公平正义的社会机制（习俗、法律等）干预下，经过一番艰苦卓绝的斗争，作恶者最终遭到应有的报应，正义战胜了邪恶，文明战胜了野蛮。

从上述刻画中可以看出“纯粹恶”的若干端倪。这里存在一个截然二分的作恶者（施害者）与受害者之划分。作恶者通常是面目狰狞的，称之为“畜生”“恶魔”丝毫不过分；其作恶动机是见不得人、无耻至极的；最典型的作恶手段就是这样那样的暴力行径，作恶者毫不介意给受害者直接造成深重的苦难乃至悲惨的死亡；受害者通常友好善良、如花似玉，并且前程似锦；作为广义旁观者的公众总能及时地、异口同声地表达对受害者的无限同情，以及对作恶者的愤怒谴责；而受害者身处的那个社会的习俗、法律等权力机制总能及时伸出代表正义的援助之手，除暴安良、惩恶扬善乃是其天职；尽管恶行一时难以绝迹，但胜利终将站在正义一边；与远古时代或野蛮部落相比，当今文明社会的恶行已然大幅减少，“人性中的善良天使”必将把世界带向美好的未来。

上述对于人类之恶的种种理解，具有一个共同的“纯粹性”特征，它把恶看成某种纯粹的、抽象的、不含任何杂质的、一成不变的、无须考虑特殊情境的、处于“善”的绝对对立面的人类行为或社会现象。借菲利普·柯勒（Phillip Cole）的话说，我们所面对的乃是一个“邪恶敌人的神话”（mythology of the evil enemy），以至于相信敌人拥有摧毁我们共同体所需的恶魔般的超自然力量。毫无疑问，这么说有点夸大其词，毕竟没有人真的相信比如外来移民和恐怖分子拥有超自然的邪恶力量。但这正是邪恶的话语所告诉我们的：移民和恐怖分子虽然没有被描绘成撒旦的代理人，却被描绘成拥有恶魔和超自然的力量。①

人们在现实生活以及虚拟世界中总会有意无意地对被归入“恶”名下的种种纷繁复杂的现象，作一番削足适履的工作，以便迁就这“纯粹恶”的想象，仿佛非得那样才能证明它不仅是恶的，还恶到人神共愤，如此等等。至少从形式上看，恶有大小轻重之分，此乃人之常情。但问题在于，如何区分“大恶”与“小恶”，基于何种标准，应对之分别采用何种态度，诸如此类。

“纯粹恶的神话”的后果不仅是理论上的，更是实践上的——它本身就是一种恶。从哲学之为哲学所做的概念分析、经验反省和观念批判角度看，每一种理所当然的预设背后，都可能隐藏着根深蒂固的偏见。从某种角度看，偏见一旦形成，就离“愚蠢而不自知”和“自欺而不自觉”不远了，它们常常使人联系到“人性之恶”。上述“纯粹恶的神话”就基于大量盘根错节、理所当然的假设，它们可能是毫无根据的，可能是概念混乱的，而当这些未经深入批判的善恶观念，作为一整套系统化的价值观占据正统地位后，随之而来的不仅是对人类之恶的种种误解、误判，更危险的还在于，这些根深蒂固的偏见、愚蠢、自欺本身所固有的恶——它不是一种普通的恶，而是一种关于“恶”的恶，也就是当一种充斥偏见、愚蠢、自欺的“纯粹恶的神话”占据主流位置之后才带来的恶。鉴于它乃是基于对“恶”的一种独特的理解或态度，我们称之为“意识形态之恶”（ideological evil）②。这里主要并非意指作为一门哲学学科的形而上学领域中的恶，而是意指从形而上学角度看到的恶，一种基于对“恶”之本性的错误理解所导致的恶，或者一个社会在世界观、价值、解释学乃至形而

① Philip Cole, *The Myth of Evil*, Edinburgh: Edinburgh University Press, 2006, p. 215.

② 围绕种种恶的事实，存在种种认知态度和实践态度，其中有些态度本身就是恶的，它们是“二阶的恶”，亦即关于“恶”的“恶”，它们同样是意识形态之恶。这种恶有很多种表现形式，譬如，针对某些恶的事实，有组织、有计划地进行掩耳盗铃式掩盖，甚至干脆否定其存在，这种愚蠢颟顸的态度就是一种意识形态之恶。

上学上所犯下的恶。

这个神话特别强调了“一个作恶者”，这是很讲究的。从常识上看，作恶者往往并非一人，说他们乌合之众、各怀鬼胎也好，组织严密、恶霸一方也罢，总之是团团伙伙，狼狈为奸。“纯粹恶”之所以要假定“一个作恶者”，乃是就最典型、最纯粹的情形而言。如果一群人，就难免有主从之分，主犯多半是面目狰狞、邪恶无耻的，从犯则可能是迫于主犯的淫威而不得不参与，或者干脆就是被蒙骗进来的，在法律实践中，视具体案情，从犯可能被从轻、减轻乃至免除处罚。可是这样一来，作为从犯的作恶者似乎就不那么“面目狰狞”“邪恶无耻”了，他们自身也可能是被胁迫、被蒙蔽的受害者，而如果一些表面上的施害者实际上也成了某种意义上无辜的受害者，那么就在客观上缓和了“纯粹恶的神话”中关于施害者与受害者之间的二元对立关系，而这一点恰恰是这个神话所未能刻画出来的。

对此还有一个更加深刻的考虑，就是“邪恶的个体”这个主体形象，客观上有助于为个人置身其中并深受其影响的还可能同样邪恶甚至更为邪恶的群体、社会及其权力体制开脱责任，仿佛作恶是个人或者小群体的“私事”“民间行为”，与社会风气、权力体制并没有多大关联——如果有关联，那也是一种积极正面的关联：社会文化环境是个人品格和道德规范的培养者，权力体制则是善恶的仲裁者和恶的惩罚者。此外，对个体的或被假定为个体的人性善恶的研究，以及个体的精神病学乃至解剖学方面的研究，也为这样一种个体主义的“纯粹恶的神话”作了背书。自由意志和主观能动性最终都要落实到对于恶行的不可推卸的个体责任之上，“一个作恶者”这样的措辞一方面高扬了正中现代性下怀的主体性原则，另一方面避免了对于作恶者根本上来看可能是“一群人”甚至“所有人”的“不当联想”，毕竟作恶者只是极少数，善良的人乃是大多数，而作为恶之监督者以及善之庇护者的社会系统和权力体制，必然会站在善良者一边，这套说辞相当符合现时代的“政治正确”。

“纯粹恶的神话”将我们对人类之恶的理解局限于通常意义上的伦理学或犯罪学层面，但这种限制本身也是我们的批判对象。围绕“一个面目狰狞的虐待狂，出于邪恶无耻的动机，利用惨无人道的暴力手段，对善良无辜的受害者施加了或造成了极端残酷的灾难性后果”，我们可以谈人类之恶在美德伦理学、义务论或后果主义伦理学中的地位，在犯罪学上进行作案动机和暴力行为分析；此外，我们不仅可以谈善的脆弱性、恶的顽固性，还可以谈“纯粹的善”以及作为其对立面的“纯粹的恶”。而围绕“受害者得到社会各界的广泛同情，在代表公平正义的社会机制（习俗、法律等）干预下，经过一番艰苦卓绝的斗争，作恶者最终遭到应有的报应”，我们可以谈“同情心”和“同理心”的道德心理学，可以谈社会系统和法律体制是合道德性，还可以谈法律上对于犯罪的定性和量刑问题，诸如此类。而围绕“正义战胜了邪恶，文明战胜了野蛮”，我们可以谈道德进步的历史观念，“人性善”和人类文明的本质，诸如此类。

然而，我们要打破这种道德观念，从而把关于邪恶的研究，从狭义的作为品格特征或道德规范的伦理学研究，拓展到一系列关于恶的道德修辞学，政治哲学、哲学人类学乃至形而上学的研究。这种拓展主要并非着眼于研究领域的拓宽，而是视角的切换，让我们避开视觉的盲区，考察“纯粹恶的神话”的种种社会学、政治学、人类学以及形而上学上的根源。

二 批判的任务及其风险

在“恶”的问题上，我们坚持一种尼采（Friedrich Nietzsche）式观点：将“恶”视作一个历史的概念，而历史的概念是没有定义，只有历史的。[①] 我们并不否认存在一些罪大恶极的行为，因为恶之纯粹与否，与它的严重程度或者表现形式没有直接关系。我们拒斥对“恶”进行逻辑上的纯粹化理解。“纯粹恶”的概念是一个解释性概念，它不仅对形形色色的恶的现象给出了解释，还制约和引导了我们的行为，同时塑造了我们对行为的评价，因此不能将“纯粹恶”视作一个描述性概念。一旦视之为描述性概念，就相当于承认了它的真实性，那么我们在批判它时就已经预设了一种“纯粹恶”。而我们批判的恰恰是将“恶”进行纯粹化解释的做法，同时也反对将解释与描述进行混淆。在使用“恶”的概念时，我们并没有假定关于“恶”的本质主义观点，所以这并不构成自我反驳，因为对“恶”去纯粹化之后，依然可以使用“恶”的概念，这样一种方

① ［德］尼采：《道德的谱系》，梁锡江译，华东师范大学出版社 2015 年版。

法是维特根斯坦（Ludwig Wittgenstein）式的：形形色色的“恶”自然形成一个概念家族，彼此之间存在某些家族相似的关系，我们正是在此意义上理解“恶”的概念。我们的任务不是去“解构”任何东西，而只是追问，剔除了“纯粹恶”观念之后，如何还能有意义地使用“恶”这个概念。

约翰·凯克斯（John Kekes）指出，恶不仅是一个神学问题，也是一个世俗问题，因为恶的存在是对人类福祉的最严重威胁，也是反对乐观主义的最有力理由。[①] 围绕恶的神圣观念（divine conception of evil）和恶的世俗观念（secular conception of evil），都可以进行某种经验反省尤其是观念批判的工作。菲利普·柯勒所关注的“人类之恶”（human evil）就是一个世俗的邪恶概念，亦即那个即便无须超自然力量的框架仍能使用的概念。[②] 本书同样侧重于世俗之恶，其要揭示和批判的对象就是“纯粹恶的神话”；稍带讽刺意味的是，作为一项广义的形而上学工作，与这项批判密切相关的另一个主要任务，正好是针对“意识形态之恶”做斗争。为此我们从以下五个方面展开讨论：

第一章是“恶行中的角色”（the roles in evil）。这里使用“角色”而非“当事人”的主要考虑是将恶行从现实语境里稍稍抽身出来，进入一个与之平等的“戏剧场景”中。在一部戏里，扮演某种角色的不仅是个体、团体，还包括某些自然物乃至“抽象物”。在“荒诞派戏剧之父”尤金·尤涅斯科（Eugène Ionesco）的《椅子》中，那些最终把演员排挤出整个舞台的椅子，在剧中扮演了一个比人类演员更加核心的角色；在程耳执导的影片《罗曼蒂克消亡史》中，那只猫咪“小黑”与众多人类演员一样，出现在最后的“演员表”中；在汤姆·沙迪亚克（Tom Shadyac）执导的《冒牌天神》中，摩根·弗里曼（Morgan Freeman）更是饰演了影片中的“上帝”一角……总之没有什么东西是不能被写入剧本或被搬上荧幕的。此外，作为“抽象物”现身而对剧中情节发展和人物命运作巧妙安排的，还可以是社会习俗、上层建筑以

① John Kekes, “The Moral Significance of Evil”, in Pedro A. Tabensky, *The Positive Function of Evil*, Palgrave Macmillan, 2009, p. 139.

② Philip Cole, *The Myth of Evil*, Edinburgh: Edinburgh University Press, 2006, p. 3.

及意识形态，总之不会遇到我们在现实生活中面对“纯粹恶的神话”时所遇到的那么多限制——我们不在意谁扮演了上帝的角色，而只是在意上帝扮演了什么角色。

借助我们从戏剧中获得的灵感，宽泛地说，在人类之恶中扮演各种角色的，除了我们熟悉的作为个体或团体的施害者[①]，以及作为个体、群体乃至整个社会的受害者，还包括狭义和广义的旁观者、一个社会的习俗、风气、文化、上层建筑以及意识形态，而在所有的观念系统中，有一个与我们的善恶观念密切相关，那就是“纯粹恶的神话”。这个神话本身也在人类之恶中扮演了某种角色——一种我们或许可以称为“意识形态之恶”的角色。所有这些个体、团体、社会、制度或观念，都可能扮演施害者角色，也可能扮演受害者角色，甚至还可能同时扮演施害者和受害者角色，没有谁注定是“纯粹有罪”的，也没有人注定是“纯粹无辜”的，谁都可以被推上“恶”的审判席、原告席乃至被告席。

第二章是“恶行的近因”（the proximal causes of evil）。这里使用“近因”而非“动机”的主要考虑是将人类之恶的根源从单纯的心理学中拯救出来，换之以某种“直接促成结果”的原因，亦即效果上的最直接原因，也就是通常所谓“近因”。它不一定指时间关系上的远近，而是指单纯逻辑关系上的亲疏。有时候近因也就是我们熟悉的“犯罪动机”，有时候可能指某些更为复杂或者更为微妙的因素，这些因素并非在心理学上促使了恶行的实施，而是在生物学、心理学、社会学、文化学、政治学乃至形而上学上导致了恶行的产生。动机一般总是某个人或某些人的动机，而近因还可能是某些习俗、体制或观念上的抽象物。

第三章是“恶行的表现”（performances of evil）。这里使用“表现”而非“手段或方式”的主要考虑是突破恶行的主体性限制。这种主体性限制使我们将人类之恶单纯地看作某个施害者借助某些手段或方式（比如暴力）对某个受害者所施加的伤害性行为。暴力很多时候的确是一种典型的恶行，当然我们这么说的时候，并非意指暴力本身即是恶，而是它很多时候被优先当作一种行之有效的作恶手段。但无论如何，恶不只是暴

① 从程序法层面看，任何人未经判决都不能被认定有罪，犯罪嫌疑人的辩护律师，从某种角度上看也是站在有嫌疑的“施害者”一方的。

力及其相似物，它还有许多表面上看来一点也不血腥的暴力，甚至显得颇为温情脉脉的“和平”的表现方式。有时候，受害者心甘情愿地受欺骗；令人不可思议的是，有时候，他们甚至还不遗余力地共谋作恶，协助施害者来迫害自己以及自己的同类。软暴力甚至“无暴力”甚至可能作为某些条件下作恶的常态乃至必要条件，在那里，暴力手段被主动抛弃，转而采取更加温和、更加隐蔽同时也更加高效的作恶方式，更为广泛的人们在更为深刻的层次上深受其害，然后人们不仅难以改变这种不幸现状，甚至无法将这种恶的伪装——那些个体、群体、文化、体制以及观念层面形形色色的伪善——辨识出来。

第四章是“恶行的性质”（the nature of evil）。恶的纯粹性质，可以借助其反面“纯粹善”来体现，对“纯粹恶的神话”的批判就与“纯粹善的神话”联系在一起。善与恶之间不是那种纯粹的二元对立关系。纯粹恶与纯粹善在表面上对立的背后，隐藏着一种共性，也就是其纯粹性。通过对两种纯粹性的批判，我们可以看到善与恶之间更为自然的一种关系。

第五章是“恶的象征”（the symbols of evil）。正如我们在基督教《圣经》中看到的那样，人类之恶通常以一种“象征”的方式体现出来。我们对恶的态度是矛盾的，一方面厌恶它，另一方面又痴迷于它；我们可以站在“安全距离”之外，在以“恶”为主题的大众娱乐中肆意地释放原始的暴力冲动乃至“死亡本能”，沉迷于血腥的恐怖游戏，戴上魔鬼的面具感受惊吓和被惊吓的“顶峰体验”；我们学会在各式各样的艺术作品中不动声色地描写恶，甚至充满热情地拥抱恶；人们在对恶的娱乐化、艺术化和仪式化中通过象征、隐喻和反讽等方式，解构恶，超越恶，最终又不得不臣服于恶。

毋庸讳言，理解“恶”的尝试会比理解“善”遇到更多的“解释困境”——理论挑战或/和道德风险。理解“恶”的尝试不仅可能被指“观点错误”“胡说八道”，甚至可能被指“别有用心”“邪恶无耻”。后面这些评价原本用来指称犯法犯罪或道德沦丧，此时却被用来指称一个冷静的观察者，不能不说这是一个绝妙的“恶的反讽”。学界常对“恶”三缄其口、欲说还休，唯对“善”情有独钟、不厌其烦，我想主要不是因为二者乃是同一枚硬币的两面，只要把“善”谈清楚了自然也把“恶”谈清楚了这么简单，而是由于在谈“恶”时，这种理论挑战和道德风险并存所带来的双重压力。

试图理解“恶”的一个巨大挑战是从不假思索地站在受害者立场，转换到将自己置于“旁观者清”的位置上来。人之常情是，我们之所以关注恶，是因为我们同情那些受害者，甚至是因为我们想减轻过去的、当下的或将来的受害者的痛苦。我们谴责恶人的残忍及其社会危害，我们越关心受害者，就越是对他们所施加的暴力和压迫感到愤怒。愤怒是一种重要的道德立场，但不是最好的态度。在《愤怒与宽恕》一书中，玛莎·纳斯鲍姆（Martha Nussbaum）认为，愤怒在概念上是混乱的，并且在规范上是有害的。[①] 对于科学家来说，尤其是当目标是对事实有客观的理解时。事实上，愤怒可能使人们更难看清事实。因此，研究邪恶的科学家必须从纯粹的受害者角度跳出来，试图了解犯罪者的动机、想法、感受和行为。

与“善”相比，“恶”这个主题激发起太多的情绪、太少的理智。《我们与恶的距离》几乎每一集的开头，我们都会看到一段电视画面，紧接着是现实生活中无比熟悉的场景：扑面而来的无数网络留言，几乎全是各种咒骂与讽刺。这迫使我们追问，在罪大恶极的行径面前，我们仍有必要总是保持冷静吗？在不少人看来，对恶行的冷静意味着麻木不仁，说得更极端一点，对罪恶的冷静以待就相当于对受害者的残酷无情。可是，如果不冷静下来，我们还能心平气和地讨论邪恶吗？这里我们可以引入“实践态度”和“理论态度”这一对概念。不难想象，有人会建议我们，实践上无法冷静，[②] 但是理论上还是应当冷静下来，毕竟理解邪恶不等于一腔热血上阵杀敌。为了谴责或仇恨，我们只需要健全的感性，而为了理解邪恶，我们还需要深沉的理性，因此保持冷静态度仍然是必要的。

---

① Martha C. Nussbaum, *Anger and Forgiveness*: *Resentment*, *Generosity*, *Justice*, Oxford University Press, 2016.

② 单纯从情绪上看，作为广义上的战争幸存者，面对有关南京大屠杀的文字、图片、视频，我们如何“保持冷静”？对施暴者的极端愤慨、刻骨仇恨，以及对受难同胞的深切同情、感同身受，这些都是人之常情，即便能克制住复仇的冲动，对于“保持冷静”之类劝说还是会觉得不近人情——人非草木，孰能无情？我们的确应当在平常事情上保持冷静，但并不等于在极端残酷的邪恶面前也应如此。

对“纯粹恶”的一种批判，来自于对“纯粹恶”的“纯粹态度”的批判。“纯粹态度”包括对施害者的“纯粹愤恨”，以及对受害者的“纯粹同情”，抑或再加上对惩恶扬善的“纯粹决心”。从字面上看，相应的愤恨、同情、决心都没有问题，问题在于“纯粹”二字上。纯粹态度诉诸感同身受、拒绝麻木冷漠，可是，我们有必要对某些恶不敏感，实际上不可能也总是保持敏感。对什么东西保持敏感，以何种方式表达敏感，以及敏感到何种程度，这些都是非常值得研究的问题。“纯粹敏感”这个表达式恰恰就遮蔽了其自身的敏感性：我们理应对受害者的苦难、施害者的邪恶、对惩恶扬善的决心保持敏感，同时也理应对所有这些敏感本身保持敏感——我们往往忽视了后一种敏感，也正因为不敏感，所以才会出现关于“纯粹恶”的“纯粹敏感”的神话。

然而，同情从来都并不“纯粹”，不仅由于有些人——不管其以施害者抑或受害者面目出现——不值得同情，更是因为同情是有条件的，其动机和性质非常复杂，正如没有无缘无故的爱恨，也没有无缘无故的同情。儒家讲“恻隐之心”，也讲“爱有差等”，恻隐之心和仁爱之心都是发自人之本心，就此而言，它是全人类普遍存在的。但这种普遍性并不等于无条件性：前者乃是就主体而言，亦即每个人都有恻隐之心、仁爱之心，后者乃是就对象和情境而言，亦即每个人的恻隐和仁爱的对象可能有所差异，其在不同情境下所表现出来的恻隐之心、仁爱之心也有所差异。现代道德心理学也表明了，一个人更能够同情与自己类似的人，在文化传统、生活方式和价值体系方面差别太大的人之间，容易形成一种伪人道主义，那些貌似单纯的同情其实是最不单纯的，同情被认为是一种作秀，一种自我感动的矫情。而矫揉造作本身就是一种恶。同情是自然而然的流露，但你最好不要傲慢地觉得真正理解了受害者的痛苦，我们更多的是要“知道”他们的存在。没有了解就没有真正的同情，但如果你有了全方位的了解，可能就会失去原先那种单纯的同情。

但是，理论与实践的区别并未完全扫除这里的解释困境。冷静的描述，可能就是冷冰冰的描述：在他人的苦难面前袖手旁观、“站着说话不腰疼”是不可取的态度。真正感同身受的人无法冷静，也无须冷静，用心去体验罪恶，用爱去弭平伤口，这样才能让自己始终站在受害者一边，而不是试图在受害者与施害者之间保持“中立”。极端一点看，在邪恶这样的大是大非面前，任何一种表面上的“中立”都是实质上的助纣为虐。设想一个研究者同时说两句话：第一句话是，“施害者经常漠视受害者的痛苦，对自己所造成的伤害要么完全无视，要么轻描淡写”；第二句话是，“受害方经常带着苦难情绪，有意无意地夸大施害者的邪恶程度和自己所受的伤害程度”。冷静地看，这两句话都有其道理，但是，情感上多数人更加倾向于接受第一句话，而排斥第二句话——极端一点的说法是：第二句话有一方面为施害者推卸责任，另一方面又有对受害人冷漠无情的嫌疑。

面对邪恶及其所带来的苦难，我们在态度上若是缺乏冷静，就难以把握事情的真相，但若是太冷静，就可能被指责为“缺乏同情心”。难怪乎有人说，对于受害者我们需要尊重而不只是同情——同情本身并不必然包含尊重，毕竟“施舍式同情”也是一种同情。但问题在于，如何理解这里的“尊重”？如果这里的受害者是纯粹无辜的受害者，单纯的同情又有何不可呢？对于纯粹的受害者我们需要“纯粹的尊重”，纯粹就意味着同情。然而，我们冷静地对待邪恶，与我们同情那些受害者，是可以单独分开的两码事。冷静地对待并不要求旁观者与其为受害者提供“精神支持”，还不如以实际行动表现出来。因此反思“纯粹恶”的另一个维度，就是对于“纯粹行动”（pure action）的批判。这种“纯粹行动”的图景大致是这样的：对于世间邪恶和社会不公，我们所需要的是行动，而非光说不练，并且是立即行动起来，容不得半刻迟疑。这些让我们耳熟能详的立场赋予行动一种奇特的“纯粹性”。斯拉沃热·齐泽克（Slavoj Žižek）斥之为“伪批判”，其所表现的乃是一种“伪紧迫感”。行动上的所谓纯粹性，是以牺牲理论上的复杂性，也是某种哈姆雷特式的“延宕性”为代价的。

“纯粹行动”是一种狭隘的行动观。举例来说，非洲某些地区艾滋病泛滥成灾，成因相当复杂，涉及经济的、政治的、文化的，既然没有单纯的成因，也就不会有“纯粹的”解释方案。面对亿万富翁比尔·盖茨（Bill Gates）蛊惑人心的慈善口号“面对数百万人死于艾滋病，讨论人工智能有何意义？”[①]，我们应该理直气壮地回答：“当然有意义！”救助艾滋

① 对于比尔·盖茨的这句慈善口号，存在正反两方面的理解。从正面看，有限的资源用于救助艾滋病患者比投资发展人工智能更加紧迫，毕竟前者人命关天，更具有直觉上的道德敏感性，因此也更能体现“善”的价值；相较而言，前者出于道义上的“纯粹”考虑，后者则出于经济上的、战略上的“不纯粹”考虑。反面理解则对这些说法心存疑虑。

有救助艾滋的意义，讨论人工智能有讨论人工智能的意义，两者并不直接冲突，相反不难设想二者正相关的情形：人工智能在医学上的运用也许有助于艾滋病预防及治疗，发展人工智能所产生的经济效益客观上可能为救助艾滋带来更多善款，诸如此类。也许这种回应在动机上并不那么“纯粹”，但也不能草率斥之为“冷漠”，它实际上挑战的是那套“纯粹恶的神话”。显而易见的是，即便没有人工智能，艾滋病照样存在，“发展人工智能就意味着漠视艾滋泛滥成灾”这一指控，硬生生将两个没有必然联系的东西捆绑在一起，让其中一个对另一个的“恶”承担责任，充其量只能算是“伪批判”，这样做倒算不上冷漠，但是显得有些草率——如果不是“愚蠢”的话。

最后一个担心来自政治理论家朱迪丝·施克莱（Judith Shklar）：我们如果太在意平常之恶（ordinary vices），就可能遭受厌世之苦：愤世嫉俗对我们极具威胁，因为厌世不只是当事人对人类表现出来的无穷无尽的残忍、虚伪和背叛所作出的“理智”反应，它还会激发一个人主动对面目可憎却又对之无可奈何的人性作出“情绪”反应，最轻微的后果便是性格孤僻，郁郁寡欢，此外他还会为这种消极反应作出辩护。[①] 施克莱对各种日常的恶习（vices）之间在微妙之处上的辩证关系表现出相当深刻的洞察力，这点非常令人敬佩。不管从心理学上还是生活经验上看，这个担心都是有道理的，但正如并没有一种“纯粹的恶”一样，也不存在一种“纯粹的厌世”（pure misanthropy）：佛家之“出世”不同于道家之“超世”，尼采式“愤世”也不同于马基雅维利式“厌世”。在“恶”的问题上，“看破不说破”也许是个明智的处世智慧，但未必是条可取的治学之道。路德维希·维特根斯坦的教诲言犹在耳：“对于该说的，我们要说清楚；对于不该说的，我们必须保持沉默。”[②] 在“恶”的问题上的确应该为寂静主义（Quietism）留下地盘，但“保持沉默”之类的话就像这句格言本身出现的位置一样，留待本书结束时再谈。

---

① ［美］朱迪丝·施克莱：《平常之恶》，钱一栋译，上海人民出版社2018年版，第4—6、291—292页。

② Ludwig Wittgenstein, *Tractatus Logico - Philosophicus*, trans. D. F. Pears & B. F. McGuinness, London: Routledge& Kegan Paul Ltd., 1961, “Preface”, 7.

第一章　恶行中的角色

在社会心理学中，角色理论是回答社会关系为何对人的行为具有重要影响的理论，它强调人类行为的社会影响方面，而不只是心理方面。现实中的每个人往往同时扮演了多个角色，并在它们之间保持某种一致性，但有时也会发生角色冲突，这主要有两种情况：角色间冲突和角色内冲突。前者往往与对不同角色提出不同甚至矛盾的要求有关，当个体不能同时满足这些角色要求时，冲突就发生了；后者通常与不同群体对同一个人提出不同的角色要求有关，即便对于同一个人的角色，扮演者也会遇到众口难调的情况。

角色的社会性意义和戏剧性意义是相互补充的。角色理论假设生活是戏剧性的，它秉持“世界是舞台，人人是演员”的隐喻，每个人都身兼“演员”和“角色”的双重身份。在西方戏剧和传统文化中，角色常会趋于原型化，以类型化的人物为代表，而非大而全的人。如果说生活是戏剧，那么人就是天生的角色接纳者和扮演者；个体并不是一个有着“纯粹自我”的东西，而是“角色”与“反角色”关联的角色集合体；通过扮演不同的、丰富的角色，人类能够获得更充分的整体感。

第一节　受害者视角

在人类之恶中，当事人可能扮演比较复杂的角色，他可能不是一个纯粹的受害者或施害者，这种“不纯粹”体现在很多方面。广义地看，扮演这些角色的也未必是狭义的人（个体或群体），还可以是其他事物，比如自然现象、社会关系、制度结构、道德传统、观念形态，等等。在恶这个问题上，角色间冲突和角色内冲突都并不罕见。有时候，同一个人可能被赋予不同乃至相反的角色，比如在某个事件中，一个人可能同时被视为受害人和施害人，毕竟存在这样的情况：从这个角度看，某人是施害者，理应谴责，换个角度看，他又成了受害者，值得同情；有时候，即便一个人被赋予同一个角色，人们对于他该如何扮演好这个角色，或者这个角色对他、对他人、对社会究竟意味着什么，也会产生分歧，比如在某个事件中，围绕一个受害者是否该原谅抑或在何种条件下原谅那个施害者，以及怎么才算是一个合格的旁观者，这些都可能引发分歧。

当然，现实不是艺术，生活不等于戏剧，借用角色概念并不意味着将整个人类之恶进行戏剧化处理，也不等于说每个人都自动地“戴着面具做人”。我们只是想说，借用这个概念或许有助于批判“纯粹恶的神话”。

一 “纯粹受害者”与“纯粹施害者”

世俗地看，在“恶的戏剧”——很多时候是悲剧——中，存在多种角色，他们就是形形色色主动或被动的参与者或“当事人”：受害者、罹难者及其家属亲友、施害者、控辩双方律师、国家机器（立法、司法、执法）；狭义的旁观者，比如恶行的现场目击者，以及广义的旁观者，也就是作为“潜在受害者”——某种意义上也可能是“潜在施害者”抑或“潜在助纣为虐者”——的其他社会成员；在令人心有余悸的大屠杀事件中，狭义的幸存者，比如当年被从奥斯维辛集中营里营救出来的犹太人，以及广义的幸存者，也就是那些理论上的“大难不死者”，包括你我这样的普通人、旁观者以及置若罔闻者。

在上述所有“恶行中的角色”中，“纯粹恶的神话”将那个最核心的角色赋予受害者；伤害以及受害者的概念，似乎是恶的一个必要构成条件。在民间心理学上，受害者心态（victim mentality）指的是人们在面对挫折和失败时，倾向于把某种不利局面归因为客观环境或人力等不可控的偶然性因素，进而催生自怜心理的一种思维模式；此外，人们习惯于将自己定位为情境中的“受害者”，逃避责任和放弃改变情境的能力，抱怨、责备，常常表现得比较消极和被动；而当我们进入“受害者”角色、把他人或外界投射为“施害者”时，实际上是把自己和外界对立起来了。

“纯粹恶”要求“纯粹受害者”身份，它要求我们关注受害者以及他们所受到的伤害，而不是施害者及其施害动机。受害者不同于无辜者，纯粹恶将两者混淆起来，无辜的人是那些受大自然之残酷摆布的人，受害者则可能受自身之害。即便是无辜者，也不代表“纯粹善”。善本来就包含外在善，其中很重要的一方面，就是好运。另一个方面，即便是施害者，在某些案例中，或者从某个角度看，也有其“无辜”的一面。这种无辜性虽不足以为其开脱责任，但就像那些无辜的受害者一样，他们也不得不忍受大自然的残酷性。

不禁要问，谁应该为无辜者的厄运承担责任？对此没有清晰明确的回答。个体是环境的产物，离开了社会系统，个人的美德就会失去土壤，也就无法实施某些恶行；体制约束了个体的恶，但其自身中隐藏着巨大的恶，尽管在“恶的归因”中它常常缺场，但无论如何它仍然必须通过影响某些人并且在他们的支持或纵容下才能成其为恶。后面这种恶没有传统意义上那种“纯粹的受害者”，往往缺乏明确的施害者，有时候也没有明确的受害人。从学理上看，这种恶缺乏因果链条清晰的伤害过程以及确定无疑的性质评估。伤害首先应该是对利益的伤害，而非对理性的伤害。利益包括最起码的人身安全、尊严、物质享受、社会地位、文化品位、价值观念以及人们珍视的其他东西。它们未必能经得起理性的检验。工具理性成为满足利益的工具，合情理性似乎要限制它。但合情理性概念是特定文化传统和权力结构下的建构物，与我们对伤害的自然主义理解之间存在相当的距离。

纯粹的受害者被视为“积极的受害者”（positive victims），与之相反的是“消极的受害者”（negative victims）。根据历史学家彼得·诺维克（Peter Novick）考察，战后美国电影中的二战想象包括这样一些内容：“剧情中令人满意的纳粹受害者是刚正不阿、英雄般的反对派人士；相反，被纳粹杀害的犹太人，普遍的是作为消极的受害者，其形象缺乏鼓舞人心的力量，尽管有时为了剧情需要，他们被描写成纳粹主义的对手。”①这种形象设定模式促使我们思考这个问题：可以对受害者或潜在的受害者提出“积极”的道德要求吗？考虑到下述情况，这个问题变得更加棘手：

① ［美］彼得·诺维克：《大屠杀与集体记忆》，王志华译，译林出版社2019年版，第33—34页。

所谓“积极的受害者”形象是出于某种意识形态目的被建构出来的，而一旦被贴上了“消极的受害者”标签，仿佛就是不值得同情的，刻薄一点的说法就是死不足惜。可是，谁是“消极的受害者”，他们真的做错了什么？我们旁人又有什么资格指责他们是“消极的”，除非我们能够事先证明此类指责本身是“积极的”，也就是客观公允的。

在“纯粹恶的神话”中，积极受害者是我们学习的榜样，他们正义凛然，可歌可泣。消极的受害者则是我们在道德上的反面教材。可是，实际情况也许是这样的：所有这些二元对立的标签都只是为了配合某种道德意识形态的宣传需要，即使这样做玷污了那些被贬为“消极的受害者”的人格尊严也在所不惜。

“纯粹的受害者”这个概念是抽象的、模糊的，我们不可能清晰地刻画受害者的特征。对此，朱迪丝·施克莱明确指出：“他们只是在错误的地点、错误的时间身处错误的人群之中的人。不正义者有特质，但受害者甚至都没有明确的角色。许多人今天是受害者，到了明天就会变成向他人施加伤害的人。”[①] 严格来说，邪恶所造成的受害者，不只是某个人，也不是特定的人群，而是所有人，因为哪怕是“小恶”也可能危害一个社会的公序良俗。作恶者并非只对某个特定的受害者及其家属带来了灾难，产生了伤害，而是对作恶者自身所处的那个社会共同体产生了深深的伤害，他伤害的不只是受害者的身心，还是每一个见证人同时也是广义“幸存者”的心，伤害了整个社会共同体的道德文明。

旁人一方面作为恶行的见证人，另一方面又作为“广义的受害者”，却是一些实实在在的“幸存者”。恶行的存在并非与旁观者无关，譬如，当“室友谋杀”案件闹得满城风雨时，自媒体上冒出的“感谢当年室友不杀之恩”这些惊人之语，不只是一种调侃或反讽，更是一种通过带有戏谑和自嘲口吻所表达的“幸存者意识”。每个合格的社会成员应当担负起其自身的主体责任来，要求“狭义受害者”做到的，首先自己要做到，要求“狭义幸存者”做到的，我们这些“广义幸存者”同样要做到——当然，只是就对于社会的道德责任而言，而不是诸如承担民事赔偿这样的

① ［美］朱迪丝·施克莱：《不正义的多重面孔》，钱一栋译，上海人民出版社 2020 年版，第 66—67 页。

法律责任。如果我们落实了这个主体责任，也就不会再对狭义受害者和狭义幸存者做过多的道德苛责了。

以强奸之恶为例，英国历史学家乔安娜·伯克（Joanna Bourke）指出，仅仅通过研究那些强奸案件的女性受害者来探讨这种多数情况下由男性所实施的暴力行为是错误的。这种错误的研究方法会助长一种冥顽不化的思维定势：女性自身有错在先，如行为不够检点，因而其不幸遭遇乃咎由自取。这种做法还会让人产生这样一种错误的观念，即认为整个社会空间充满了性危险，它们就像一些使妇女极易受到“感染”的细菌。然而，正如伯克所强调的，强奸犯不是“社会病毒”，他们是人。[①] 从纯粹施害者的强奸犯，推到极端，也就是对作为强奸犯的典型性别——男性——的道德偏见和怨恨心理。这种男性怨恨的潜台词是：男性与侵犯行为之间有着天然的联系，强奸看来是男人的原始本能。然而实际上男人不是这样的。“男性主动，女性被动”这个根深蒂固的二元对立思维模式，一方面助长了男性作为强奸犯的进攻性想象，另一方面却帮了倒忙：如果女性在性关系中天然就是被动的，从而在某种意义上缺乏积极性，这样就很难在自愿发生的性行为与被迫性交之间划清界限了，这正好落入了某些狡辩者的圈套：女人嘴上说“不要”，心里却是“想要”，由于其真实意愿令人无法琢磨，“违背妇女意愿与之发生性关系”之类的强奸定性似乎就备受质疑。

此外，乔安娜·伯克还注意到，过多地使用“施暴者”“施害者”之类的概念，也会产生某些令人纠结的理论后果：

> 在谋求对付性暴力者那无理性的但又令“他们”而非“我们”深感满足的非人性行为时，我们却又赋予了他们“人”的属性。这既有积极的一面，也有令人困扰的一面：之所以说有积极的一面，是因为没有将他们划归无人性的怪物，这使得他们的行为有改变的可能性；而令人困扰的是因为我们有可能变得越来越熟悉并习惯于他们制造的可怕伤害。[②]

① ［英］乔安娜·伯克：《性暴力史》，马凡等译，江苏人民出版社 2014 年版，第 3—4 页。

② 同上书，第 5 页。

这些伤害击中了人类之恶的某些要害，它是顽固而难以根除的，因为它深藏于人性之中——严格来说，不只是“施害者”的人性，也在不同意义上涉及“受害者”的人性，或者毋宁说，他们原本就没有不一样的人性，因为都是人。人性中的积极一面似乎提醒我们不能纯粹消极负面地对待“施害者”，其消极一面又似乎在警告那些狭义和广义的“受害者”，正是他们对恶行的司空见惯、麻木不仁，在实践上纵容甚至助长了那些可怕的伤害，在理论上则为那些作恶者提供了开脱罪行的可能空间。

这些后果的表现形式有所区别，但是在根子上仍然有相通之处：它们都是源于某种“纯粹恶的神话”。比如，“男性主动，女性被动”这种二元思维模式只不过是“施害者—受害者”二元概念结构的一种逻辑折射。我们太过习惯于用“施害者—受害者”这套概念结构来分析暴力、残忍和邪恶了，以至于离开了它们我们关于伤害本身都不知道说什么好，譬如，如果不使用“强奸犯”“受害者”之类的概念，不知道一本讨论强奸的书会写成什么样子。实际上许多关注强奸问题的研究的确是将焦点放在了“强奸犯”身上。比如，发展心理学就假定性暴力行为可以追溯到我们最遥远的祖先，甚至可以在男性的基因中获得解释；攻击性和侵犯性可能是自然特性与后天环境相互作用的共同产物，“在世界范围内并从历史上看，迄今为止绝大多数的暴力行为都是由年轻男性实施的”[①]。一些文化批评家则可能轻率地喊出这样的口号：“所有男人要么是强奸犯，要么是强奸幻想家，或者强奸文化的受益者。”我们想说，这种“原罪”思维是有问题的，它同样掉入了“纯粹恶的神话”陷阱。我们应当关注事情本身，而不要急于将它们主体化、客体化、身份化来贴标签，而“作恶者”“受害者”就是这样的标签。

二 惩罚还是和解——受害者视角下的调节机制

“纯粹恶的神话”可以刻画成这样一种认知模式：恶毒残忍、虐待成性的作恶者无端施害于无奈、善良的受害者；人们更愿意将外来者或与自

① ［美］罗伊·鲍迈斯特尔：《恶——在人类的暴力与残酷之中》，崔洪建等译，东方出版社 1998 年版，第 19—20 页。

己有区别的人看作邪恶的，而相对来说不愿意将自己生活范围内的成员看作恶人。据罗伊·鲍迈斯特尔观察，一个来自其他肤色人种的作恶者与流行的、根深蒂固的恶的神话更为接近，尽管统计资料表明犯罪行为中作恶者与受害者同属一个种族的情况要远远多于两者分属不同种族的情况。此外，新闻媒体、传言或受害者的有关陈述也常常被筛选、歪曲或改编来迎合这种神话。①

在这个神话中，由于恶是纯粹的，受害者和作恶者都是纯粹的，我们对受害者的同情和对作恶者的谴责也是纯粹的，几乎来不得半点迟疑或犹豫。作为研究者，如果带着激烈的情绪去看待恶，去描述和理解恶，那么就难免会出现偏见。他对恶行的叙述是煽情性的，又仿佛要让人在他对作恶者的描述中产生出一种强烈的义愤。同情和愤恨都是人之常情，但是它可能会干扰我们对邪恶现象的客观评价。这种评价并非要鼓励冷漠无情，而只是理论研究的一种必备素质。

关键还在于，不管是恶行本身，还是作恶者和受害者，抑或我们对他们的愤恨或同情，都不是纯粹的。如果我们跳出情绪化的偏见，跳出纯粹恶的神话的认知模式，便会发现实际情况要复杂得多，也微妙得多：即便在作恶者与受害者的身份泾渭分明、毫无疑义的案例中，我们仍然有必要提醒自己在作出描述和评价时是否带有根深蒂固的偏见，或者被同情或愤恨的情绪冲昏了头脑；而在某些情境下，作恶者与受害者的身份是模糊的，我们不知道是否该同情以及在何种意义上同情他们各自的遭遇。我们不是当事人，甚至也不是现场旁观者，我们只是冷静的研究者。

有些邪恶无法原谅，因为它超出了惩罚的范围，它应得的惩罚实在太大，以至于不管我们如何报复它，对作恶者做任何事情，都不足以抵消他的罪孽，或者是由于法律等方面的限制，我们无法做出任何能够与其所作所为的邪恶程度相匹配的行为。在法治社会里，私下报复、滥用私刑通常是被禁止的。仇恨无法得到合理合法的宣泄，就可能会转嫁出去。如果作恶者不足以承担受害者的仇恨，后者就只能将它转嫁给其他无辜者，比如，作恶者的家人。而如果那个充满怨气的受害者找不到一个适当的无辜

① ［美］罗伊·鲍迈斯特尔：《恶——在人类的暴力和残酷之中》，崔洪建等译，东方出版社 1998 年版，第 22 页。

者，这时就会发现自己沦落为一个“单纯的受害者”，他的怨恨由于没有宣泄的明确目标，就可能转嫁给整个社会，偶尔见诸报端的“报复社会”案件是有其心理学根源的。

由于丧失了与行凶者和解的动机或机会，受害者或其家属只能通过某种方式与整个社会达成和解，一个社会会以同情或人道援助来回报他的和解，而如果同情和援助的机制在这个社会壅塞不畅，和解将会变得异常困难，这实际上是一种制度之恶。一个社会不仅要以惩罚做威胁，更要以同情或援助做奖赏。在一个“互害型社会”中，很多人客观上都同时扮演了施害者和受害者的双重角色，尽管他们在主观上都互相指责对方才是那个施害者，而自己只是无辜的受害者。这种施受关系可能是相互性的，也可能是传递性的。有些受害者拒绝和解或遗忘，他们会辩解说，不是他们不想和解和遗忘，而是实在无法做到这一点，原因可能是受到的伤害太深以至于无法遗忘，而那种假装遗忘的自欺更是一个难以忍受的精神折磨，或者是他们觉得没有资格做出和解的表态。他们甚至有理由认为，和解或遗忘本身就是一种邪恶，毕竟“忘记历史就意味着背叛”“对坏人的仁慈就是对好人的残忍”这些大俗话言犹在耳。

那么，在接受同邪恶和解与拒绝和解之间的区别，在道德上有多大的重要性呢？不难理解，原谅应当与道歉结合在一起，和解应当与忏悔结合在一起。那么，如何看待单方面的和解或者单方面的忏悔呢？有些人没有忏悔的意愿，有些人则没有忏悔的能力；这一情况类似于原谅：有些人没有原谅的意愿，有些人则没有原谅的能力，当然有些人两方面都阙如。意愿和能力并不是忏悔或原谅的充分条件，忏悔和原谅还需要其他的必要条件，比如机会。忏悔和原谅都需要表达，但是有些人找不到或者错失了表达它们的适当机会。没有忏悔的能力，很可能是缺乏想象力的结果。同情心（empathy）也依赖想象力发挥作用。单方面的或者一厢情愿的原谅，有时候被看作是一种分外的仁慈。

公众或公权力对邪恶行为的惩罚，很多时候不是要不要惩罚的问题，而是给予何种惩罚以及如何惩罚的问题，这涉及我们对惩罚的理解，亦即对其必要性的探索以及对其局限性的反思。当代心理学研究表明，从其局限性乃至危险性一面看，对惩罚手段的诉诸可能强化惩罚的实施者，使其对于既有的惩罚手段形成简单重复的心理依赖，其惩罚手段可能不断强化，还可能阻碍对替代性的惩罚手段的尝试。此外，还存在一种被称为“批评的陷阱”（criticism trap）的心理效应，对惩罚手段的使用特别是滥用强化了原本被惩罚的行为，使之发生频率变得更高，实施强度变得更大，而不是相反。这意味着惩罚不仅激发了被惩罚者更少的合作、更多的攻击性，还可能激发起普遍的反社会人格和报复社会心理。

哲学家们试图用四种主要方式来证明国家对个人的惩罚是正当的或必要的：(1)作为报应；(2)作为威慑；(3)作为对社会的保护；(4)作为对被惩罚人的改革。其中第一种通常是从义务论的立场进行辩护的；其他三种通常是基于后果论的立场。[①] 那么，适度惩罚与过度惩罚的界限应该划在哪里呢？有人说，对于一些罪大恶极之人，无论怎么惩罚都不为过。那我们是否应该连带惩罚他们的家人或者他们特别在意的人，或者以某种特别可怕的方式折磨、虐待他们？假设某个犯罪嫌疑人特别宠爱他的三岁女儿，而如果当面折磨他的幼女，比对他本人严刑拷打更能达到审讯目的，比如让他招供炸弹的放置地点，以便挽救千百人的性命，那么，这么做就无可厚非了？或者非如此不能发泄心头之恨，非如此不能以儆效尤？但在我们这样做时，是否考虑到我们自己的尊严问题，是否考虑过我们自己也会深受其心理折磨，甚至滑向“以暴制暴”的邪恶深渊？[②] 换言之，我们能否体面地惩罚那些罪大恶极之人？当这种激烈的、蓄意的愤怒感转变为长期的态度即憎恨时，这种态度则具备社会危害性。尤为显著的是，它往往阻断过去，防止人们回忆起已经发生的事，使怨恨、惩罚或报复成为某种抽象而纯粹的东西。事实上，它具备一种教条性的趋势：它往往会巩固某种固有成见，使之无法将发生的事件以及发生的原因关联起来。[③] 这种教条性的憎恨使我们容易迁怒于施害者的同类，他的家人、同乡，他的民族、种族、信仰甚至性别。我们对他们这些人形成刻板印象，傲慢和偏见之门一旦打开，歧视以及由此招来的怨恨都是难以避免的。这已然是一种

---

① Nigel Warburton, *Philosophy: the Basics*, 5th Edition, Abingdon& NewYork: Routledge Taylor & Francis, 2013, p. 93.

② 对于那些罪大恶极之人，通过公权力来以暴制暴本身未必是邪恶的，比如在某些国家，对死刑犯进行枪决。但以某种非人道的方式来以暴制暴，可能会演变为另一种形式的邪恶，比如私刑。

③ ［美］亚当·莫顿：《论邪恶》，文静译，河南大学出版社2017年版，第158页。

习俗性的邪恶，它的施害者和受害者都不是一个人，而是一群人，他们彼此为对方贴上粗暴的标签。

在面对伤害时，或者在将自己设定为受害者之后，一个人的思维水平比较容易被框定在机械的演绎推理和简单的枚举归纳之中。这种演绎推理的模式是：

大前提：某类人是恶人；
小前提：张三属于某类人；
结论：张三是恶人。

这里的大前提和小前提都是有问题的，这个关于恶的“类”的全称肯定判断，有一个普遍主义的预设，但它缺乏充分的事实依据；而如果预设了某种本质主义，那么就会犯某种范畴错误：“类本质”与“个体本质”不是同一种东西。当然这里的普遍主义预设并非空穴来风，它可能源于这样一种简单直观的归纳推理：

前提1：张三是恶人；
前提2：李四是恶人；
前提3：张三和李四同属某类人群；
结论：某类人是恶人。

这两种表面上相反的推理之间存在某种内在的一致性，因为它们是相互支撑的，共同解释了许多常见的贴标签式做法。在演绎和归纳都可能失效的地方，我们可以尝试其他的思维方式，比如“反思平衡”（reflective equilibrium）的思维。这种思维模式在很大程度上受到了内尔逊·古德曼（Nelson Goodman）和约翰·罗尔斯（John Rawls）的启发。① 人们通常从积极角度来看待反思平衡，但实际上可以从消极角度来使用它。一种

① Nelson Goodman, *Fact, Fiction and Forecast*, Cambridge, Mass.: Harvard University Press, 1983, pp. 63-64. John Rawls, *A Theory of Justice*, revised edition, Cambridge, Massachusetts: The Belknap Press of Harvard University Press, 1999, p. 18.

“消极的反思平衡”（negative reflective equilibrium）要做的工作是，一方面，我们不能基于对某些个体言行的直观了解来简单地归纳出一个全称判断；另一方面，我们也不能基于一个全称判断来推断出某些个体化的特称判断。换言之，我们应该充分意识到全称的“类判断”与特称的“个体判断”之间存在着难以弥合的鸿沟。当这种范畴上的张力达到某种“撕裂”的程度时，我们将会看到一种相当极端的情况：作为个体的张三，无法被简单地归入任何一个现成的类；反之，任何一种“类判断”，都无法适用于对个体特征的刻画，因为“类”指向某种抽象之物，而我们关于个体所关心的总是某些具体特征。

人的理性水平有其局限性，意味着人的情绪难以受到制约，换言之，一个有限的理性存在者，同时也是一个“无限的”情感（情绪）存在者。这里所谓的“无限”是“不加限制”“意料之外”的意思，从直觉上看，往往很难预测一个被极端情绪点燃的人会做出什么事情来。这就解释了为什么对邪恶问题的世俗学术兴趣，很多是从道德心理学角度进行探究的。譬如，在《面对邪恶》一书中，约翰·凯克斯认为邪恶的盛行是我们世俗情感的一个根本问题，他发展了一种人格道德观（a conception of character - morality）作为回应。在他看来，邪恶的主要来源是我们性格缺陷所产生的习惯性、不封闭的行为，我们可以通过培养反省性的脾气（reflective temper）来加强对邪恶的控制。①

人非草木，孰能无情？原则上说，情绪是一柄双刃剑，既能助人，也能害人。普通人若受到邪恶者的极大伤害，情绪化是难免的，他的第一反应是满腔怨恨，寻思报复，而非保持克制，冷静沉着；这个利益相关的时刻，也是一个最需要理性的时刻，却偏偏又是一个最容易丧失理智的时刻。你不只是在替你自己、你的家人朋友承受苦难和命运不公，你还是在替你所处的整个社群、整个民族乃至整个人类承受这一切。人类从来都不是孤立的个体，你所受的苦难不仅仅来自那一个施害者，尽管我们不能说施害者都是无辜的，但他的邪恶行为是在特定的社会文化背景下发生的，更为值得考虑的是，他身上背负着人性，而他的恶在或大或小的程度上乃是人性之恶在个体身上的实现。

① John Kekes, *Facing Evil* , Princeton: Princeton University Press, 1990.

这个时候作为受害者的我们，理应站在整个社会角度上看，如何既能做到最大限度地惩前毖后、治病救人，也能最大限度地维护自己的尊严，让我们重新回到生活的正常轨道，而不是陷入愤恨的自我折磨，或者冤冤相报何时了的困境。这种糟糕局面在某种程度上是由假扮善恶仲裁者的旁观者的纵容导致的，由于他们把受害者想象成过分的清白无辜，就会怂恿受害者伺机报复，这样在客观上就会促使施害者与受害者之间的角色转换，使其从曾经的受害者变成未来的施暴者，陷入“残忍且无穷无尽的冤冤相报”[①] 困境。我们呼唤正义，呼唤真相，我们也呼唤理解；我们用义愤克服嫉妒，用公正克服偏袒，用包容克服对立。

傲慢与偏见本身也是一种恶。在人神共愤的滔天大恶面前，没有一个正常人能够抑制住愤怒甚至仇恨，这些都是普通人性的一部分。带着这种愤怒和仇恨，即便做出一些考虑不周或缺乏理智的事情，有时候甚至被认为是“情有可原”的。人性中的恶很多时候并非直接通过作恶表现出来，而是通过对恶的态度反映出来。惩罚与过度惩罚、报复与过度报复之间的界限需要非常理智冷静的头脑才能准确把握，在惩罚和报复过程中存在着普遍的仇恨、义愤情绪，使得这种理性要求难以被满足。

> 我们将发现作恶者常常自认为那些被他们的受害者憎恶的行为是完全合理的，或者几乎是完全合理的。在这些自认为合理的信念中有许多人们不愿意去加以思考的现实因素。关于恶的流行的神话描述的是残忍、虐待狂似的作恶者和纯粹无辜的受害者。某些事件确实符合这一神话所描述的形象，但更多的暴力事件是相互的、逐渐升级的挑衅和怨恨的产物。从作恶者的观点出发，他们完全能够指出现实中某些挑衅因素的基础。[②]

这里的作恶者，有时是过度报复者，而过度报复者，则又是原先的受害者。于是就形成了“作恶—受害—报复—受害—报复”的事件链条，

① ［美］朱迪丝·施克莱：《平常之恶》，钱一栋译，上海人民出版社 2018 年版，第 30 页。

② ［美］罗伊·鲍迈斯特尔：《恶——在人类的暴力和残酷之中》，崔洪建等译，东方出版社 1998 年版，第 32 页。

往前追溯，恍惚间不知其所止，往后延伸，茫茫然难以尽头。在作恶并未实际发生的地方，可能只是条件并不具备，而即便实际上尚未出现报复，仇恨和积怨总是挥之不去，它们不仅越积越深，还能世代相传。

许多情况下，受害方给予施害方的报复，在受害方看来是恰如其分的，但在施害者方看来已属“过度报复”的范畴，原因在于他们各自对当初的恶行在量度上存在非常明显的差别，社会心理家们称之为“恶的量度差”（magnitude of evil）。人类的恩怨容易陷入“冤冤相报何时了”的困境，触发螺旋上升的暴力冲突，陷入一种因果难分的复杂局面之中，其中一个原因就在于此。在遭受报复之中，原先的作恶者很有可能变身为受害者，他总感觉自己所遭受的报复远远超出了自己应得的，因此必须伺机还击回去。

与伤害相伴随的是身心的痛苦和折磨。将某些行为或现象视为“恶”，也就是对受害者所遭受的损失、痛苦或折磨的一种合理化解释，一个价值判断以及一种心理态度。任何人都必须为自己所作的恶付出昂贵的代价。受害者不需要来自旁人廉价的同情，更应拒斥来自施害者虚假的道歉。但在很多时候，和解仍是可能的，也是必要的。玛莎·纳斯鲍姆认为，总的来说，慷慨的精神（在某些情况下，加上对公正的福利型法律机构的依赖）是应对伤害的最佳方式。[①] 但我们这个社会不需要“无谓的和解”。更何况，暴力的存在使受害者的和解选择更为艰难，将暴力当作恶的象征，使得人们对所有形态的恶都无法轻言和解。

三　伤害与恶的距离

“伤害”“苦难”通常被视为世俗之恶的核心概念，不少人直观上将恶行理解为“对他人、对社会造成伤害或损失的行为”，“使他人遭受苦难的行为”。很多时候，恶行的性质及程度进一步与伤害的性质及程度联系起来，基于害人的动机或/和伤害的后果来评估恶的大小轻重。然而，恶行的性质要复杂得多，仅仅借助伤害、苦难或损失这些词汇是很难对之进行充分刻画的。伤害是对某种事件的描述，而恶除了能够用来描述事

① Martha C. Nussbaum, *Anger and Forgiveness: Resentment, Generosity, Justice*, Oxford University Press, 2016.

件，还能用来描述主体，也就是那些“恶人”。一个有伤害动机或造成伤害后果的人，有可能是恶人，但同时，并不能仅凭伤害的动机或后果来界定一个人是否为恶人。

由于主体因素的存在，对恶行的性质及程度的评估不像对伤害的性质及评估那么相对容易客观化，相反，恶不仅更像是一个“价值概念”而非伤害这样的“事实概念”，还具有更加复杂的主体相对性。某些受害者认为是恶的行为，施害者并不承认，据此后者倾向于觉得，受害者的怨恨是毫无根据的，来自受害者的报复更是无法忍受的，这样一来，原先的施害者仿佛摇身一变成了新的受害者。他们会想，既然你对我的报复是毫无根据的，那么就不算是报复，而是蓄意伤害，这样我就有理由报复你对我的伤害了。如此一来，冤冤相报的“互害模式”已然成形：当事各方都认为自己才是真正的受害者，对施害方的报复或惩罚也是合情合理的。受害方倾向于夸大伤害的程度，而施害方则倾向于弱化他所造成的伤害，旁观者更倾向于认同受害方的说法，但实际情况可能是，这三方都未能做到实事求是。

“恶的量度差”使得恶行在整个社会中产生了绝对的负效益。恶的严重性对于受害者来说总体上要比对于作恶者来说要大得多；这种量度差不仅体现在物品价值上，比如抢来的汽车被倒手转卖的价格往往远低于车主对于这辆车的估价；还体现在情感上，压迫、欺骗、残酷这些行为对于作恶者来说随着时间的流逝而很快被遗忘，但这对于受害者来说可能是刻骨铭心的痛。这一点与善的情况形成了鲜明的反差。

> 恶总是被观察者尤其是受害者看在眼里；如果没有了受害者，恶也就不存在了。的确存在着无受害者的恶（例如许多交通违章事件）和被假定为无受害者的过失，但它们仍然是伤害的边缘范畴。很难设想在一个社会里人们的所作所为全然不会对别人产生任何的不良后果，如果是那样的话，警察将会因无事可做而无存在的必要了。[①]

首先，的确存在一些事实上没有“明确受害者”的恶行。比如，适

① ［美］罗伊·鲍迈斯特尔：《恶——在人类暴力与残酷之中》，崔洪建等译，东方出版社1998年版，第1—2页。

度的手淫没有明确的受害者，但被某些道德规范所不允许；[①]“聚众淫乱”被某些国家立法禁止，尽管有些学者认为它也是没有明确受害者的，为此他们主张“非罪化”（decriminalization）。[②]不过，正如朱迪丝·施克莱所指出的，一个社会的意识形态通常会“给定”施害者和受害者，为特定的个体或群体贴上相似的标签，乃是意识形态的一项常规工作。而意识形态的“服务对象”为了获得方便及时并且政治正确的指导，通常会习惯性地遵从于它。与之相反，那些拒绝放弃自己独立判断的人们不得不直面颇为令人不安的不确定性。[③]

有些恶，属于“无人害”型的恶，而有些恶，则是“无害”型的恶。从受害者角度看其所遭受的恶，要远远多于从施害者角度所意识到的恶，也要远远多于从旁观者角度所观察到的恶。有些从旁观者看来是实实在在的恶行，作恶者并未意识到，也许他觉得并无不妥，或者尽管意识到了，但他可能会千方百计抵赖，不愿承认过错，更不愿真诚道歉和悔过。这些情况都是显而易见的。另外一种情况就是，即便从一个冷静而毫无偏袒的旁观者看来，有些恶并没有明确的施害人，或者受害者眼里的那个“施害人”实际上是无辜的，只是由于一场误会、一次无心之失所导致的，并且又缺乏澄清误会和为过失进行解释的机会。从受害者角度看，无心之失所带来的痛苦或折磨要比蓄意犯罪小得多。还有一个事实是，蓄意犯罪的罪恶感、亏欠感比无心之失的罪恶感往往还要小。

在某些情况下，所有人都是严格意义上的受害者，而无人是严格意义上的施害者，即便在最简单的二人互动模型中也是如此。在这里，人们受害的总量要远远超过其施害的总量。不管是恶的顽固性还是恶的“运气”都会增加一种卡夫卡式的人生荒谬感。而且确实人们都普遍存在受害者心态。在人际冲突中，首先想到的不是自己是否在何处伤害到对方，而是相反，对方是否伤害到自己。这是人性中“厚此薄彼”的一部分。对于自

① 对古世纪神学家托马斯·阿奎那来说，将精子沉积在人类女性阴道以外的地方是不自然的：这违反了上帝的设计，违背了上帝所建立的事物的本质，因此兽交、同性恋以及手淫，都是违背自然法则的。参见 St. Thomas Aquinas, *Summa Theologiae*, Cambridge, Eng.: Blackfriars, 1964 - 1976, pp. 153 - 154。

② 李银河：《性学入门》，上海社会科学院出版社 2014 年版，第 111 页。

③ ［美］朱迪丝·施克莱：《平常之恶》，钱一栋译，上海人民出版社 2018 年版，第 34 页。

己对他们所造成的伤害，即便承认，也倾向于缩小，如果不是视而不见的话；反过来，如果对方伤害到自己，则往往倾向于夸大这种伤害，有时候甚至会编造一些受害者情节来说服他人——有时候也会自欺欺人地说服自己——接受。受害者实际所得的同情、声援和帮助，很多时候会比他所期待的少得多。由此他比较容易产生一种心态：如果全世界都漠视我的痛苦，那我还有什么理由去关心他人？来自公众的冷漠，对他构成了“二次伤害”。这时你再要求他不仅要原谅施害者，还要理解那些冷漠的公众，就更是难上加难了。

其次，某些恶行至少就眼下的局部情况来看，存在明确的受害者，但这些受害者可能又是过去或未来的施害者。很多人际、群际或国际争端实际上是一种“狗咬狗”的模式，双方都施害过对方，双方都被对方伤害过，两者之间的恩怨情仇真可谓剪不断理还乱。面对这种关系，对任何一方的单纯同情或单纯谴责都可能不甚妥当，不急着表态支持谁，反对谁，保持一定程度的中立、“悬置判断”是可以理解的。

朱迪丝·施克莱就明确反对这种将受害者理想化的做法。对此，她举例说，将政治受害者理想化不仅显得愚蠢，而且十足危险。政治倾轧和龌龊行为的受害者往往不见得比迫害他们的施害者更值得拥护，这就是政治世界的现实，受害者只是在等待机会疯狂报复，同施害者互换位置而已。而对于那些真正关注恶之残酷性的人来说，反而不必过于在意眼下谁是受害者、谁是施害者，甚至他们身上贴的“好人”“坏人”标签也可能只会误导我们草率站队。①

再次，施害—受害关系对于恶来说也许只是偶然的，两者无直接关联。一个社会里人们的所作所为当然不能不对他人产生任何不良影响，但这些不良影响与人们的所作所为之间并不存在一种绝对的因果联系。有些不良影响并不是由作恶导致的，反过来，作恶可能会带来某些东西，但它们不是某些我们通常称之为“伤害他人”的东西。

最后，“不良影响”和“伤害”这些概念实际上或多或少是建构性的。即便我们承认，“恶”的概念也包括某些建构性维度，但这种建构和“伤害”“不良影响”的建构仍然有着层次上的差异。杰弗雷·亚历山大

① ［美］朱迪丝·施克莱：《平常之恶》，钱一栋译，上海人民出版社2018年版，第29页。

(Jeffrey Alexander) 说，当我们说反恐战争是必要的和理性的时候，我们使用了善与恶、朋友与敌人、荣誉、良心、忠诚、文明和原始混乱的言辞。这些修辞不仅是理性的需要，而且是思想和情感的产物，具有巨大的力量和意义。这些修辞是文化建构。① 恐怖袭击严重干扰了我们的生活，它“伤害”了我们，但是考虑到战争永远是一柄双刃剑，反恐战争在对恐惧势力进行报复式打击的同时，还会伤及无辜，甚至伤及自己。伤害可能是现实的，也可能是虚构或假定的，“暴力的逻辑”常常服务于“恶的修辞”。恐惧分子伤害了我们，反过来我们又去报复他们，这种伤害是相互的，但是在价值观上，我们是善的，对方是恶的。“恶的修辞”就像一把剪刀，它把施害与受害的暴力叙事裁剪得符合其自身的逻辑。

第二节　旁观者视角

从社会角色理论看，每个社会成员都是人类之恶的“当事人”，因此扮演或被安排了某种“恶行的角色”，无人能全然置身事外，而不限于直接的施害者和受害者。套用一句伯里克利的名言，你对“恶”没有兴趣，但是“恶”对你有兴趣。从理论上说，每个人都是潜在的受害者或施害者，同时每个人都是或曾经是现实的旁观者。幸存者除了庆幸自己的“好运”还有其他事情可做，见死不救的冷漠旁观者可能是恶行的帮凶，麻木不仁的旁观者实际上恰恰是恶行的当事人——那些既是受害者又是施害者的当事人。旁观者还是民间的“仲裁者”，舆论的力量从来都不可被低估，正所谓流言可畏，众口铄金。

一　“幸存者陷阱”与旁观者责任

狭义的幸存者特指那些“大难不死”的当事人，而每个人都是广义的幸存者。然而大难不死者未必就“定有后福”，相反可能遭遇“二次伤害”。在人类之恶中，幸存者有时会扮演一种非常尴尬的角色，它就是“幸存者陷阱” (survivor trap)。这个说法是从沃纳·温伯格 (Werner

---

① Jeffrey C. Alexander, *The Meanings of Social Life: A Cultural Sociology*, Oxford University Press, 2003.

Weinberg）——他本人就是大屠杀幸存者（Holocaust survivors）之一——那里借用来的。对此，他说道：

> 像幸存者这样正式的归类，很容易让人利用幸存者这一身份来吸引注意、同情、敬畏……因为他人以同情而仁慈的态度看待幸存者，所以幸存者也会以这种方式来看待他们自己，这是一个很容易掉进去的陷阱。这可能会导致如下谬误，即利用幸存者身份，为所有缺陷和失败，为那些承袭下来的或平常形成的脆弱和缺点（无论是生理上的还心理上的）充当遮羞布。[①]

温伯格所说的幸存者，特指纳粹大屠杀计划中的犹太人幸存者，而不是从地震、海难中或其他灾难性事件中幸存下来的人们。他认为，后面这些人过一段时间就会回归到他或她之前的身份，尽管灾难可能给他们留下深深的伤痕。但是，大屠杀幸存者身份则是终身的，这个历史符号给他们带来的，不只是来自公众或旁观者的异样眼神，随之而来的还有幸存者们深陷其中而不自知的某种独特的“自我意识”。公众将遇难者归为一类，将幸存者归为另一类，这种分类法实际上是强加到他们头上的二次伤害。温伯格指出，这是一个压迫性的称谓，容易让人觉得这些称谓的承担者——对他人和他们自己而言——像是一个博物馆古董、一块活化石、一个怪胎、一个幽灵。[②] 人们对幸存者的描述存在一种极端化情况。一方面它是备受尊敬的，它所激发的不仅有同情，还有钦佩和敬畏。鉴于他们遭受的苦难，幸存者被刻画成勇敢、坚韧和智慧的楷模。但是另一方面，诸如“行走的尸体”“活着的死人”之类的蔑称，以及伴随而来的扭曲性的描述，让幸存者自暴自弃，自认属于被主流社会所抛弃的人群。

受害者或其家属、幸存者们的苦难经历，据说是一笔宝贵的精神财富。但这些财富并不归他们私人所有。因为据说每一种恶都不只属于受害者或其家属，以及幸存者，而是属于整个社会。可是个人主义考虑在这里

---

① Werner Weinber, *Self – Portrait f a Holocaust Survivor*, 1985, pp. 150 – 152. 转引自［美］彼得·诺维克《大屠杀与集体记忆》，王志华译，译林出版社 2019 年版，第 89 页。

② Werner Weinber, *Self – Portrait f a Holocaust Survivor*, 1985, pp. 150 – 152.［美］彼得·诺维克：《大屠杀与集体记忆》，王志华译，译林出版社 2019 年版，第 89 页。

不被重视，模仿受害者与施害者之间的划分，可以在幸存者与非幸存者之间进行区别。特定的受害人就处于特定的身份地位之中，不管受害者是一个人，还是一群人，都属于特定的人群或阶层。将他们的受害者或幸存者身份贴上这些平时的身份标签后，由于他们平时也是被社会区别对待的，即便他们遭受苦难之后仍然如此。大屠杀是犹太人的大屠杀，如果他们不是犹太人，就可以免遭屠杀，这好比奴隶贩卖是针对黑人的，如果他们不是黑人也可能免于被奴役，因而这些苦难都只是他们的，而不是整个社会的，更不是整个人类的。如果他们给我们讲述他们的苦难遭遇和蒙受的暴行，我们可能会不愿意听。那份出于礼貌而假装出来的耐心也很快就会消磨殆尽。人们只关心自己的事情，别人的苦难除了可以充作茶余饭后的谈资，或者故作姿态展示同情心的机会，还有什么有利可图的呢？毕竟那些只是他们的苦难，而不是我们的。旁观者们的身份是中立的，它在作恶者与受害者之间保持中立。

可是为什么说这种“中立”是不负责任的？中立就意味着一方面可以肆无忌惮地消费受害者或幸存者的苦难；另一方面可以摆出一种道德圣人的姿态来要求受害者与施害者达成和解。也许有人会说，没错，当主流人群需要受害者与施害者达成和解时，他们就必须和解，无须考虑受害者的感受。主流人群不愿意听到受害者讲述其苦难经历，会要求后者免开尊口；而当他们认为只有站出来讲述自己的苦难经历才“有百利而无一弊”时，他们就必须亲自揭开多年来连自己都不敢直面的伤疤，尽最大努力去满足公众的猎奇心理，而无须考虑这些受害者或幸存者的感受。与廉价的同情相比，也许他们更加需要理解和尊重。

被成功人士们挂在嘴上的“苦难是一笔人生财富”之类的励志言语，在失败者或“未成功者”听起来显得矫情或至少是轻薄。人们从苦难中能学到不少东西，就此而言它是一笔精神财富，但最终未能带来成功的苦难有时候真的只是罪恶，而不是所谓的财富。我们无须回避这一点。即便罪恶一时无法被根除，了解它们的真相也总比对其置若罔闻或一无所知要好。那么，苦难和罪恶的故事是全人类的“共同财富”，抑或只是受害者或幸存者自己的事情？如果我们认为它们是整个社会的事情，这就意味着我们有资格要求或者诱导他们开口讲述其不堪回首的遭遇吗？法官的一项工作，就是从施害者嘴里获取关于案情的关键细节，即便某些细节可能会令人产生极度不适。这些公正的旁观者有义务知道这一切，认为这是审判程序的一个必要部分，甚至对于尚未从苦难阴影中走出来的受害者也是如此。不可否认，这些做法有其残酷的一面，但在公正的旁观者眼里，这是惩恶扬善的应有之义。

受害者身份有时候是在恶行实施之前确立的。实际上的伤害尚未发生，而只是出于在记忆、预期乃至想象之中。但这些非现实因素的力量大得惊人，最终使得有些自认为是受害者的人主动发起攻击，从那个记忆中的、预期中的或想象中的受害者，摇身一变，成了现实中的施害者。考虑到冤冤相报的连环效应，每一个现实中的受害者，又反过来沉浸在过去受害的记忆之中，或者从过去和现实的状态作出未来仍会继续受害的预期，或者干脆在想象中加重这种受害的苦难形象，最终使得他们走上施害者的道路。对于受他们所害的一方来说，情况也是类似的。于是，所有的施害者都曾经是记忆中的、预期中的或想象中的受害者，同时又是现实中的施害者。时间的流逝并没有自然而然地弭平两方之间的怨恨或误会，而是使其陷入了一种积怨的陷阱之中，机会来到，新的伤害就会产生。

“受害者家属”这个说法是有条件的，并非所有的受害者都会让人想起其家属。在很大程度上，一个人不能选择自己的家庭和家属，他的家庭成员以及家属身份是被选择的——他作为一个家属总是某些人的家属，而这些人并不是他刻意选择要他们做自己家属的。家庭内部的恶，比如家庭暴力，家属本身就可能成为受害者。即便是家庭外部的恶，家属所扮演的角色在不同的文化和制度圈里有不同的表现。如果医疗、人身、财产等方面的社会保障制度健全，那么一个人在诸如疾病、车祸以及其他突发的灾难面前所受到的伤害或困难，对其家属的连累，在程度上要比那些相应的保障制度不健全甚至完全缺失的社会少得多。当然这种连累并不是纯粹的，因为家属也可能因为某个家庭成员的不幸——也是整个家庭的不幸——而获得物质上、社会上或精神上的种种补偿或抚恤。再者，在家庭责任感方面，不同的文化圈之间有一些微妙差别。家属的家庭责任感可以分担某个家庭成员之苦难，尽管并非任何苦难都能由家属共同承担，至少来自家属的心灵慰藉仍然是重要的，在宗教信仰慰藉相对比较淡化的家庭里尤其如此——对有些不信教并且无法享受健全的社会保障的家庭来说，家庭本身就是“天塌下来一起扛”的归宿，来自家人的支持鼓励就是他世俗意义上的“神佑”。

有些个体或群体给自己取“邪恶”的名字，主要为了渲染自己的力量。每个人都希望自己成为强者，但我们又习惯于同情弱者而非强者的悲惨遭遇。强者的苦难故事往往能够起到正面的“励志”效果，仿佛只有弱者的苦难才是真正值得同情的悲惨境遇。受害者的形象与弱者联系在一起，一个强大的受害者意味着有足够的力量进行报复性惩罚，因此也不算是最值得同情的。同情应该给予那些遭受不公待遇却又无法为自己讨回公道的弱者。真正强大的人也不需要此类同情，他们可能鄙视弱者，认为这种被施舍的同情过于虚伪和残酷。所以你从强者身上看不出任何“纯粹恶的神话”，他们不相信这些神话，只相信自己的力量。当然他们也不是庸常之人，只有庸常之人才有庸常之恶。而在一个庸常的社会中，也轻易不能诞生一个真正意义上的强者，相反，弱者才是主流：如果有必要，他们宁愿争相扮演那个“受害者”角色，也不愿或不敢做那个可能被视为“冷酷无情”的强者。

2010 年 4 月，某地一个流浪汉被歹徒刺中，躺在血泊之中奄奄一息，起因是他刚刚对遭到行凶抢劫的女子见义勇为。曾有数十人从他身边走过，但几乎所有人都视若无睹，更无人施以援手。这件事情在网上曝光之后，人们为之震惊。但在心理学家看来，此类现象并不罕见，无非是为众所周知的“旁观者效应”增加了一个新的案例。心理学家们并不认为在突发事件中未能对陌生人出手相救的旁观者缺少某种个人品质，相反，影响他们选择的恰恰是身处群体之中这一外部条件。有研究表明，群体的规模越大，其中任何一个特定成员救人于危难之中的概率就越低。[①] 这个“路人”群体具有典型的无结构、无组织特征，无结构的群体会引发一种责任分散（diffusion of responsibility）：有其他旁观者在场会使我们不大可能去承担帮助的责任；如果群体中的每个人都被认为需要对私刑或其他的群体性行为负责，那么这种表面上“人人有责”的情况实际上就会成为“无人负责”。

关于旁观者责任，存在“法律不作为”与“道义不作为”的区别。

① ［美］本杰明·莱希：《心理学导论》第 11 版，吴庆麟等译，上海人民出版社 2017 年版，第 677 页。

比如，父亲对孩子有监护的法律义务，父亲带孩子下河游泳，当他发现孩子处于溺水状态时，他有法律义务去救孩子，这个时候如果见死不救，就要承担不作为犯罪的刑事责任。而恰好路过河边的陌生人，对于孩子溺水袖手旁观，这时必须承担的乃是某种道义责任。道义上他有责任去呼救、协助或者直接救助，但这不是法律上的强制性要求。如果他拒不履行道德义务，所承担的乃是舆论谴责。

这是一个相当直观的生活场景。对于一个处于危险中的脆弱的孩子，旁观者的出手相救通常能产生立竿见影的效果。有些时候，救人者的确要承担一些风险，如果他不习水性，或者下水后遇到水况复杂、手脚抽筋的意外情况，危险同样会是很直接的。但即便如此，他至少仍然有在岸上呼救或者协助下水救人者的义务。单纯的袖手旁观或者以“没空”为由拒绝施以援手，在道德上仍然是说不过去的。

但是很多情况下的“见死不救”没有这么直观，其环境也要复杂得多，以至于很多时候我们不再称某些袖手旁观的做法是“见死不救”。处于危难之中的人不再是脆弱无力、单纯无辜的孩子，他们可能是某些“不听话”的成人，因此人们会认为他们的遭遇在某种意义上是“自作自受”。施救者的处境也要更加复杂，他可能找不到一个万全之策，在救人的同时还能保全自己，而不必担心因为出手相救而惹祸上身。他还会估摸一下，即便自己奋力相救，大概有几成的把握取得成功，而如果胜算太低，袖手旁观或中途放弃救援反倒成了明智之举。

现实中的许多危险情境就处于上述复杂情境之中，当那个处于危难之中的人冒犯的是传统、体制或者干脆就是“利维坦”，情形尤其如此。传统和体制势力过于强大，个人面对它们时往往是无能为力的，这一方面使得触犯它们的人容易身陷危难之中，另一方面又容易让旁人无能为力。旁人实际上要么是站到传统或体制的立场上，指责那个冒犯者咎由自取，要么明哲保身，袖手旁观，为自己爱莫能助而深感无奈，此外也可能站在中间立场，对于眼前这一切，表示事不关己、漠然视之。幸存者的存在本身，就为他们之所以是幸存者给出了最好的解释。这似乎是个不证自明的真理。“成王败寇”不仅是事实上的，更是价值上的。只有成功者才能活着当王，也只有成功者配得上当活人的王。当了王的人或组织，拥有定义事实的当然权力，以至于除了他们所说的事实，没有别的事实，因为除了他们所说的话，你几乎听不到别的话。死人是不会说话的，而那些试图挑战既有话语权的活人，也有成为“死人”的危险，区别只在于它是生物学上的还是政治学上的“死人”。可是在某些事情上，只有死人才有说话权，尽管现实中的话语权掌握在活人手中。于是这里就存在一个悖论。说话权和话语权是两个不同的概念，前者属于权利范畴，后者属于权力范畴。举个例子，在传统的男权社会中，某些地区的妇女可能沦为男人们传宗接代的生育工具，也就是说，在生育问题上，妇女们虽然是直接的当事人，可是她们并没有多少话语权。然而，对于十月怀胎、一朝分娩这事儿，孕妇和产妇们具有当然的发言权，所谓如人饮水，冷暖自知，没有哪个男人有资格代替她们就怀孕、分娩这些切身性极强的经验进行现身说法。这种说话权的存在并不影响男人们话语权的分量，因为他们可以有选择地听取她们的切身经验之谈，甚至选择完全无视，必要时连说话的机会都不给。

“幸存者偏见”指向幸存者被污名化的情况：他们要么被认为在品格上有严重缺陷，要么被认为在身份地位上低人一等。中文语境里的“大难不死，定有后福”，寄托了对幸存者眼下状况的庆幸以及对未来预期的祝愿。这个大难不死的人，单纯是由于幸运还是因为采取了某些必要措施而幸免于难的？死神所遵循的法则，是优胜劣汰，还是“劣币驱逐良币”亦即“劣者存活”？一个人能够存活下来是因为他的人性之恶发挥了关键作用，比如，正因为他足够自私才得以活下来吗？再者，即使他们品行的确如此低劣，自我保存又有何不可呢？我们有什么理由对他们产生偏见呢？渐渐地人们意识到这种偏见的问题所在，因为谁能在大屠杀之下存活下来，基本上是由纯粹的偶然因素而不是个人品质决定的：不曾在错误的时间处在错误的地方，不具有鲜明的犹太人特征。①

即便在最恶劣的逆境中，也不是每个人都平均地承受了一样多的厄运。有些人凭运气而活了下来，有些人则凭生存策略而活了下来，它就是“屈服”。反抗的诱惑源于有机会更好地、更有尊严地生存，而不反抗就丧失了这种可能性；但是反抗也有丧失最起码的生存机会的代价。这里的两难困境并非出现在选择过一种更有尊严的生活与仅仅苟且偷生下去之

---

① ［美］彼得·诺维克：《大屠杀与集体记忆》，王志华译，译林出版社 2019 年版，第 93 页。

间，而是以昂扬的斗志争取更有尊严的生活同时又不得不面临现实而迫切的生存机会的丧失，与单纯地为了继续活下去同时又不得不承受屈辱的生存条件以及对屈服顺从于敌人的“道德污点”之间。

> 在整个历史进程中常有一个分歧，一方要对占优势的环境进行不屈不挠的、英雄主义的反抗，另一方面现实地接受新规矩，继续自己的生活。幸存者大部分都在后一阵营中。实际上，这是做一个幸存者的要义所在。你应当适应这个世界，以它的规矩做事，而不是同失败的事业一起灭亡。①

这是一个真实的道德困境。多数人选择忍辱负重地活下去。他们的一个最朴素的想法，就是不管发生了多么天崩地裂的悲剧事件，如果有机会，日子还是要继续过下去的。“好死不如赖活着”的观念以及求生本能，这个时候显示出一种特别难以抗拒的魅力来。

如果当初他们与因反抗而死去的同胞们一同拼死反抗，最后该屈服的可能不是他们，而是敌人或侵略者；如果这个民族一向有同仇敌忾、宁为玉碎不为瓦全的民族尊严，敌人在发起侵略之前也得三思而行。然而实际上即便实质上难免有人临阵变节，也不是普通民众的道德缺陷，而是这个民族或部落的原先统治者自身的问题：后者没有实力抵御外来入侵，平时未能有效地在民众心中培植起那种广泛的宁死不屈气节，或者腐败堕落到完全失去民心军心；灾难未来之时，所有人都可以大言不惭地吹嘘自己多么厉害，而到敌人兵临城下之时，他们自乱阵脚，甚至频起内讧。

有时候民众的确是为自己的生命和尊严而战，尽管在危急存亡关头生命与尊严可能难以两全。不管他们最终选择拼命抵抗还是忍辱负重，在不同的意义上其背后都有一套情有可原的合理性辩护。然而我们不妨进一步追问，是谁平日疏于防范，让民众不得不面对这危急存亡时刻的？是凶狠的敌人，无能的统治者（他们同胞当中的当权者），还是他们自己？

比较常见的邪恶行为是在法学上能够得以解释的，不管它们是民事上

---

① ［美］罗伊·鲍迈斯特尔：《恶——在人类暴力与残酷之中》，崔洪建等译，东方出版社1998年版，第463页。

的还是刑事上的，是出于故意还是过失，不管犯罪既遂还是未遂，也不管是作为犯罪还是不作为犯罪。对此，法律上还有其他的一系列区别。普通人直观上所理解的邪恶行为，基本都被列入了法律（特别是刑法）条文里。这不是巧合。一个社会对于邪恶的理解，与它对于邪恶现象的应对方式是密切相关的，而一个稍微有法可依的社会，都会以成文法或不成文法的方式对后者作出规定，至于是否同时还能做到有法必依、执法必严、违法必究，则要另当别论。

在《暴力批判》中，瓦尔特·本雅明（Walter Benjamin）区分了立法性暴力与护法性暴力。前者是一种制定法律的暴力类型，而后者是一种需要实施和维护该法律的暴力类型。[①] 他使我们认识到，法治也有黑暗的一面，因为法律本身在某些情形下会成为暴力的工具。作为上层建筑的法律，处在宪法的保障之下。一个国家的宪法集中地体现了政治和权力结构的精髓。有些现象在字面上并不违背法律条文，但仍然可能是邪恶的，因为法律可能并不健全，甚至可能漏洞百出。更为根本的原因还是伦理学上和政治学上的——这部法律根本上就是一部“恶法”，因此法律条文越是细致周全，执法力度越是百无一漏，它所怂恿鼓励或纵容包庇的恶就越大、越多。如果一种制度本质上就是恶的，就像不少人对于暴政的想象那样，那么这个制度下的法律，本质上也可能是恶的，即便其中某些条款放在别的制度下同样会被制定出来。当然这很大程度上依赖于人们的观察力、想象力，一种好的制度，即便在所能设想的最坏的情况下，仍然能够避免恶的发生，至少能够将恶的后果减到最小。而那些缺乏想象力和敏感性的人，即便对于显而易见的恶仍然可以做到置若罔闻。

举例而言，在谋杀发生后，死者已不能复生，作恶者一旦被绳之以法，也难有机会再作恶，而悲剧依旧会重演。杀人犯能谋杀的是善良的人，而不是善良本身；对其的死刑判决能去除的是恶人，而不是恶本身。而如果这个杀人凶手被医学鉴定为精神病，那么科以刑罚意义何在？又该如何理解精神病犯罪行为，又如何避免这样一种报复性反弹：今天处决一

① Walter Benjamin, “Critique of Violence”, in Benjamin, *Walter Benjamin Selected Writings*, Vol. 1, 1913 - 1926, Marcus Bullock, Michael W. Jennings (eds.), Edmund Jephcott (trans.), Massachusetts: The Belknap Press of Harvard University Press, 1996, pp. 236 - 252.

个杀人犯，下次杀人犯要杀十个？

二 恶之泯然性：匿名角色

先不管是对是错，“人性本恶”是个内涵性命题，但“恶之泯然性”（obscurity of evil）是一个外延性命题。两者区别何在？举个简单例子，有人在批判“国民性”时说，一个人是一条龙，三个人是一条虫。[①] 假设这句话有一定道理，那么我们要问的是，这里的人究竟是龙还是虫呢？这个取决于其外延是“一个人”还是“一群人”，换言之，离开了这些外延条件，没有所谓的“人性”。我们认为，“恶”是一个内涵性概念，一个人之恶是恶，一群人之恶还是恶，世间之恶纵有大小轻重之分，但无性质之别；然而，“泯然性”是个外延性概念，它与“一个人”还是“一群人”之区分密切相关。自然必须由一群人才能构成一个社会，所以从社会角度看，泯然性成了一个社会的内在特征，不过有趣的是，这个内在特征恰恰是通过人之外延性体现出来的。

首先让我们关注“善的泯然化”。荣誉就是这样一种善，现代荣誉观作为每个人都理应享有的“内在尊严”，被写入了联合国《世界人权宣言》。依据莎伦·克劳斯（Sharon R. Krause）的看法，荣誉不等于作为西方古典时代之善的代表——德性（virtue），但与之有相似之处，因为它部分地是一种性格品质，也是卓越（excellence）的一种形式。[②] 然而托克维尔早在《论美国的民主》一书中，就敏锐地观察到，“荣誉的准则”与现代民主制度之间存在着某种紧张关系，它在现代美国再也不像在贵族制社会或者在孟德斯鸠所描述的宪政君主制中居于显赫的地位，两者之间的冲突削弱了荣誉对于个体行动和能动性的影响。“在民主国家，荣誉是一个不够清楚的概念，其影响力也必然不强，因为对此难于准确而坚定地实施一项可以得到公认的规范。”[③] “人们之间的差异和不平等使人们产生了荣誉观，而随着差异和不平等的消逝，荣誉观也将逐渐冲淡，最后同它们一并消失。”[④]

---

① 这个说法不必特指某国的“国民性”，而是泛指“人性”的消极一面。

② ［美］莎伦·克劳斯：《自由主义与荣誉》，林垚译，译林出版社2015年版，第10页。

③ ［法］夏尔·德·托克维尔：《论美国的民主》，董果良译，商务印书馆1989年版，第854页。

④ 同上书，第856页。

此外，造成荣誉在民主制中相对弱势的另一个原因是个体在大众社会中的泯然性。在贵族制的人民中，“各个等级之间差别明显”，因此“没有人可以希望或者担心自己被人忽视”，也没有人能够通过泯然众人而逃脱赞扬或者谴责，而当条件的平等占据主流之后，不同个体“就被混合在同一群里了”。结果就是个体之间变得越来越相似，“无法通过任何显著的特征而相互区分”。基于托克维尔的上述阐述，莎伦·克劳斯紧接着指出，民主社会中个体的泯然性，甚至隐匿性，妨碍着他们紧密遵循荣誉的准则，因为泯然性干扰了对于赞美和谴责的公共规范；个体刚一进入公众视野，就马上消失在其同样毫不足道的同胞庸众之中，公共舆论的监督就形同虚设了。①

接下来，由“善的泯然化”不难设想“恶的泯然化”。不过后者并非前者的反面，相反，它们共享了某种我们称之为“恶”的东西：当善被泯然化之后，匿名的个人之所作所为，体现出一种泯然性之恶，因为泯然性本身就符合了我们前面所说的“恶之外延性”特征，两者在不同层面体现了恶之泯然性。当然恶之泯然性不只包括善之泯然化的维度，还包括恶之泯然化的维度。那些原本就是恶的东西，一旦被泯然化，则是恶上加恶，其危害更甚于善之泯然化。如果说一个人默默无闻，泯然众人，仍有其“可怜”“可惜”的一面，那么助纣为虐而不自知，则是十足愚蠢和可恨的。瓦尔特·皮特金（Walter B. Pitkin）在《人类愚蠢历史导论》中说，“愚蠢是一种最大的社会之恶，它由三个部分结合而成：第一，愚蠢之人数量庞大，乃是泯然众人；第二，一个社会的商业、金融、外交、政治等领域的大权都掌握在愚蠢程度不等的人们手上；第三，高超的能力经常与严重的愚蠢结合在一起，能力越大，其蠢行所导致的灾难越重”②。说被统治者是一群弱者与愚者，尚能说得过去，但这并不意味着统治者就是强者和智者，因为实际情况可能是，少数弱者和愚者统治一群更弱者和更愚者：本质上他们都是尼采所说的“末人”。懦弱和愚蠢并不单属于某些个体——相反，个体不乏自作聪明者——而是属于泯然众人。

① ［法］莎伦·克劳斯：《自由主义与荣誉》，林垚译，译林出版社2015年版，第111页。

② Walter Pitkin, *A Short Introduction to the History of Human Stupidity*, New York: Simon and Schuster, 1932.

马丁·海德格尔的“常人”（das Man）作为此在（Dasein）的非本真状态，类似于这里的“泯然众人”，也就是那个除了平均和匿名状态下的“谁”，他是对于每个人而言的“他人”，而实际上却是对于每个人而言的“自己”。我们无法严肃地期待这些“常人”能够担负起任何责任，因为没有哪个具体的人需要对此负责，这样每个人也都推卸掉了其在日常生活中的责任。[①] 常人的恶，典型地体现了恶之平常性，“常人”展开了他们的不负责任却又颟顸任性的独裁：众人怎样享乐，他就怎样享乐；众人怎样审美，他就怎样审美；众人对什么东西愤怒，他就对什么东西愤怒；甚至众人怎样从“大众”抽身，他也就怎样抽身——享乐即是放纵、沉沦，审美即是恶俗，愤怒即是扭捏作态，当需要大众对某事负责时，他就与之撇清关系，声称自己是那个特立独行的“另外”。譬如，当一个“常人”大谈特谈国民性如何如何时，他指的是“众人”的国民性，自己却总能置身事外。

单纯从数量上看，人世间大多数恶行都是由像你我这样的普通人——泯然众人——所犯下的，或者说，大多数恶行最终总能拐弯抹角地牵连到平常之人。这个说法乍听上去违背我们的直觉，仔细一想的确也不符合正是由常人所创造的“纯粹恶的神话”。几乎所有的关注焦点都在大屠杀、恐怖袭击、变态杀人狂身上，它们只是某个个体或特定人群的恶，与普通人有何关系？根据上述对“常人”的考察，这样也是可以理解的，因为颇为讽刺的是，“常人”在世方式正是闲言、好奇和两可，变态杀人案件可以吊足他们的好奇胃口，成为其茶余饭后的谈资，对大屠杀受害者的廉价同情，以及对恐怖袭击的道德谴责，正好施展他们故作姿态的表演天赋。他们也深知，自己无须对这些事件承担责任，他们也自认无人有资格要求自己承担责任，因此所有这些故作姿态都显得肆无忌惮和苍白无力。诚然，这些罪恶值得被关注，但它们远远不是邪恶故事的全部，更不能以一种“常人”的沉沦姿态加以对待。

我们要讨论的，不是有些人为何天生就是强奸犯或杀人狂，也不是一个原本普普通通的人怎么蜕变为恐怖分子或暴力罪犯，而是普通人在看似

① ［德］马丁·海德格尔：《存在与时间》，修订译本，陈嘉映、王庆节译，生活·读书·新知三联书店2006年版，第148页。

普通的场景背后是如何犯下世间大多数恶行的。这些“邪恶基因”深藏于人类天性之中，但问题在于，抽象地考问人性只会使问题更加复杂难解。如何看待人性中的恶的一面，换言之，如何看待人性的两面性。一方面，大多数个体都是非暴力个体，与他人进行的大部分社会互动行为也并不诉诸暴力或以暴力相威胁；但是另一方面，每个个体又都是潜在的暴力行为个体，并且实际上确实有不少个体在与他人进行互动时诉诸暴力或以暴力相威胁；在某些自残、自杀的情形中，有些人还会对自己使用暴力。

我们认为以上两个方面都符合我们的直觉。如果有人宣称自己不管在任何情况下都绝对不会诉诸暴力或以暴力威胁他人，这只能说明他的想象力不行（有时候可能只是记忆力不行），要么干脆陷入一种难以自拔的自欺状态。所谓的反社会人格深深地隐藏于我们的亲社会人格之中，它们只是有时会像癌细胞一样处于潜藏状态，有的时候则干脆狡猾地把自己伪装成亲社会人格从而能够招摇过市，让所有人熟视无睹。当一个社会本身都是“反社会”时，比如当歧视、冷漠、暴戾、怨恨的风气像雾霾一样弥漫在社会的各行各业之中时，我们不难理解为什么一个社会自身同样需要接受病理学诊断。

如果史蒂芬·平克是对的，那么我们可以同意，显见的邪恶如暴力，在减少。然而他的观点仍然是可以商榷的，因为人类的邪恶并没有减少，只是在不断地更换、升级那些它们的越来越隐晦的面孔。现代生活的复杂程度无法让人相信邪恶居然会减少，除非人性有突飞猛进的提升，然而这很不现实。

> 大屠杀的教训是，大多数人在陷入一个没有好的选择，或者好的选择代价过于高昂的处境时，很容易说服他们自己置道德责任问题于不顾（或者，无法说服他们自己面前道德责任），而另行选取了合理利益和自我保全的准则。在一个理性与道德背道而驰的系统之内，人性就是最主要的失败者。邪恶巴望着大多数人在大多数时代不会轻率、鲁莽地行事——反抗邪恶是轻率而鲁莽的——它就可以开展它肮脏的工作。它既不需要热情的跟随者，也不需要大声叫好的听众，在受到一种安慰性的想法——还没轮到我——激励后，自我保全的本能

确确实实将感谢上天：藏起来，我还是能够逃过的。[①]

这是一种极端的体制化之恶。普通的体制化之恶比它隐晦多了，它们并不缺乏热情的追随者和鼓吹者，理性与道德之间的紧张关系也并不如此明显。很多时候，多数人会认为自己在这个体制下所做的选择既是理性的，又是道德的，尽管实情很可能恰恰相反：他们的所作所为既不是理性的，也不是道德的。这种隐晦而无孔不入的体制化在消解理性和道德之紧张关系的同时，实际上还进一步消解了理性和道德本身。在个人化的理性沉思成了稀缺资源的地方，知识分子们转向寻求体制化的“理性”和“道德”。

一旦自我保存被当作行为的“底线标准”时，其价值就会逐渐且无情地高涨——直到其他的所有考虑都遭到贬值，所有道德或宗教的禁令都被打破，所有是非之心都遭到否认和抛弃。“明哲保身”者的这些步步倒退式做法换来的，是邪恶者的得寸进尺，直到这些人连最基本的自我保全都成了难以企及的奢望为止。对邪恶的无限忍让，对自我保存的无限眷恋，对他人苦难的麻木不仁，对同病相怜者的无限冷漠，都极其容易被肆意践踏。[②]“生命之价越攀越高，背叛之价则越跌跌低”，最终退无可退，再也拿不出与邪恶势力做交易的本钱了，一个人对道德底线的背叛与他的生命一道，最终都变得一文不值。

个体化的人性之恶成全了体制之恶，因此不能把所有的责任都推到施加压力的人身上，因为个体化的规范性进路并没有被堵死，尽管它很可能由于对普罗大众过于奢侈，而成为一种分外的美德。齐格蒙·鲍曼所讲的大屠杀的另一个教训就是，有多少人选择道德义务高于自我保全的理性并不重要，重要的是确实有人这样做了。邪恶不是万能的，有些人能够以死相拼，将其拒之门外。这些仁人志士们的选择粉碎了自我保全的“个体理性的权威”，它表明即便在如此艰苦卓绝的情境下，选择仍然是可能的。[③] 鲍曼未曾回答，需要多少人的反抗才能形成对邪恶的有效压制，以

① ［英］齐格蒙·鲍曼：《现代性与大屠杀》，杨渝东、史建华译，译林出版社 2011 年版，第 268—269 页。

② 同上书，第 188—194 页。

③ 同上书，第 269 页。

便避免少数站起来反抗的人无法找到诸如支持和安慰他们的社会规范或社会认可这样的窘境。

在齐格蒙·鲍曼看来，现代文化是一种园艺文化。它把自己定义为是对理想生活和人类生存环境完全安排的设计。它由对自然的怀疑而建立了自己的特性。如果花园的设计者有对杂草的界定，那么有花园的地方就必然有杂草。而且杂草必将被清除。清除是一种创造，而非破坏活动。[①] 廉耻心和同情心的道德心理学资源建基于个体作恶，但现实中最大的恶不是个体作出的。人们对它们视而不见，麻木不仁，或者无能为力，尴尬不已。政策或法律被草率地制定，然后被权宜地执行，罪恶累累，没有人应该为此承担道德或法律责任。

三　恶的“纽拉特之船”

我们应当将包括恶行在内的人类行为看作“活动的”（active）、“反作用的”（reactive）乃至“互动的”（interactive），“活动”和“反作用”刻画的是个体的特性及其与环境的关系，亦即人之能动性以及环境对人的反作用，而“互动”是在共享的社会环境中的人际交往，亦即两个拥有能动性的人在各自与环境互动这个背景下所发生的相互作用。维也纳学派的奥图·纽拉特（Otto Neurath）在《反斯宾格勒》一书中提出了“纽拉特之船”的概念，他把知识整体比作一只大船，人们必须像水手一样在大海而无法在干船坞上拆卸并修复它。[②] 由此表明，一切知识都以历史为条件，任何时候，只要我们接受足够多的知识陈述，就可以坚持这种知识。在此过程中，知识的任何片段都可以被替换，以便保持整个体系的运行。并不存在斯宾格勒主张的那种包罗万象的“理想世界观”，而一切基于完美观点的行动都不过是伸向襁褓的黑手，我们的一切思考都基于某种不完满性，但我们又必须携其前行。纽拉特用比喻说明，人类的命运如同在不确定的大海上航行的船只，无法靠岸也就是无法获得“纯粹的确定性”，只能在海上修补船只。

---

① ［英］齐格蒙·鲍曼：《现代性与大屠杀》，杨渝东、史建华译，译林出版社2011年版，第123—126页。

② 江怡：《“纽拉特之船”并非对基础主义知识论的批评》，《中国社会科学报》2014年12月11日。

我们的社会体系必须能大致正常运作，才能再来谈恶的问题，这正是“纽拉特之船”所蕴含的：边修理边航行。譬如，人工智能的广泛运用可能对人类带来诸多挑战，我们不能因噎废食。这项技术对于人类社会的发展越来越重要，否定它的必要性可能导致滑坡论证，最终结论是，没有什么技术是必要的。

语言符号和社会系统是宏观的，就其中可能存在的恶而言，对其的最小分析单位是部落、民族乃至整个社会。外部视角固然很重要，但这种恶主要是从内部视角上看的。站在一套语言或一个社会外部，也许能够指出它们的恶来。但是这种外部视角存在不少可疑之处。首先，它可能夸大了两种语言或两个社会之间的差异，而忽视了其间的相通性；如果相通性是客观存在的，那么“那套语言符号”或“那个社会系统的恶”，与“这套语言符号”或“这个社会系统的恶”之间的界限可能就没那么清楚了，因而这里所谓的外部视角在某种程度上仍然是一种内部视角。这一点在全球化时代尤其如此。全世界范围内，通过国际贸易、文化碰撞、政事外交、宗教冲突乃至硬碰硬的战争，强势语言对弱势语言的渗透，强势社会对弱势社会的影响，其程度不容被低估。其次，从外部视角看来的语言符号或社会系统暴力比较容易遮蔽其中的许多复杂因素，其中的一点就是，这些暴力形态对于一个人、一个家庭和社区来说，都具有先天的塑造性，这种塑造性比“生而入其内，死而出其外”厉害得多，因为它在一个人出生之前、死亡之后仍然以某些不同于他活着时的方式影响着他，包括后人对他的评价。换言之，如果主观暴力典型的是“后天的”，那么客观暴力典型的是“先天的”，对人类个体乃至群体之存在的本质具有相当强大的先天规定性，进而在不少于两个主体与共享的社会环境之间形成了一种基于“互动生成”的三角关系（triangulation）。

考虑到人类的诞生性特征，社会环境对于个体和群体而言都具有某种先天性地位，亦即一个人生来就置身于特定的社会文化氛围之中。对于这种先天规定性，我们既不能过于夸大，也不宜视而不见。夸大到一定程度，或者忽视到一定程度，客观之恶都是不存在的，只不过原因不同：如果这种规定性被夸大到某种“无穷大”程度，它就会决定我们对于恶的理解乃至定义，而它显然不会将自己定义成是恶的；而如果这种规定性被忽视到某种“无穷小”程度，讨论它的恶毫无意义，因为其自身就是微不足道的。借用“纽拉特之船”的隐喻，可以这样说：一个社会的语言符号系统和习俗制度系统就是那艘船本身，这个社会的所有语言使用者以及受习俗制度影响制约的人们，就好比是那艘船上形形色色的人们，以一艘游轮为例，有船长、水手、通信员、机械员、服务员，当然还有来自各国的乘客。这些人如果使暴或者作恶，他们的恶相当于主观之恶，而这艘船本身的问题：指挥混乱、机械故障、通信短路，还包括设计制造方面的“先天缺陷”，诸如此类，就在不同程度上带有“客观之恶”的色彩了：船上没有人应当对设计制造缺陷负责，但他们都是其受害者，船长的指挥混乱固然有其自身的主观原因，但是游轮行业的指挥体系可能已经有相当长的一个传统，有些成文或不成文的规定制约了船长主观能动性的发挥，因此船长所犯的错误以及由此造成的严重后果，既有“主观之恶”的成分，也有“客观之恶”的成分，总之，以世界航海史上著名的“泰坦尼克号沉没”为例，这次海难固然有指挥混乱等方面的人为失误，但把所有责任推给船长（或大副、二副）一人承担，仍然有失公允。

语言体系和社会系统就是这样一艘在汪洋大海之中航行的游轮。当人们意识到这艘船本身存在问题乃至致命缺陷时，还能够立即掉转船头回到干船坞来一次彻彻底底、完完全全的大修，以待所有方面都万无一失再重新启程，这可能吗？不可能。别的不说，一艘船是否真能做到“万无一失”，在干船坞上下定论是没有意义的，必须在大海中接受狂风巨浪、冰山暗礁的检验。然而相当不幸的是，泰坦尼克号未能经得起此类检验。当然，语言体系或社会系统并不等同于泰坦尼克号：现实中，有些船不幸失事，有些船一帆风顺，两者之间的界限是比较清晰可辨的，但是对于语言体系或社会系统来说，“失事/平安”之间的界限是不清楚的，从某种角度看，任何一个现实的社会、任何一套现实的语言符号系统，都各有各的问题或对于其中个体来说的“先天缺陷”，差别只在于或多或少，或轻或重，或明或暗。

当我们意识到这些之后，要做的事情就是在大海上“边航行边维修”了，因为发现问题后即刻掉头回到干船坞进行彻底检修是不现实的，尽管那里对于维修来说乃是一个“理想环境”。当然，现实中有些人出于种种考虑，可能会选择忽视先天缺陷的存在，因此主张维修毫无必要，或者走到另一个极端，强调这船已然不可救药，上面没有一块甲板、一个零件是正常的，因此主张非得回到干船坞造出一条全新的船，才能救天下苍生于水火。我们这个社会从来并不缺乏形形色色的极端保守主义者和激进乌托邦主义者，正如我们所看到的，有些恶是掩饰恶的存在而出现的，有些恶则是以“绝对善”或“理想社会”的名义出现的，从作恶的可能性上讲，这两套表面上大相径庭的策略往往又是殊途同归的。

不是说，边走边修就能包治百病，而是说，除此别无他法。也不是说，边走边修就忽视了问题的严重性，而是说，即便是最严重的问题也只能边走边修，因此“无可救药”这种形容词最好被视为某种修辞学用法，相较而言，“死马当活马医”更有现实主义精神，何况现有的语言符号或社会系统未必就是一匹“死马”。“休克疗法”并不是我们这里说的最严格意义上的回到干船坞重造一条新船。休克之后要是还能重新活过来的人，并非与休克之前的他毫无相通之处，而只是出于某些目的或原因从而忽视了它们而已。

在这里我们再一次看到，没有一种恶是纯粹的，不管是主观之恶，还是客观之恶。一条纯粹的破船是不必修的，也不可能修好，万幸我们没有登上这样的船，也许某人曾经造出了它。否认恶的纯粹性并不意味着否认恶的严重性或危害性，而是强调它的复杂性和芜杂性。

作为普通公民的个人，以及作为统治者或领袖人物的个人，都不能完全把作恶的责任推卸给社会系统和政治体制，他应该具备阿伦特所提倡的那种判断力和责任感，为此他必须能够对各种各样的善以及形形色色的恶保持足够的敏感，也必须对善、恶以及两者之关系持有一种“不纯粹”的洞见。

敏感不等于脆弱。前者的反面是麻木不仁，实际上也只有保持清晰的头脑和强有力的自主意识，敏感才是可能的。它需要理智、情感和意志三者之间的协调，过于偏向任何一方都会使某方面的能力变得更加迟钝。容易激动、冲动、愤怒或嫉妒的人，的确有敏感的一面，但他们同时可以丧失必要的理智和自制。一个被情绪冲昏了头脑的人，在某些方面非常敏感，但在相反的方面又相当迟钝。由于自身在生理、心理、社会及文化上的特征，每个人都最多只能对一部分事情敏感，这些特征的不同也意味着敏感点的不同。一个人可能对政治不敏感，特别当那种政治在很大程度上乃是被某些政治势力或意识形态所建构起来的，他也可能对宗教不敏感，特别是当他长期生活在一种无神论的环境中，甚至他对道德的不敏感也是可能的，尤其当这种道德被某种权力结构从外部塑造而成时。但是一个正常的人不可能对人性毫不敏感，特别是那种渗透在日常生活以及他身处的习俗、礼仪、惯例之中的人性。在此意义上，“人性”这个概念具有相当的模糊性，这是正常的，因为这样可以避免“人性”被某些强势的意识形态话语刻画成一副令人生厌却又凛然不可侵犯的模样。

在未被高度组织化之前，民众对公共事务无动于衷，对政治问题漠不关心，这些皆有其可理解性。极权体制尤其擅长这项高度组织化工作，通过推广对于领袖人物的个人崇拜，对于“理想社会”的狂热追求，以及对于“纯粹恶”的大肆渲染，那些原本冷漠的民众被狂热地组织起来了。习惯于冷漠的人突然被某种狂热的激情点燃，这种状态本身就非常不自然；就连他们惯常的冷漠也被利用起来，从对于一般政治生活的冷漠变成了对于被设想出来的“敌人”的仇视，正面的狂热所带来的乃是反面的残酷，亦即对于“敌人”及其同情者——那样不像自己这般狂热仇视“敌人”的人——变本加厉的残酷无情。他们并未完全丧失了同情心，但是在他们身上尚未培养起对于体制上的受害者的同情心，他们原本就不热衷于此道，对于体制上的同情或被同情都缺乏深厚的习俗和惯例。换言之，他们没有学会“合宜地”对待那些体制上的受害者。即便他们自身有朝一日沦为受害者，他们也不知道该如何寻求旁人的同情。仿佛对他们来说，不管是他人的苦难还是自己的苦难，都不是真实的，这些原本就不是自己长期浸淫其中的生活方式，在体制中他们有一种恍如隔世的荒诞之感。就像在参加一个以“残酷”为主题的游戏项目时，每个人都无法区分眼前那些残酷的景象，到底是游戏参与者伪装出来的，还是真实的。即便有一天自己成了残酷的受害者，想要逃离这个游戏而无能为力时，也无法让其他参与者相信，苦难是他的真实处境而非游戏本身的一部分。

第三节　公共性视角

毋庸讳言，公共性（publicity）是必要的，可被用来克服前体制的恶。但必须对之加以限制，用来克服体制的恶，避免“伪公共性陷阱”（Pseudo - publicity Trap），个体的自由和尊严应该得到捍卫。为了限制恶，公共性检验不管是对于个人事务还是对于公共事务都是必要的。公共性是一个“强规范性”（strong - normative）概念，它一方面不同于“证成性”（justification）这样的完全规范性概念；另一方面又不同于“公开”（openness）这样的“弱规范性”（weak - normative）概念。公开行事不等于正当行事，毕竟公开作恶的情形也是存在的；但“公共”至少就其字面意思而言的确包含了某种正当性辩护，这种正当性只是“半正当性”，因为有正当性的形式，不代表有正当性的实质。公开作恶的人，比如当众侮辱妇女，不是公共地作恶；但政府作恶倒是有其公共性的一面，至少与一般的公开作恶仍有区别。政府有时候也会私底下偷偷作恶，有些政府有特务机构，可能秘密抓捕甚至处决某些人，无须公开审理，甚至压根就未经审讯。并非所有的政府此类行为都是恶的，但在制度缺失的情况下，的确存在政府作恶的可能。政府所作的恶，有时候是公开进行的，有时候则不是，但不管如何，政府作为公共主体，其作恶者可归于“公共恶”（public evil）的范畴。

一 观念问题：疾病隐喻下的意识形态之恶

在《恶的透明性》中，让·鲍德里亚（Jean Baudrillard）认为，艾滋病是“病毒”入侵的完美隐喻，这种入侵的目标是我们脆弱的“政治免疫防御”。[①] 然而政治上我们不仅有防御，更有进攻，意识形态就是这样一种“以攻为守”政治策略。在某些常见的论述中，意识形态具有两个特征：其一是虚假性，亦即它并非真理，而只是谬误；其二是虚伪性，亦即它只是被伪装起来的权力或物质统治，因此具有显著的操纵性或欺骗性。这些论述的一个立足点很有可能正是“意识形态的战场”：这种意识形态总要称它的对立面是虚假的、虚伪的，以便抢占道德制高点。然而从一种中立的描述角度看，意识形态提供的知识是“超验经验”的，因此无法证伪，但即便它无法通过严格的实践测试，也可能具有强大的说服

① Jean Baudrillard, *The Transparency of Evil: Essays on Extreme Phenomena*, trans. James Benedict, London: Verso, 1993.

力，它的合理性并非完全基于经验事实之上。迈克尔·曼（Michael Mann）揭示了常见意识形态理论的这个偏见："尽管意识形态往往包含私利的合法性和物质优势，但是如果它们仅此而已，它们就未必能得到对人民的支配权。强大的意识形态在当代的条件下至少在表面上好像很有道理，而且它们是真正得到支持的。"①

在《德意志意识形态》中，卡尔·马克思（Karl Marx）和弗里德里希·恩格斯（Friedrich Engels）特别指出："只要有人存在，自然史和人类史就彼此相互制约。自然史，即所谓自然科学，我们在这里不谈；我们所需要研究的是人类史，因为几乎整个意识形态不是曲解人类史，就是完全撇开人类史。"② 然而，意识形态之恶有时候以规范性的面目示人，实质上它们是相当抽象的，其背后是一整套恶的世界观和价值观。认为所有意识形态都是恶的、虚假的或伪装的，这种观点何尝不是另一种意识形态？这样一来，这种观点就具有一种悖谬性的自我反驳特征：既然你说所有意识形态都是虚假的，那么你的这个意识形态同样如此吗？所以实际上我们无法回答所有意识形态的"普遍本质"问题，而只能举一个历史上或现实中的案例加以说明。诸如"任何一种意识形态都无法避免特定形态的恶"这样的说法本身就可能导致另外一种特定形态的恶，亦即意识形态之恶。但后面这种恶只具有一些常见的形式性特征，本书关于意识形态之恶的探讨也具有较强的形式性意味，它可能具备某些实质性内容，但这并不意味着各种意识形态之恶共享了某些具体的"恶的本质"。

意识形态之恶有时候以狂热的方式表现出来，当然狂热本身也可能是一种恶习，但它未必是意识形态之恶。有时候，意识形态之恶以特别冷静、十分超然的方式表现出来，许多人甚至意识不到其存在，这时它们是"超善恶"的，要么干脆就是"意识形态之善"。我们的生活似乎无法完全脱离这种善，那些声称要彻底脱离这种根深蒂固同时又无孔不入的观念系统的人，实际上很有可能在宣传他们自己的意识形态。不动声色、静水

① ［英］迈克尔·曼：《社会权力的来源》（第一卷），刘北成、李少军译，上海人民出版社 2015 年版，第 29 页。

② 《马克思恩格斯全集》第 3 卷，人民出版社 1960 年版，第 20 页。

流深的意识形态同样可能作恶，但狂热的意识形态更加引人注目。即便对于那些良心未泯的公众来说，如果“行小恶”而能“成大善”，或者更严格地讲，为了“成大善”非得“行小恶”不可，那么何乐而不为呢？且看下述评论：

> 虐待和杀死不幸的受害者对于所要完成的事业来说，是令人遗憾的但却又是必要的组成部分。乌托邦的理想社会不经历痛苦是无法建立起来的，不经历失败也无法赢得战争的胜利。许多德国人在看到他们的犹太朋友被驱逐或被虐待时，私下里可能感到遗憾，但或许他们认为这样的行为只是实现理想过程中令人伤感的一部分：恶劣的手段达成美好的目的。①

在意识形态的名义下，恶比较容易被轻描淡写。在更加狂热的环境下，它往往并不被承认是一种恶，相反，它是一种“大善”、伟大创举，必将推动历史进程，这时他们在行恶时，一种使命感甚至正义感会在心底油然而生。特里·伊格尔顿（Terry Eagleton）专门讨论过意识形态之恶中的“意义的双重面向”（twofold faces of meaning）：

> 邪恶总是在太多意义与毫无意义之间徘徊——或者说，它在同时既有意义又无意义。邪恶的这双重面向，在纳粹的例子中显现得十分彻底，如果说他们满嘴都是“牺牲精神”“英雄主义”“血统纯洁”这些“天使般”的夸口，那么他们同样也被弗洛伊德所说的死亡与毁灭中的“淫秽快感”（obscene enjoyment）所控制。②

邪恶的这两种面向之间紧密相连，理性越是与其自身相脱离，身体就越是破裂成纯感官的无意义碎片。理性越是变得抽象，人类就越是无法在一个充满意义的创造性之中生活，就越是要求助于无意义的感觉，以证明

① ［美］罗伊·鲍迈斯特尔：《恶——在人类的暴力与残酷之中》，崔洪建等译，东方出版社1998年版，第51—52页。

② ［英］特里·伊格尔顿：《论邪恶——恐怖行为忧思录》，林雅华译，湖南人民出版社2014年版，第109页。

他们仍旧存在。[1] 个体层面的恶，很好辨识，通常也最受关注，但它未必是最值得关注的；而社会体系的恶很难辨识，但它很重要，个体作出或个体受到的恶是不进入历史的，所以这个“纯粹恶的神话”中有一种个人主义的精神需要被批判。

个人主义观念中包含了“纯粹恶之神话”中的几个要素。个人的自由意志或责任要求，恶或者善是一个人自由选择的行为，因此他理应对此承担其道德或法律责任。那个恶是他的恶，他找不到任何理由为自己推卸责任，他所伤害的那个人也是像他一样的个体，那个有自由意志的个体，那个人的生命尊严或财产安全受到他的损害，而这些东西乃是那个人作为个体而与生俱来的。一个有自由意志的人伤害了另一个有自由意志的人，他作为个体理应承担所有道德或法律责任，就这么简单直接。在恶的问题上，这种个人主义观念所面对的挑战是，作恶者也许不是那个有完全的自由意志的个体，而是一种复杂的混合物，尽管恶行名义上由他犯下的，但它牵扯了一大片其他的人和事，特别是其置身其中的传统和社群中的习俗、惯例，严格来说，这些因素都不是无辜的，应当对他的恶行承担某种形而上学责任——道德尤其是法律上的责任追究可能抵达不了那个层面；而那个受害者，名义上是一个有名有姓的个体，实际上可能还有他背后的整个传统和社群，因此“受害者”的外延，就像“施害者”一样，很多时候都具有一种模糊性。这种模糊性还体现在个体的自由意志概念当中，个体通常并不具备完全的自由意志，但是个人主义观念塑造了这样一个“完全自由意志”形象。这两种模糊性的存在在不同程度上冲击了个人主义观念，最终使得现实生活中的恶往往并不像个人主义者所理解的那样典型而纯粹：它是一个复杂体、混合体。甚至那个扮演主持正义角色的人，比如判断谁应该对谁承担何种道德法律责任的人，也不只是一个个体，他背后也有一系列习俗、惯例、仪式和制度。

进入历史的是那些以社群为基本单位的习俗、惯例、仪式和制度。个人习惯也不全是个人心理学上的概念。习惯是那种构成我们人格同一性的东西。离开了它，我就不再是自己。有人说，口头上要废除阶级差异很容

① ［英］特里·伊格尔顿：《论邪恶——恐怖行为忧思录》，林雅华译，湖南人民出版社 2014 年版，第 109—111 页。

易，但是几乎每一件我做的和想的事情都是阶级差异的结果。我对“纯粹恶”的理论诉诸是在“我并非生活在纯粹的恶或善之中”、这个社会事实中形成的，我无法依据这种神话的纯粹性要求来改造自己、改造他人乃至改造整个社会，否则我将失去立足的地基，我也不再是能够被辨识出来的那个人。

就个人主义观念而言，纯粹恶的神话甚至还高估了那个作为个体（或个体的简单联合）的作恶者的能力和勇气，某种意义上来说，它同时还低估了作恶的难度以及受害者的抵抗力。简单的个体往往缺乏足够的能力和勇气去作恶，他想要作的恶超出其能力范围，而他想要伤害的人可能又比我们想象的更加强大。然而实际上，作恶者往往有足够强大的力量和勇气去伤害那些看上去不够强大的人，而且这种伤害也不显得特别困难，就在于作恶者并不是一个人或一个简单的群体，而是他或它从其自身作为其中一个部分的复杂共同体中吸取了巨大力量，当他或它所伤害的是一个弱小的个体或群体时，这种情况尤其明显。

不管是历史问题还是现实问题，尤其在涉及道德评判之时，意识形态的阴影总是驱之不散。彼得·诺维克在总结大屠杀的历史教训时，就谈到人们所面临的尴尬局面：“来自政治坐标系中不同位置的人们都能够从大屠杀中找到他们各自希望的教训；这已经变成了一个道德和意识形态上的罗夏测验。”[①]不管是右派、保守主义者，还是左派、自由主义者，都可以拿来为我所用。即便对于派系色彩并不特别浓厚的普通大众来说，某些与之相关的教训或说教也会拿来对他人或舆论进行“道德绑架”，最终形成某些道德评价体系中的“政治正确”。

恶人是全人类的敌人，任何一种恶都是广义的反人类罪。这不是说一些“小恶”能与大屠杀如此典型的反人类罪相提并论，而是说，我们必须能够站在全人类的视角看待恶。恶是人类的恶，那些所谓的恶人也是全人类的恶人。他们既是全人类的敌人，也是人类的一分子。如果把整个人类比作一个个体，那么毛病就出在自己身上，而这个有病之人必须尽力对自身的毛病进行治疗。不正视其存在是不对的，讳疾忌医也是不行的。有

---

① ［美］彼得·诺维克：《大屠杀与集体记忆》，王志华译，译林出版社 2019 年版，第 15 页。

意义的分歧应该出现在不同的治疗方案之间，而不是出现在要不要治疗这个问题上。他对自己的病进行治疗，治疗者与被治疗者是同一个人，而所以还有这种治疗以及治愈的可能性，正是在于在他身上还能找到肌体健全的组织和器官，乐观一点说，健康的一面仍然占据主导地位，而如果真的是一具病入膏肓的躯体，恐怕根本上也会缺乏刮骨疗毒的勇气。

恶的疾病隐喻必须站在全人类立场来看待，而不是对这个部分或那个部分的治疗，严格来说也不是只对任何一个部分的治疗，“头痛医头，脚痛医脚”。考虑到其社会、文化、精神属性，那个比作个体的人类之躯体，其整体上的复杂程度以及各部分之间盘根错节的程度要超过生物学意义上的人体躯体。如果我们从部分的观点看，所看到的正是一幅“纯粹恶的神话”之图景。纳粹是全人类的敌人，而非只是犹太人的敌人，对纳粹的审判适用国际法和反人类或种族屠杀罪名，而并非只适用于国内法以及国内法意义上的故意杀人罪。[①] 譬如，犹太人作为受害方是否有资格作为法官现身于自己作为当事方的“耶路撒冷审判”，或者只能扮演控诉方的角色；究竟是国际正义和人道主义重要，还是以色列和犹太民族的声誉重要；以色列是否真不需要一个国际法庭来保护——所有这些，都是值得商榷的。[②]

审判关乎正义，而非单纯地源于报复或嫉妒。站在原子式个体或特定的共同体立场，人们总能找到报复或嫉妒的理由，但它们不是正义的理由。一个人只有跳出自己那个狭隘自我和自己所属的那个狭隘共同体，才能看到正义的理由。比作个体的人类肌体不能简单地被重新还原为原子式的人类个体及其聚集，人类肌体之病不等于某些原子式个体及其聚焦之病——它是那个人为整体的人类肌体之病。没有人有资格代表这样的一个人类肌体，这件事实本身就具有很残酷的一面，似乎人们在恶的理解上委身于特定的人类群体的善恶观念，是在所难免的。

法官们心知肚明的是：若相信艾希曼是个恶魔，那么也就高枕无

① 出于某些考虑，有些国家的刑法典里列有“危害人类罪”（Crimes Against Humanity），俗称反人类罪。

② ［美］汉娜·阿伦特：《艾希曼在耶路撒冷——一份关于平庸的恶的报告》，安尼译，译林出版社2017年版，第288—289页。

忧了；尽管那样一来，以色列的审判工程即便不会土崩瓦解，至少也会魅力尽失。毕竟，你不可能把全世界的眼球都吸引到这里，却只给人家看看被告席上的杀人狂魔。①

杀人狂魔尽管耸人听闻，但至少这个标签本身是相当“缺乏个性”的，它能被贴在艾希曼身上，也能被贴在与他截然不同的某些作恶者身上。从那些被贴上“杀人狂魔”标签的人身上，除了看到他们的共性，至少在字面上无法看到他们每个人的个性。艾希曼是一个独特的个体，但杀人狂魔不是。将那些作恶者统统称为“恶人”，而不分析其每个人的作案动机、具体情况，这对于我们理解人类之恶是没有帮助的，尽管“纯粹恶的神话”暗示人们，恶魔的个性色彩或特殊背景并不重要，重要的是他的恶。对此不难设想这样一种辩护：过多地关注那些细枝末节的案情和作恶者的所谓“个性色彩”“特殊背景”，以及由此所展开的种种细节证据和案情争论，必将使我们本末倒置，忘记审判他们的初衷。

不难设想，那个匿名化了的杀人狂魔形象，必须会让从四面八方赶来的人们大失所望。他们要看的是一个独特的作恶者艾希曼，而不是一个被贴了“杀人狂魔”标签的、与平日里媒体上报道的那些连环杀手相差无几的人。不过这样对法官来说不会有多大风险，因为这个标签足以激发所有人的仇恨。而这只不过又再一次验证了“纯粹恶的神话”在情绪与理智之间存在的双重标准。

艾希曼真有什么独特性吗？从一个方面来看，回答是肯定的，他之独特性在于，他身上的恶不同于指派到他身上的那个被称作“杀人狂魔”的抽象物。但是从另一个方面看，这种所谓的独特性是相当可疑的，因为在阿伦特看来，他只是一个在人性上而非在社会角色上平庸得不能再平庸的人。而艾希曼之所以令人不安的原因恰恰在于此：“有如此多的人跟他一样，既不心理变态，也不暴虐成性，无论过去还是现在，他们都太正常了，甚至正常得可怕。”②

---

① ［美］汉娜·阿伦特：《艾希曼在耶路撒冷——一份关于平庸的恶的报告》，安尼译，译林出版社 2017 年版，第 294 页。

② 同上。

对恶的理解，考虑到广义道德运气因素与不考虑这些因素相比，两者有很大差异。阿伦特考虑到了这些因素，她会说，在某种程度上也愿意相信，若非生不逢时，艾希曼很可能不会站在这里或任何一个刑事法庭上。然而，并非每个作恶者都适合被指派给一个“生不逢时”的借口。另一个类似的借口是“迫不得已”，每个作恶者都可以利用自己的为难之处进行自我开脱，但当我们听到银行抢劫犯因为身无分文所以选择铤而走险时，该说什么呢？也许会说他太无耻，居然用这种客观原因为自己的罪行辩护；也许会怀疑他在说谎，蓄意欺骗公众的同情心。那如果实情确乎如此呢？我们是否对他持有“哀其不幸，怒其有罪”之类的稍稍复杂的态度呢？再比如，奉行“最终解决”（final solution）的元首口谕的艾希曼，作为纳粹国家机器上的一颗螺丝钉的天职，就是恪尽职守，说得再龌龊一点也无非是想为自己积累升官加薪的筹码。但他无法为自己开脱得如此干净利落，这一方面是因为，他原本可以通过思考而承担起更多的责任，甚或“枪口抬高一厘米”，但是他放弃了，另一方面，他就像其他人乃至“每个人”那样，为自己身上潜藏的恶之平庸性承担道义和法律责任。许多人确实比他幸运，未能被时代抛到他当初那个位置上，但只是意味着他必须为自己的“生不逢时”承担起相应的道义和法律责任。是否考虑可能存在的“生不逢时”因素，涉及两个不同意义上的道义—法律责任的归属问题，但是“纯粹恶的神话”并没有为我们展示出这种区分。

二　公共性：其必要性和限度

伊曼努尔·康德（Immanuel Kant）所理解的公共理性，指一个人面对所有人公开地、无偏狭地运用理性，尤其是公开言说，可以说与亚里士多德是一脉相承的：

> 人类理性的公共运用必须始终是自由的，并且唯有它才能带来人类的启蒙。私自运用自己的理性往往被限制得很狭隘，虽然不至于因此而特别地妨碍启蒙运动的进步。而我所理解的对自己理性的公共运用，则是指任何人作为学者在全部听众面前所做的那种运用。一个人在其所受任的一定公共职位或职务上所能运用的自己的理性，我就称

之为私人的运用。[①]

理性的公共运用对作为言说者的主体提出了比较高的道德要求，为了克服偏狭性，一个人必须能够在公共场合面对所有公众发表言论。[②] 换言之，这种理性不能是偏倚性的、帮派性的。这并不意味着要求他的观点必须得到所有人同意，而是他必须做好准备随时接受来自任何一个人的挑战。如果他的观点确实充满偏狭，那些受这种偏狭之害的人肯定也愿意站出来挑战他。而如果他的言说并非在公共场合针对所有听众作出，那么那些可能反对他的人很可能没有机会听到，因此就形不成真正有意义的观点交锋，也就无法通过这种公开性检验了。在康德看来，这种公开性检验与自由密切相关，它不仅向人们提出了“公共言说者”的主体要求和公民义务，而且表达了作为“公共言说者”应有的权利诉求，故而言论自由和“笔的自由”，都是康德式公共理性的应有之义。

有些道德理论无法通过公共性检验，因为从逻辑上看，它是自我挫败（self - defeating）的：如果你试图在公共场合向所有人证明自己的理论，那么你的理论就不可能得到证明。比如，道德理论中的个体伦理利己主义认为，每一个人都应该为我的自我利益服务。因此，持有这个观点的一个利己主义者就宁愿所有其他人都是利他主义者，但他自己时刻想到的却是要最大限度地促进自己的自我利益。因此，伦理利己主义者就无法将自己的观点公开化。[③]

英文中的“publicity”除了有“公开性”的意思，还有“公共性”的意思，因此“公共理性”（public reason）也是一种“公开理性”。在政治哲学中，后者的含义更加丰富深厚，这方面最具代表性的例子是约翰·罗尔斯（John Rawls）在《政治自由主义》《公共理性的理念》等著作中提

① Immanuel Kant, *Political Writings*, p. 55. 亦参见［德］康德：《何为启蒙?》，《历史理性批判文集》，何兆武译，商务印书馆 1997 年版，第 24—25 页。

② 这里的“公共场合”既包括公共场合的演讲以及面向大众传媒的访谈之类，还包括在公开发行的报刊书籍上发表自己观点，近代梁启超所谓“学术乃天下之公器”正含有此意。

③ 徐向东：《自我、他人与道德——道德哲学导论》，商务印书馆 2007 年版，第 135 页。

出并逐步完善的“公共理性”理论。[①] 在罗尔斯那里，“理性”一词本身就意味着是非个人的或非私人的，这样，公共理性中的“公共”和“理性”存在字面上也是表面上的同义反复，但实际上“公共”一词仍有所指：“公共理性”意味着“政治上的理性”，以区别于“非政治上的理性”，据此他否认“个人理性”（individual reason）或“私人理性”（private reason）一说，转而强调公共理性与非公共理性（non - public reason）之区分。在他看来，基于道德、宗教等合情理性的诸整全性学说的理性并非直接旨在建立一个自由平等的公民共同体，因而是非公共的。因此，公共理性不仅只能运用于国家或公共事务中，还对这些运用给出了相当严格的规范性限制：它是一个现代宪政民主国家的政府、议会、法院以及自由而平等的公民们在选举、议事、立法、司法、政策制定过程中所必须坚守的一系列合情理性（reasonable）原则，其主体是宪法要旨（constitutional essentials）和基本正义原则（fundamental principles of justice）。

现代民主政体在框架上或形式上大致满足了公共性的一些基本要求，比如它拥有据称“主权在民”的议会系统，“执政为民”的政府系统，以及据称“秉公执法”的司法体系，但是实际上与作为一个“理想型概念”的公共理性标准相差甚远。在某种意义上，它很多时候空有“公共性”的外壳，但里子仍然充斥着偏狭私利的“体制化之恶”：公共化体制在一定程度上避免了前体制的——个人的或非公共的——恶，但同时又陷入了一系列的“伪公共陷阱”难以自拔。与卡尔·施密特（Karl Schmitt）不同，汉娜·阿伦特（Hannah Arendt）、理查德·伯恩斯坦（Richard Bernstein）诉诸公开辩护。然而，群体商谈不等于公共理性，一个最简单的社会心理学事实是，群体的讨论往往会产生一种使信念和态度走向比私下商议更为极端的倾向，这被称为极化（polarization）。[②] 这种群体极化倾向的存在，最终使得一个社会中各个群体之间要取得共识会异常艰难，在客观上进一步加重了群体冲突或社会撕裂的可能性。这种极化倾向为群体之恶埋下了社会心理学上的“祸根”：那些信念和态度原本并不那么极端的个

① John Rawls, *Political Liberalism*, New York: Columbia University Press, 1996. ［美］约翰·罗尔斯：《罗尔斯论文全集》，陈肖生等译，吉林出版集团有限公司 2013 年版。

② 罗伯特·塔利斯：《公共理性的困境：多元论、极化与不稳定》，载谭安奎编译《公共理性》，浙江大学出版社 2011 年版，第 337—353 页。

体，加入一个群体后会变得非常极端。[1]

通过对卡尔·施密特、沃尔特·本雅明、汉娜·阿伦特、弗兰茨·法农（Frantz Fanon）和简·阿斯曼（Jane Ashman）这五位对暴力有着深刻思考的人物的作品进行批判性审查，伯恩斯坦也提出了“暴力的限度”（the limits of violence）这个极其深刻的时代课题。他集中阐述了下述观点：我们有令人信服的理由致力于非暴力，但同时我们必须承认，在某些特殊情况下，暴力是合理的。他认为，没有一般的标准来确定暴力何时是正当的。处理这一问题的唯一可行的方法是培养公众，在这种公众中，有自由和公开的讨论，并且个人致力于互相倾听：当公众辩论结束时，没有什么可以阻止杀戮暴力的胜利。[2] 此外，通过对他们作品的批判性审查，伯恩斯坦也提出了暴力的限度。我们有令人信服的理由致力于非暴力，但同时我们必须承认，在某些特殊情况下，暴力是合理的。伯恩斯坦认为，没有一般的标准来确定暴力何时是正当的。处理这一问题唯一可行的方法是培养公众，在这种公众中，有自由和公开的讨论，并且个人致力于互相倾听：当公众辩论结束时，没有什么可以阻止暴力杀戮的胜利。

而在索雷尔那里，武力与暴力的区别，似乎完全取决它的作用和动机的性持。武力给人戴上锁链，暴力打碎锁链。武力，不管是公开的还是隐蔽的，都是奴役人的；而暴力永远是公开的，它带来自由。以赛亚·伯林指出，这种概念区分带有很强的道德形而上学痕迹，严格来说，它不是一种经验上的区分。[3] 我们对暴力或邪恶的理解以及为此所做的一些概念区分，其立足点乃是常识性的经验反省，而我们的观念批判的对象乃是作为日常生活之部分的“经验观念”，因此这是一种经验性或形而下的概念批判，而非基于一套事先被设定好的形而上学框架来进行分析、反思或批判。我们也在正面意义上使用“形而上学”这个词语，比如“意识形态之恶”，特指一种解释学意义上的形而上学，亦即对于恶之理解、解释或分析框架的“理论之恶”。

① Benjamin B. Lahey, *Psychology: An Introduction* , 11th edition, New York: McGraw - Hill, 2012, p. 531.

② Richard J. Bernstein, *Violence: Thinking without Banisters*, Cambridge: Polity Press, 2013.

③ ［英］以赛尔·伯林：《反潮流：观念史论文集》，冯克利译，译林出版社 2011 年版，第 384—385 页。

因此它是一种关于“恶”（经验之恶）的“恶”（理论之恶），它与其他形态的形而上学之相通之处即在于其在理论上的“元”（meta）、“二阶”（the second order）特征。

也许存在许多种关于“恶”的“恶”，就其二阶特征和反思性色彩而言，都分享了某些形而上学性质。之所以那种解释学意义上的意识形态之恶特别值得关注，就本书的目标而言，乃是出于批判“纯粹恶”之神话的考虑，因为在我们看来，“纯粹恶”之神话就是一种解释学上的意识形态之恶，它假定了我们如何看待恶的一系列基本态度。在此，“纯粹性”作为一种解释学特性，的确具有某些形而上学色彩。它不是说所有恶的现象或行为（就其经验层面而言）都是纯粹的，而是说对于它们的解释或理解在理论框架上带有“纯粹性”特点。为了回到恶之经验现象的“粗糙的地面上来”，我们必须批判关于它的形而上学想象，它集中体现于我们归之于“纯粹恶”之神话的方方面面。

三　阿伦特：权力并非源于暴力

人类是名副其实的“暴力动物”。我们常会为自己离开险恶的丛林建立了“文明社会”而感到自豪，殊不知人类比任何其他动物都要更加具有攻击性：其他动物的攻击性很多时候是针对食物链内的其他物种的，而人类的残暴和邪恶，就其最为触目惊心的一面而言，乃是针对同一物种内的其他成员。动物在其内部为了争夺配偶或领地也常有杀戮，类人猿在极为罕见的情况下也会明显“有意图地谋杀”其他类人猿，但它们的所作所为与人类比起来，不管是手段之多样还是性质之恶劣，都显得小巫见大巫。

人类还是实实在在的“权力动物”。早在公元前500年，古希腊智者们就对强者的权力做过了很多生动的表述。强者拥有权力，这在人类社会是不可避免的，因为强者若不是相对而言更加强大、被命运宠幸、聪明机器、能言好辩等，他们又何以拥有权力呢？权力让一个人成功，权力本身就是成功，就好比美德让一个人幸福，美德本身就是幸福。广义地理解，人们对权力的追求决不等于追求特权或者强权。有些权力是天经地义的，比如父母对幼儿的权力（亲权），它得到洛克等哲学家的认可：“他们的父母在他们出世时和出世后的一段时间，对他们有一种统治和管辖权”。[①] 有些权力可以被视为一种消极权力，也就是免于被侵犯、被奴役的权力，比如，当公民通过诉诸公权力的庇护让自己免于受伤害、受奴役时，他也有追求某种权力（民权）的权利。

汉娜·阿伦特借助证成性（justification）与正当性（legitimacy）这一对概念来区分权力与暴力。权力对应于人类不仅行动而且一致行动的能力，因此它不是个体的性质而是属于特定的群体。只要一群人一起行动，权力的存在就已然成了事实，因此它是存在的任何政治共同体所固有的，权力的正当性通常诉诸过去，追溯到最初的聚集，其潜台词是“向来如此”。与此不同，证成性则和未来的目的有关，事实上的“向来如此”并不等于价值上的“未来仍应如此”。暴力作为工具理性的集中体现，其证成性辩护来自于对未来的预期：如果一件暴力行动就其未来预期而言可以实现善好的目标，它就被证成了。考虑到暴力本质上是工具性的，只要当它能够达到某个目的，而此目的必须为它证明，它就被证成。此外，阿伦特还特别强调，这个目的只能是短期目标，因为期限越长，行动的最终结果就越难被准确掌控，所以暴力的证成性与目标的短期性密切联系。[②]

权力的证成性是一个外延性概念，它来自于群体一致的行动，而非某个个体或者抽象的共同体，这种群体行动是“向来如此”的。某种形式的原始政府在政治共同体诞生之初就已然存在了，其合法性正是基于其群体一致性和历史传承。如果群体一致性被瓦解了，或者历史传承断裂了，这种政府就会自然溃散。政权的更迭可能以和平方式进行，也可能以暴力方式推翻。暴力推翻所面临的是暴力镇压，而在极权主义中，即便是印度圣雄甘地的“非暴力不合作”运动也可能招致暴力镇压。仅仅在字面上无法区别暴力推翻政权与暴力镇压异己这两种暴力样式，所以我们必须诉诸正当性概念。在暴力兴起的地方，既有的权力体制遭到了极大挑战，不管这种暴力是用来推翻还是捍卫一个政权。暴力进一步了削弱了权力，直

① ［英］洛克：《政府论》（下篇），叶启芳、瞿菊农译，商务印书馆 2009 年版，第 34 页。

② Hannah Arendt, *Crises of the Republic: Lying in Politics; Civil Disobedience; On Violence; Thoughts on Politics and Revolution*, Florida: Harcourt, Brace & Co., p. 176.

到新的权力系统消除了暴力的隐患为止。在暴力频繁、战乱频仍的地方，没有任何一种权力能取得绝对统治地位。因此，阿伦特从政治上讲，权力和暴力是对立物；一方占据绝对统治地位，另一方就会缺席。权力出现危机之处，暴力就会出现，如果任其发展，结局就是权力消失了……暴力能够摧毁权力，但根本不能产生权力。[①]

阿伦特的立场可谓独树一帜：暴力尽管可能推翻旧的政权，但它只能产生新的暴力，而不是产生新的权力：

> 在一个完全成熟的官僚政治中，人们找不到可以与之论辩，展示差异，施加权力的人。官僚政治是这样一种政府形式，在此之中，每一个人都被剥夺了政治自由和行动的权力；因为无人统治（the rule by Nobody）并非无统治（no - rule），而在所有人都同样无权的地方，我们就有了一个没有暴君的暴政。[②]

据此，即便是反动的力量被暂时镇压下去，表面上的暴力消除了，但这不过是一种“暴力威慑”状态，而非权力状态。当一种暴力机器至少暂时占据统治地位之后，若要将之转变成合法性的权力，就必须通过“群体一致”的行动，并且形成一种在时间上稳定而持续的“权力传统”。而要获得这些合法性地位，仅仅诉诸工具理性是不够的，还要依赖民众的拥护、信任和稳定持续的执政地位。对暴力的正当性辩护显然并不需要这些，不管它是否能够及时有效地创造一种善好的行动结果。权力的合法性取决于时间上的“长”，与之相反，暴力的正当性取决于时间上的“短”。即便一个行动的目标是善好的，也不等于为了达到这个目标而采取的暴力是正当的，因为它可能缺乏效率，或者缺乏及时性。如果一件暴力行动的正当性依赖于100年后才能实现的那个“理想目标”，其正当性就成问题了，因为谁也不知道100后的世界会如何，毕竟期限越长，可预测、可控制的确定性因素就越低。

---

① Hannah Arendt, *Crises of the Republic*: *Lying in Politics*; *Civil Disobedience*; *On Violence*; *Thoughts on Politics and Revolution*, Florida: Harcourt, Brace & Co. , p. 155.

② Ibid. , p. 178.

“枪杆子里出政权。”枪杆子乃是暴力工具，政权背后则可能有某种正当性做支撑，因此权力的合法性似乎就诞生于某种获得正当性辩护的暴力手段之中。于是，枪杆子所代表的暴力手段，作为一种“否定的力量”，即便是“恶”的，也仍然是“绝对必要”的，其必要性辩护源于暴力的正当性辩护：因为那个作为其目标的政权是正当的，而手段为目标服务，所以（暴力）手段也是正当的。这种观点与阿伦特上述“权力无法产生于暴力”的主张相冲突。为了表示回应，阿伦特反对这种基于“权力与暴力相互转化”观点的“必要的恶”（necessary evil）观念，为此她在《论暴力》中直接对黑格尔和马克思关于辩证的“否定力量”的说法有所批判。根据这种辩证法，对立面不会毁灭彼此，而是会逐步相互转化，这源于矛盾促进而非终结了进步。但是阿伦特认为，这种观点实际上建立在一个相当古老的哲学偏见之上：恶只不过是善的一种褫夺性模式(privative *modus*)，善可以来自恶；简而言之，恶只是仍然隐蔽着的善的一种暂时表现形式。[①]

四 “对恐惧的恐惧”

斯拉沃热·齐泽克所说的“系统暴力”并不特指源自政治体制或国家权力之恶，它还可以是习俗、仪式、宗教或其他非政治的东西。但是，至少是近代国家诞生以来，特别在今天的世俗化时代，人们不得不承认，在所有形态的“系统之恶”之中，来自国家及其代理者（政府）的恶是最致命的，也是最不受制约的。对此，朱迪·施克莱在《恐惧的自由主义》中一针见血地指出：“自由主义之所以是一个政治概念，是因为一直抑制着自由的恐惧和恩惠几乎全部是通过正式或非正式的政府所强加的。而且，如果说社会压迫的种种根源的确不胜枚举，也没有哪一种根源像现代国家的代理者这样拥有如此致命的压迫效力——后者所拥有的独一无二的物质资源和劝说力量可以使其随心所欲。”[②] 施克莱称这种防范国家之恶，致力于建设“有限的且负责任的政府”的、作为一个政治概念的自

① Hannah Arendt, *Crises of the Republic*: *Lying in Politics*; *Civil Disobedience*; *On Violence*; *Thoughts on Politics and Revolution*, Florida: Harcourt, Brace & Co., p. 155.

② ［美］朱迪·史珂拉（施克莱）：《政治思想与政治思想家》，左高山等译，上海人民出版社 2009 年版，第 3 页。

由主义为“恐惧的自由主义”：这种自由主义源于对“恐惧”的“恐惧”。

恐惧是人类的天性，它是普遍的，也是生物学意义上的。霍布斯的社会契约论建构，从对人类最基本的自然事实——生命的脆弱和死亡的迫切——的体认，以及由此而来的自然激情——对死亡的恐惧和自我保全的渴望；这种自然激情，不仅是人类征服自然的初始动机，也是“自由的起源”[①]，基于以生命权为代表的自然权利，最终提出了对国家主权的辩护。如果说在霍布斯那里，人因为恐惧死亡而不得不将自己的某些“自然权利”让渡给国家以换取后者的庇护，那么在施克莱那里，人们出于对国家根本上的不信任而寻求对政府权力的限制并且对之提出了责任上的要求：既然国家是人类社会演化一个自然事实，而不是某些有识之士的“政治发明”，那么我们要做的不是如何去建立一个强大的国家——即便一个不算强大的国家也比个体强大得多——而是如何提防国家权力的滥用。

恐惧的对象是残酷性，但人们也会恐惧残酷性本身，此乃“对恐惧的恐惧”。施克莱区分了两种类型的恐惧。其一是针对自然的残酷性，源于生物自我保全的本能，譬如站在悬崖边上会恐高，手指一旦触及火焰就会本能地缩回来。对于脆弱如人类的生命来说，悬崖和火焰是残酷的，这种源于自然残酷性的恐惧使我们远离危险，保护自身。其二是针对社会系统的残酷性，譬如由他人杀害或使我们伤残而施加的痛苦。这种恐惧的来源有时是个体的暴力，但更具危害性和普遍性的乃是体制的恶，因为后者有足够的能力——在暴政中甚至也有必要——伤害一个社会中的大面积人群。为此，在政治上我们不仅要担心我们自身的安危，还要担忧大量其他同胞们的安危，因为我们恐惧的是一个充斥着像我们自己一样惶恐不安的人们所组成的社会。而这种恐惧的源头，从政治上看，典型的是不受约束的国家权力。这就是施克莱所说的“对恐惧的恐惧”，它不是对于偶然的、个别性的恐惧，而是对于必然的、系统性的恐惧，这是一种“普遍恐惧”，也是对恐惧本身的恐惧：我们不仅就某个对象而深感恐惧，还为

① ［美］列奥·施特劳斯：《自然权利与历史》，彭刚译，生活·读书·新知三联书店2016年版，第184页。

所有像自己一样的人的恐惧而恐惧。由是观之，恐惧的自由主义实质上是旨在寻求免于“恐惧的恐惧”的政治哲学。

法国思想家蒙田指出，国家权力不仅是最大的社会残酷性之源，还是最大的社会狂热之源。他将残忍和狂热当成两种“首要恶”（the primary evil），在他看来，最具有破坏力的残忍来自于国家，“以国家之名”所表现出来的狂热也是我们最为熟悉同时也是最为危险的狂热。系统化的恐惧是使自由不可能存在的前提，它是由对制度化的残酷的预期而不是任何其他事物引起的。我们对秘密警察并不陌生，但“以国家之名”的残酷更多的时候仍然公开地实施，正如朱迪丝·施克莱所说，这种公开的残酷不是统治者偶然的个人爱好，它几乎总是建立于高压政治体系之中，所有政府不得不依靠它实现其基本功能，而最低限度的恐惧暗含于任何法律体系之中，同时恐惧的自由主义并不指望一个公共强制政府的结果。相反，它想阻止的恐惧是由独裁的、不按常理出牌的、严格来说不必要的，也是未经正当程序授权的武力行动，以及由惯常和诱导性的残酷，还有任何政权中军事的、准军事的和警察人员执行的酷刑所引起的。[①] 另据罗纳德·德沃金（Ronald Dworkin）考察，痛苦是可怕的，但酷刑不仅仅关乎痛苦，它有时是作为权力和征服的怪诞象征而使人遭受痛苦的。[②]

国家层面的公开性，至少是一种名义上的“公共性”。然而，按照罗尔斯的公共理性理论，以国家之名的公开残酷，包括那些“以暴制暴”的“惩罚性之恶”，很多时候有可能是一种“伪公共性”（pseudo - publicity）。在所有的社会狂热中，最值得警惕之恶源于体制的狂热，其中最为典型的是意识形态狂热。不管对统治者还是被统治者来说，都存在不同形式、不同程度的狂热，前者的狂热就是意识形态上的，他们在狂热中有冷静，后者的狂热是出于恐惧和顺从心理的狂热，这种狂热只是形式上的，因为他们在实质上对于意识形态始终保持一种“两可”——海德格尔刻画的“常人”的三个沉沦态度之一——式的冷漠态度，然而这种形式上的狂热背后并没有一种实质上的冷静，最终使得他们所做的一切都被

① ［美］朱迪丝·史珂拉（施克莱）：《政治思想与政治思想家》，左高山等译，上海人民出版社2009年版，第12页。

② ［美］罗纳德·德沃金：《民主是可能的吗？——新型政治辩论的诸原则》，鲁楠、王淇译，北京大学出版社2014年版，第33页。

形式化了。由此我们看到被统治者实际上也就是为人作嫁的“职业受骗者”，狂热的手段与他们相关，但是冷静的目的却与他们无缘，他们狂热作为的背后恰恰是统治者们冷静的利用和算计。

这种顺从态度既有恐惧的心理学根源，也有宿命论的形而上学态度，此外它还符合被大卫·休谟（David Hume）称为“人类行为的齐一性”（the uniformity of human behaviour）的东西。休谟是理性上的怀疑论者，但他不是人性上的怀疑论者。正如玛丽·米奇利所揭示的，在某种意义上，顺从确实符合人的天性，特别在面对那些即便努力也是徒劳的事情时：

> 毫无疑问，“宿命论”这个词语也可以被用来描绘许多不那么极端的顺从态度，其中的一些相当理性。在极其恶劣的处境中——实际上人类的努力在这里毫无作用——顺从是相当合适的态度。因而，在顺从于最终的死亡方面，我们大家都是正确的。受到巨大和难以预测的危险包围的某个人（例如一个士兵）这样做是恰当的，亦即不是去尝试更多的谨慎，而相反是在继续行动的方面思考他的事情，并等待“那颗上面印有他名字的子弹”。他需要专注于他还能达到的东西，而为了做到这一点，他就必须从心里忽略不再有用的谨慎。[①]

然而，顺从仍然存在一个“限度”问题，离开了关于“限度”的讨论，我们无法仅仅从“顺从”的字面意思本身判断它是不是一种恶。当然，无论如何，它不是一种纯粹的恶。如果死亡或其他形式的“灭顶之灾”的恐惧迫在眉睫，对此既有经验和惯例上的支持，也有宿命论和意识形态作背书，除了少数“生不惧，死亦不惧”之人，顺从和忍耐是一项常规的求生之道。“民不惧死，奈何以死逼之”是一个假言命题，实际上它暗含了一层意思：动辄以处死相威胁，之所以能成为屡试不爽的统治招数，正在于在“人类行动齐一性”层面上而非单纯的统治学层面上，人类对于死亡的恐惧挥之不去。国家垄断了暴力，那它也垄断了邪恶吗？垄断邪恶是什么意思？邪恶是远比暴力更为柔性也更难以琢磨的概念。国

① ［美］玛丽·米奇利：《邪恶》，陆月宏译，江苏人民出版社2012年版，第100页。

家层面的暴力仍然属于暴力，但是国家层面的邪恶不一定是邪恶，因为它可能获得合法性辩护。处死一个人只是手段不是目的，这一点类似于核武器，其最大的作用在于威慑，而不是真实使用。

玛丽·米奇利指出，把死亡和毁灭作为邪恶行为之动机的观念是一种相当神秘的观念。[①] 恐惧使死亡晚点到来，但根本上不能阻止死亡的到来。这一点对于人类的自然生命是如此，对于其政治生命也是如此。对死亡的恐惧使一个人走上了慢性自杀的道路。生命在量上的延长，同时也意味着其在某种可能性上的质上的降低。这一点似乎违背我们的常识，常识告诉我们，只有延长生命才有可能享受高质量的生命，因为死亡一旦降临所毁灭的不仅是人们的现实生活，还有对未来生活的期盼，抑或高质量的生活的可能性。但是，这种对于死亡的恐惧使得一个人主动或被动地寻求体制的庇护，在表面上延长生命的同时，扼杀了提升生命质量的可能性。反抗死亡威胁固然可能带来真实的死亡，但是也可能带来一种“新生”——它不是肉身复活或在另一个世界的重生，而是一种全新的政治生命。然而，来自掌权者的处死威胁以及来自受威胁者对于死亡的恐惧，这两种表面上不共戴天的政治势力之间存在一种非常默契的“共谋”关系，正是这种“共谋”在一个层面上促使了“纯粹恶的神话”的广为流传。

恶似乎是求生的代价，人类的求生本能客观上助长了恶的残酷性。但是以对恶的容忍换来的生存，在质量上是大打折扣的，因为求生的本能就像死亡或毁灭的本能一样，也是惰性的。通过恶，人生的质量与人性的卑劣联系了起来，如果不正视人性的消极面，无论如何不能提升人生的质量，人的自由、尊严和福祉。

因纽特人有一个骇人听闻的传统习俗：杀死女婴，有时候也杀死男婴。从某种角度看，这样做是不对的，甚至是邪恶的。但是当地人并不这么看。他们认为在某些条件下处理自己的婴儿是情有可原的，比如在生存条件极其恶劣，食物极其匮乏之时。而在某些季节，环境恶劣、食物奇缺是他们的常态，此时出生的婴儿会有更大的概率被处理掉，他们的邻居默许这样的行为。

---

① ［英］玛丽·米奇利：《邪恶》，陆月宏译，江苏人民出版社 2012 年版，第 158 页。

严酷的外部环境，有时候不是自然条件上的，而是社会环境上的。例如，正如有人认为的，缠足这种传统习俗带有“恶”的性质，强迫女童缠足的行为，实在有些惨无人道。据笔者外婆回忆，她小时候被这种“审美风尚”折磨得死去活来。当然女童的父母和邻居并不这么认为，因为当时当地的社会习俗就是那样，他们认为缠足无可厚非，尽管他们并不否认它可能对女童的肢体带来不可逆转的畸变，缠足的景象也可能给女童或旁观者留下心理阴影。

对于康德来说，恶的行为是一种将“自爱”当作最高准则的行为。“根本恶”（radical evil）的作恶者为了一己之利而把他人贬低为一种手段，通过欺骗、利用、剥削、折磨或杀死他人实现自私自利的目标，从而逃避一种共同生活的责任。纳粹和希特勒犯下的恶就是这样的“根本恶”。但在阿伦特看来，艾希曼的恶则是“平庸之恶”，或曰体现了“恶之平庸性”（the banality of evil）。但他们的恶都属于权力和意识形态上的恶。纳粹的法律并不制止这种恶，相反它公开支持这些行为。艾希曼的表现在纳粹的官僚体系中则可以说是“忠于职守”的职业美德。艾希曼的审判者认为，忠于一个邪恶的制度，从而犯下罪大恶极之事，不管有多少理由为自己开脱，都难以洗刷邪恶之人的骂名。

恶的主动机制是我们最熟悉的。一个有作恶动机的人主动作恶，在工具型的恶中最为常见。主动性意味着责任，谁主动作恶谁就要承担最大程度上的“纯粹的责任”。受害者完全是被动的，也许他们在惩恶扬善上是积极的，他们在恶行中的位置纯粹是消极的，我们不可能让他们承担起任何一种作恶的责任。

若加以仔细考察，恶的主动机制必须让位于恶的互动机制。报复型的恶就是这样的一种互动机制。它至少发生在两个人、两群人或两个国家之间，当然也可以是三个及以上的个体、群体或国家之间的一种“两两互动”模式。我们通过这种模式发现的关于恶的责任的归属问题比我们原先在主动机制中所看到的更加复杂，有时候甚至令人尴尬。那些罪大恶极的行为可能是由受害者主动挑起的，至少受害者的所作所为助长了恶行的发生，因此他们并不是纯粹无辜的。死人无法承担责任，但这并不意味着死人的责任必须全部由活人来承担，即便是那个对其死亡负直接责任的人。

互动性机制让我们看到恶的复杂性，但它仍然让我们误认为，恶在最简单的情况下仍然是两个人之间的事情。这两人身处的社会环境并不对此担负主体责任，相反，不管任何一方理应承担多大比例的责任，社会就其整体而言仍然是一个“无辜”的受害者，因为任何个体或群体所受的伤害实际上都是社会所受到的伤害。这样一来，社会对其中一方或双方的惩戒都是必要的、合理的。但实际情况并非如此。如果我们仔细考察恶的形成，恶的互动机制必须让位于系统性趋势。这种系统性不是个体、群体乃至国家之间的简单叠加或者两两互动，这是在历史演化过程中的一个社会系统。这个系统不仅裹挟了个体及小群体，甚至在很大程度上塑造了国家的形态，在国家权力相对衰弱的地方尤其如此。

很多时候，恶行的后果由个人承担；但任何时候，后果几乎都是由社会承担的。有些后果表面上只关乎个人，但实际上仍然关乎整个社会。对此的解释是，个人可以通过比如为自己的财物购买相当数额的保险，从而减少因被盗或损毁可能带来的损失。保险公司赔偿了这笔损失，但它最终又会转嫁到其他投保人身上。邪恶有大小之分，或者说是程度之分。《佛说法句经》云：“莫轻小善，以为无福，水滴虽微，渐盈大器，小善不积，无以成圣。莫轻小恶，以为无罪，小恶所积，足以灭身。”我们是基于后果评估来判断恶之大小或轻重，还是基于当事人的动机、意图这些心理状态？换言之，故意地制造一些“小恶”，与无意中酿成“大恶”，两者孰轻孰重？

不管是动机刻画还是后果评估，都会遇到一些难以回避的问题。可以把邪恶的行为、事件或现象本身作为判定程度轻重的对象。比如，有人可能认为，杀人就是一件恶的行为，不管其动机如何，也不管其后果如何。显然并非所有事情都可以抛开动机和后果来进行善恶评判，而对于那些可以抛开这些因素的事情来说，它们何以至此，也是需要进行一番思索的。

关于邪恶，我们仍然持有一系列朴素的看法，这一点与原始人区别不大。比如，通常来说，谋杀一个人，相比于从超市偷一块面包，是个更大的恶。对此的一个辩护是，后者涉及财产范畴，但是生命权是一切财产权的前提，因此剥夺一个人的生命可谓罪大恶极。可是，作为基础的东西，一定具有更大的重要性吗？退一步说，即便如此，对它们的剥夺或戕害就必定是最大的恶吗？那我们如何理解，就残忍的精神折磨而言，让一个人生不如死地活着，其邪恶程度有时要超过让他痛痛快快地死去？恶不会减少，它会以改头换面的方式存在；或许它潜伏在某些地方，常常并不引人注目。对此，伯恩斯坦的观点可谓切中肯綮："在对待暴力和邪恶问题的态度上，鲁莽的乐观和草率的绝望，如同一枚硬币的正反两面。"①

① ［美］理查德·伯恩斯坦：《暴力：思无所限》，李元来译，译林出版社2019年版，第215页。

第二章　恶行的近因

除了关注受害者，人们还会关注施害者，而后者除了可能受到道德谴责或法律惩罚，还会被质问一个“为什么”的问题：作恶者为何要施害于一个无辜者？当一个人作恶时，他实施的是一件我们称之为“恶行”的行为。结合对于人类行为的一般性理解，同时又考虑到恶行的自身特征，有助于我们揭开人类之恶的神秘面纱，以及揭示其中存在的这样一种“纯粹恶的神话”：恶被认为是作恶者基于某种明确的“邪恶动机”而伤害他人或为之带来苦难的行为。

然而，实际上，关于动机与恶之间的关系，存在以下四种情况：

(1) 有些恶，没有动机或没有明确的动机；

(2) 有些恶，有动机但动机本身未必是恶的，换言之，它们可能只是一些平常的动机；

(3) 有些恶，有动机，但动机之恶与相应行为之恶是两种不同的恶；

(4) 有些恶，有动机，动机之恶与相应行为之恶是同一种恶。

关于上述第一种情况，“纯粹恶的神话”所遮蔽的一些事实是：没有动机的恶，也是有原因的；在动机不明确的恶行中，可能存在某些混乱的动机，并且这种“混乱”不是出于动机的混乱，而是动机本身的混乱，这意味着混乱本身不是行动者有意为之的结果，而是无意识或无法避免的。

关于后面三种情况，“纯粹恶的神话”混淆了两种不同形式的恶，即“动机之恶”与“行为之恶”，它简单化甚至是错误地将它们等同起来。

在第二种情况中，很可能并不存在一种“动机之恶”，人们的确基于某些动机行事，这些事情后来被证明是恶行——至少是一种广义的恶行——但这些动机本身则是稀松平常的。不管是行善还是作恶，他们都可能出于这些动机，只是由于种种原因，同样的动机而造成了不同的结果。这样，“纯粹恶的神话”基于恶的结果而推测作恶者背后必定存在某种“邪恶的动机”，有时候是缺乏根据的。这种做法表面上看总是能够从五花八门的恶行背后挖掘其心理学根源，但实际上仍然失之武断，从而错失了理解人类之恶的某些进路。

第三种情况讲的是，有些恶，其背后的动机本身也属于某种“动机之恶”。尽管这种恶的动机的确在经验上导致了某些恶的结果，亦即那些我们称之为“恶行”的东西，但这些作为动机的恶与作为结果的恶之间仍然缺乏一些必然的逻辑联系：首先，它们并非互为充分必要条件；其次，特定的“恶的动机”并非必然地、唯一地导致了相应的“恶的结果”，换言之，同样“动机之恶”可能导致不同的“恶行”，反过来，同一种“恶行”可以由完全不同的“动机之恶”所导致。这样，我们就必须将这两种不同类型的恶区别对待。

第四种情况可能是“纯粹恶的神话”最为熟悉的一种关系。当一种恶行背后的确有明确的动机，并且这种动机与相应的恶行之间存在某种概念上的稳定联系时，我们实际上是将“恶的动机”与“恶行”等同了起来。很多时候，当我们说到“恶”的现象或者行为时，就不会或者说没有必要在行动的动机、过程、结果之间作出刻意的区分，换言之，当我们用“恶”描述某个事情时，同时包括了对于作恶者的行为动机、作恶过程和作恶结果的评价，这时我们无须假设存在某些“例外情形”，比如我们上面说到的，动机不恶，但结果是恶的；或者反过来，动机是恶的，但并未造成实际上的恶果，诸如此类。

第一节　理性与动机

“恶行的近因”通常指那些“直接促成结果”的原因，亦即效果上的最直接原因。此处“近因”未必指时间关系上的远近，而是指单纯逻辑关系上的亲疏。接下来我们关注的是上面前三种情形，比如“无动机或无明确动机的恶”“平常动机之恶”，以及不同于作为行为结果的“恶行”本身的“动机上的恶”，它们三者之间的界限有时候的确是不清楚的，但我们在概念上对其作出相应的区分仍有某种合理性，比如便于我们首先从“理性”（rationality）而非一上来就从道德、法律、政治或神学上考察恶。

欺骗是作恶的动机，但欺骗本身也是恶。作恶的想法构成了某种动机，但它本身不等于恶行。不自制的恶仍然可以与不自制所导致的恶区别开来，因为不自制本身并不必然会导致恶，这是关于恶行近因的两种不同解释进路。

一　理性化与“非理性之恶”

初看起来，有多少种关于善的理论，就有多少种关于恶的理论。但实际上并非如此，因为绝大多数伦理学家是关注善的或至少被认为是关注善的，许多人并没有提出关于恶的理论。我们无法仅仅依据“善的反面”来理解恶的实质，因为人们关注恶的方式不同于关注善的方式，况且善与恶之间并非就像字面上看来的那样，是一种非此即彼的关系。有些东西从动机上看是善的，但是从后果上看又是恶的，反之亦然。它们之间有多大差别？有一点是肯定的：善恶都是人的善恶，都体现为人与人、人与社会、人与世界以及人与自我之间的种种关系。

大多数善行都有受益人，正如大多数恶行都有受害者，可是在关注善的时候，受益人并不是一个核心概念，对此的一个直观理解是，善因其本身而有价值，无须过多地考察当事人为谁带来了什么样的利益。在利他主义者那里，受益人是他人；在功利主义者那里，受益人则是整个社会。中国古人讲“勿以善小而不为，勿以恶小而为之”，可以理解为，善行所带来的益处即便是微不足道的，也是值得提倡的，因为善行本身就是富有价值的，而恶行带来的伤害即便同样是微不足道的，它也毕竟带来了伤害，并且从受害者角度看，小恶带来的伤害也会比施害者本人认为的大得多。更多地从受害者角度看问题，这是恶区别于善的一个重要方面。换言之，不管是善行还是恶行，从过程上看，都存在一个“前端—中端—后端”的循序，前端是那个行善或作恶的主体，中端是善行或恶行本身以及实施这些行为的动机，后端是这些行为对他人、社会或主体自身造成了什么样的后果。

邪恶有时被当作“恶习”（vice），亦即一个人身上的某些恶劣品质，有时候它是主体给他人、社会或其自身带来痛苦或造成伤害的后果，有时候仅仅是对于特定行为的评价，而无须考虑行为者的品格以及行为的后果因素。同样是作恶，存在形形色色的手段或工具，不管从工具理性上还是价值理性上看，这些手段都不可同日而语。有时候“软刀子”的杀人手段更为高明，尽管高明的手段不等于善良的人，也不意味着更为可取的结果。

从主体角度看，某些因素可能对一件恶行给予直接解释，其中最为熟悉的就是诸如“动机”“意图”这些心理倾向。比如，对于某件伤害行为，施害者是否存在主观故意，以及如果存在，其伤害动机是什么。法律上更关注前者，心理学同时关注后者。比如对于杀人案件，法官们需要弄清楚嫌疑人是否有谋杀的主观故意，而在“主观故意”这个主体要件被证实的情况下，具体的犯罪动机如何则不是他们最为关心的。

当代行动哲学借用“合理化”（rationalization）这个词来解释行动，后者预设了作为一个事件的行动与它的主体，也就是那个行动者之间的某种逻辑联系。这个做法也符合我们关于恶的一般想象：作为一种有限理性的存在者，人类行为的一个深刻特征就是无法根除“非理性”（irrationality）的困扰。如果说合理性意味着主体在“信念”（belief）与信念之间，以及信念与行动“愿望”（desire）之间的合理性，那么非理性就意味着主体信念的不一致性，以及信念与行为愿望的不融贯性。“合理性”（rationality）是一个规范性概念，但是通常所说的非理性行为首先不是在规范伦理学意义上来看的，在此意义上，一个非理性的人不等于“坏人”或“恶人”，非理性行动的确可能给他人、社会乃至行动者自身带来诸多相当严重的后果——恶果——但它仍然不能被简单地看作一种规范伦理学上的恶。

约翰·罗尔斯将“合理性”与“合情理性”（reasonableness）进行区分，就是着眼于前者“缺乏道德敏感性”这方面的考虑。基于这个区分，一件行动是理性的，同时又是不合情理的，或者反过来，一件行动是非理性的，同时又是合情理的，这些情况是存在的。这里所说的“非理性之恶”（irrational evil）侧重于行动主体的理性状态而非急于对其行为进行道德评价。

亚里士多德将理性本身当作人类的一个目的性特征。因此，那些不符合理性规范的行为，也就是非理性行为，违背的正是人之目的性。关于非理性行为违背人之目的性的解释，被称作“目的论解释”。从目的论角度看，一个人在实践生活——尤指道德生活和政治生活——中未能很好地实现人之为人的“卓越”（*arete* / excellence）美德，存在多种体现形式，在亚里士多德那里，也许没有比“缺乏自制”（*akrasia*/ incontinence）更为典型的“非理性之恶”了。这是一种品格上的恶，也就是通常说的“恶习”。但它与其他品格之恶——如懦弱、不节制①、不正义、不明智——不同的是，这是“实践非理性”（practical irrationality），也就是特指信念与行动愿望之间某种逻辑上的不一致关系。非理性的行动者要么缺乏明确的动机，要么存在一些不融贯的动机。这种动机上的不融贯一则表现为两种动机之间的不融贯，二则表现为动机与心理原因之间的不融贯：他原本持有某个动机，但他实际做的事情背后的心理原因恰恰是另一个，我们在“意志薄弱”（weakness of will）或不自制的情形中可以发现这个不融贯性。

在亚里士多德那里，自洽——就其作为自欺的反面而言——和自制属于所谓“形式合理性”（formal rationality）上的要求，反之，自欺和意志薄弱就成为“形式非理性”（formal irrationality）。从这个角度也能够看出，自欺和意志薄弱是与懦弱、不正义、不节制、不明智等不一样的“恶习”。其中，自欺的情况尤为复杂：一方面，自欺本身就是一种恶行的表现方式，在这个意义上，任何一种自欺本质上都是恶的；但是另一方面，至少从亚里士多德角度看，存在某种作为“形式非理性”的自欺，它与我们通常所说的作为违背某种道德规范——比如“自我诚实”（self - honesty）或“本真性”（authenticity）——的自欺仍然有所不同，前者是对于特定主体（在品格上）的“形式上的评价”，较为适用于亚里士多德式的美德伦理学，后者则是对于特定行为（在动机上的）“实质上的评价”，较为适用于某种（义务论的）规范伦理学。

“糟糕推理”（bad reasoning）的情况则更为简单一些。它是指推理当

① 在古希腊哲学中，“节制”（*sophronsyn* / temperance）和“自制”是两个不同的概念，同理，“不节制”也不同于“不自制”。

事人在推理过程中出现的推理谬误。糟糕推理有几十上百种形式，可以分为歧义性谬误、假设性谬误和关联性谬误三大类。[①] 但它有一点是与意志薄弱以及从形式要求上看来的自我欺骗之间存在相通之处，这就是它们都是某种“形式合理性方面的恶习”，因而区别于懦弱、不正义、不节制或不明智。一旦成为一种“恶习”，就具有某种理智上的顽固性——它不仅会对主体的日常行为产生负面影响，甚至也有害于一个人培养诸如勇敢、节制、正义、明智这样的“希腊四德”。在这里我们看到“恶之顽固性”的一个独特面相：自欺、不自制、糟糕推理，以及某种意义上的“愚蠢”——自我欺骗和糟糕推理都在很微妙的意义上与当事人的愚蠢相关——具有比普通的恶性还要更加根本的顽固性，一旦形成危害更大，并且因为它隐藏在人类理智的深处，想要改掉它们谈何容易。

在当代行动哲学中，唐纳德·戴维森（Donald Davidson）特意比较了三种行动的合理性方案，它们分别是目的论解释、理由解释和因果解释。目的解释类似于上面亚里士多德式的诉诸人类行动的“形式合理性”要求的解释，理由解释在某种意义上可以归入诸如“合情理性”（reasonableness）的解释：一个理性的行动者要为自己的行动给出字面上的“理由”并不难，难就难在这个理由与他的行动之间存在某种“逻辑联系”，这种“逻辑联系”很多时候特指某种合情理性的规范要求，其中最常见的是狭义的规范伦理学意义上的道德要求——以此区别于亚里士多德伦理学中的道德要求，后者可能属于某种广义的规范伦理学。联系到“恶行”，这种基于合情理性规范的理由说明的工作，是本书其他章节的讨论范围。

最后一种解释就是“因果解释”，这也是戴维森最为中意的关于“非理性行动”的解释方案，因为它不仅能解释亚里士多德意义上的“非理性行动”，一定程度上还能解释弗洛伊德意义上的“非理性行动”。[②] 这些非理性要么被视为品格上的缺失，要么被视为理性的缺失，但它们的主

① 陈波：《逻辑学十五讲》，第十三讲“以貌似讲理的方式——糟糕推理”，北京大学出版社 2008 年版。

② Donald Davidson, “Paradoxes of Irrationality”, in Donald Davidson, *Problems of Rationality*, with Introduction by Marcia Cavell and interview with Ernest LePore, Oxford: Clarendon Press, 2004, pp. 169 – 87.

体都是在目的论上或本体论上被假定为拥有理性的，与那些原本就毫无理性水平的物种、物体或现象仍有根本区别。非理性的人存在于“有限理性”的背景之下，它不等于“无理性”（non - rationality）的非人物种、物体或现象。就“理性”一词的严格含义而言，大自然是“无理性”的，不管它是风和日丽，还是狂风暴雨，病毒也是“无理性的”，地震、洪涝和海啸源自“身外自然”，衰老、伤残和病毒源于“身内自然”，在大自然和身体的这些残酷性深刻地塑造了人类个体、族群乃至整个物种的命运，原本就相当有限的人类理性，在它们面前往往显得太不堪一击了。

在伦理学上，“无理性的善”（non - rational goodness）是个错乱的表达式，因为“善”之为善要么能够诉诸当事人的理性，要么能够诉诸解释者的理性，因此不存在“无理性的善”。但是无可否认，存在某些“无理性的恶”（non - rational evil），它不同于“非理性之恶”的地方在于，前者并不假定一个通常情况下的理性人，相反，它们是通常情况下无理性的人，比如幼儿、弱智或精神病患者。科斯嘉（Christine M. Korsgaard）区分了两种邪恶观念，其一便是恶的否定观念（the privative conception of evil），恶意味理智和力量上的被剥夺或缺乏状态。[①] 幼儿和弱智都缺乏足够的能力犯下大恶，而一个社会反过来有足够的能力去“规训”他们。在精神病患者那里，我们所看到的“恶”的情景颇为复杂，为了避免他们作恶，主流社会先发制人对他们作恶。如果说他们作的恶是“无理性的”，那么对他们所作的恶有时候“理性”得让人不寒而栗，诚如米歇尔·福柯（Michel Foucault）笔下的古典时代刻意将精神疾病乃至性病、传染病与“伦理上的错误”（ethical error）相混淆，统统称之为“恶”：“古典时代似乎对疯狂和过失、精神错乱和恶意间的区分，保持漠不关心的态度，但这一点不应该令我们感到惊讶。这种冷漠并不是一种仍然过于粗糙的知识，而是以协调的方式所选择的一种对等性，而且是很有意识的行为。”[②]

---

① Christine M. Korsgaard, *Self - Constitution: Agency, Identity, and Integrity*, New York: Oxford University Press, 2009, p. 170.

② ［法］米歇尔·福柯：《古典时代疯狂史》，林志明译，生活·读书·新知三联书店 2016 年版，第 279 页。

二　“动机型之恶”与“非动机型之恶”

“纯粹恶的神话”特别关注“恶的动机”这种东西。尽管心灵犯罪不是一种真实的犯罪，但恶意本身也是一种恶，“恶向胆边生”，即便未必导致现实的恶行。意向与行动之关系相当复杂。无恶意的恶行，有时候甚至可以原谅，或者说它不是真正的恶行；无恶行的恶意，却不可原谅，如果有机会，恶意随时可以变成恶行，因为恶意是真正的恶。

有动机的恶，包括那些为了作恶而作恶的动机。从字面上看，无差别杀人者似乎并没有明确的动机，但实际上其动机不是某个具体的人，而是杀人本身。当杀人本身被当作动机时，杀人者可能从中得到嗜血的乐趣，或者变态的刺激。作恶动机通常有两种类型的主体，一类就是我们最为熟悉的个体或者小群体，另一类就是我们在帮派冲突、党派斗争、内战和国际战争中常见到的那种群体性组织或军队。这两者之间的界限并不是很清楚，它们本身也不是泾渭分明的。个体与国家这两种动机主体之界限是清楚的，但是小群体与大群体之界限往往是权宜划定的，就像群体性事件以“5人”作为定性标准一样，比如小群体与大群体之界限可以权宜地以“50人”作为界限。

以财物占有为目的的作恶，如抢劫、抢夺、诈骗、贪污，以及以欲望满足为目的的作恶，如强奸，这些具有工具性特征，被称为“工具型的恶”。如果作恶者即便无须作恶也能在这些财物和欲望上有所满足，他们有较大的概率不会作恶；而如若还存在一些替代性的工具可供选择，作恶者们也能满足财物占有或欲望满足的目的，他们也有较大的概率不会选择类型工具。他们的占有欲和虚荣心被滥用了，但他们并没有超出可理解的范围。零和博弈的思维不仅是不道德的，很多时候也是非理性的，如果存在市场行为，一个人不去抢劫而选择与其他人进行市场交易，他们即便不去直接作奸犯科也能获得财物或欲望上的满足。也许史蒂芬·平克是对的，贸易活动和市场经济的繁荣的确在很大程度上遏制了这些工具性之恶的滋生土壤。[①]

---

① ［美］史蒂芬·平克：《人性中的善良天使：暴力为什么会减少》，安雯译，中信出版社2015年版，第784—786页。

如何在亚当·斯密（Adam Smith）那里恢复工具性美德的地位，这个不是我们现在讨论的重点。[①] 因为有些品格对于美德的获得来说可能只是工具性的，但是对于邪恶品格的避免来说并不只是工具性的——它就是邪恶本身。有可能存在一种情况，也就是那些工具性的品格对于美德来说只是外在的，而对于邪恶来说则是内在的。对于目的性的美德来说，工具性美德只是必要条件：前者不能没有后者作为手段或实现途径，但光有后者未必能满足前者，甚至还可能走向前者的反面，也就是邪恶。

关于目的性的善恶，往往会发生争论。但关于工具性的善恶，人们很少争论。这里存在一个重要的疑惑，也就是工具性与目的性之间的区分是否合理。亚当·斯密式的情感主义伦理学的主题是道德情感，立足点是审慎（prudence）。在斯密看来，审慎是理智（intelligence）和自制（self-control）的结合，它是个人美德中最有用的一种。[②] 然而，审慎、理智和自制都是工具性的，或者更准确地说，它们都具有工具性的一面：它能够为好人服务，也能够为坏人服务。这意味着，一个审慎、理智或自制的坏人，相比于一个不审慎、不理智或不自制的坏人，可能给社会带来更加深重的灾难。保护最大多数人的最大利益，问题还在于如何看待“利益”。物质财富应当在整个财富中占据多大的比重，这本身也是一个问题。如果考虑到更多的精神财富，那么最大多数人的最大利益究竟应当包括哪些东西，就不太清楚了。

邪恶的一个判断标准，是某人是否为了自身利益而伤害无辜的人，至于那个无辜的人是别人还是当事人自己，伤害的方式是谋杀抑或奴役，这些都不是最关键的要素。谋杀经常与暴力联系在一起，奴役的方式则有很多种，其中有些表面上看似温和的方式不容易让人诉诸暴力，因为它很有可能建立在双方自愿的基础之上——不排除有人可能选择自愿为奴。如果相较于诉诸暴力，诉诸传统上那种直接限制人身自由的奴役，并不诉诸暴力和传统方式的“新型奴役”（它对无辜者潜在的或隐晦的伤害未必更小）更有助于实现权力或利益目标，那么还有什么理由认为，诉诸暴力

---

① 陈常燊：《互惠的美德——博弈、演化与实践理性》，上海人民出版社 2017 年版，第 248—254 页。

② ［英］亚当·斯密：《道德情操论》，蒋自强等译，商务印书馆 1997 年版，第 237 页。

就比不诉诸暴力、诉诸传统上的奴役比不诉诸传统上的奴役更加邪恶呢？

能够用手段—目标的二元模式得以理解的恶，都是相对简单的。某些类型的恶，它们的手段不是纯粹的手段，因为手段本身即是目的。有些人能够从恶意或恶行本身中获得快乐和满足，尽管它们并不给自己带来任何直接的财物利益或性欲满足，我们称之为“娱乐型的恶”（playful evil）。在尼采看来，这种恶源于向他人施加权力的优越感：

> 恶意本身的目的，并不是要让对方经受痛苦，而是为了我们自己的快乐享受……每一次“戏弄”的实例都表明，它给我们一个借口，来向他人施加权力，并体验自己的优越感这种快乐……（最为关键的就是，一个人）只有在他人的苦难中，例如在戏弄他人中，才会发现自己的优越感。[①]

虐待欲也是一种欲望，但它不是像性欲那样平凡，性虐待狂身上所要获得的不是一般的性满足，而是一种变态的性满足。“变态”这个词的日常语言用法很好地表达了这种“为恶而恶”的动机。虐猫的人不能得到实际上的财物好处，但能满足某些人变态的虐待欲。有些人出于过于强烈的嫉妒心作恶，妒火中烧促使他们做出一些损人损己甚至损人不利己的事情来，他们在直接利益上的收益可能是零甚至是负数，但仍然乐此不疲地去作恶。对他们来说，作恶本身就是目的，至于作恶能否为自己带来的实际好处，则不是主要的。

以虐杀取乐的人，是典型的恶人；在“纯粹恶的神话”中，以伤害他人为乐趣正是其中心特征之一。[②] 奥古斯丁在《忏悔录》里举了一个例子：他年轻的时候和朋友们在街上玩，看到附近的梨树上挂满了梨，就趁深夜把树上的果子都摇了下来。当时只觉得好玩，现在想来觉得很奇怪，他问自己：我为什么要偷梨呢？我并不是想吃梨，最后还拿去喂了猪，我到底是为什么？他反复想这个问题。最后想到了，因为这勾当是不许可

---

① Friedrich Nietzsche, *Aphorisms on Love and Hate*, Marion Faber and Stephen Lehmann (trans.), Penguin Classics, 2015, pp. 21, 29 – 30.

② ［美］罗伊·鲍迈斯特尔：《恶——在人类暴力与残酷之中》，崔洪建等译，东方出版社1998年版，第273页。

的，人生来有一种作恶的愉快！[①]

站在受害者立场看，邪恶程度的排序，由大到小依次是这样的：为恶而恶的“娱乐型之恶”，也就是以残酷本身为目标的恶行；[②] 以作恶为手段的“工具型之恶”，亦即为了一个善的中小目标而不得不实施的恶；与大自然的残酷性密切相关的恶；狂热之恶或“理想型之恶”，为了一个善的宏大目标而不得不实行的恶；阿伦特式“平庸之恶”，职责范围内的恶，作恶者似乎有“无辜”“无奈”的一面；施克莱式“平常之恶”，它们部分地逸出了普通人的恶观念，人们甚至意识不到它们是恶的。

虐杀取乐是人类的一种普遍心情倾向吗？对此的回答是否定的。人类把围观他人的不幸当作乐趣，对暴力、血腥、恐怖场景的迷恋甚至超越了时空和文化。不过，尽管“幸灾乐祸”心理确实是个不争的人性事实，但是这并不等于说人们能够从亲手伤害他人的恶行中得到快乐。[③] 有些人作恶时麻木不仁，有些人则心怀愧疚，然而非常敏锐地享受那种作恶的乐趣，并且毫无愧疚之心，这固然极其惨无人道，但它对于常人来说充其量只是一闪而过的念想，只会在某些虐待狂身上成为一种长期稳定的行为倾向。只要一个社会没有彻底崩溃，虐待狂就不可能占多数，况且有些虐待狂可能并非出于取乐，而是出于报复社会的反人类心理，或者带着一种类似于净化人口的“神圣使命”作恶，前者属于报复型动机，后者属于理想型动机，已然不是单纯的娱乐型动机了。

当代社会心理学研究成果显示，实施家庭暴力的丈夫会用恶意揣测的方式表达他对妻子的不满，他觉得妻子在抱怨他的无能，觉得自己的尊严受到了侮辱，但对方实际上并没有这种意思。如果她过去曾经给他留下过这样的印象，那么就会成为一种到一定时间必须发泄的积怨。在这里，尊严与自我中心主义联系在了一起。对于尊严的过度强调，可能走向极端，

---

① ［古罗马］奥古斯丁：《忏悔录》，周士良译，商务印书馆 1963 年版，第 30 页。

② “娱乐型之恶”的说法直接源于“直接娱乐型暴力”（playful violence）。埃里希·弗洛姆认为这是一种“最正常的，不带任何病态性的”暴力行为。这种行为的目的在于显示技能，而不是为了破坏，它不是由仇恨或毁灭的动机引起的。参见［美］埃里希·弗洛姆《人心：善恶天性》，向恩译，世界图书出版社公司 2019 年版，第 11 页。

③ ［美］罗伊·鲍迈斯特尔：《恶——在人类暴力与残酷之中》，崔洪建等译，东方出版社 1998 年版，第 289 页。

也就是自卑、敏感和反应过度。由于这些都带有强烈的情绪化色彩，所以即便是他人无心之失人们也不愿意选择原谅，沟通的大门被堵塞，他可能会拒绝接受道歉，他人的解释很可能被他视为进一步的抵赖甚至挑衅，会激起他更大的怒火。

由于其自身中包含某些悖谬色彩，娱乐型的作恶者极其容易以其自身的“不快乐”收场。娱乐型的恶极其容易上瘾，它促使作恶者重复作恶，直至其罪行大白于天下，其人被绳之以法。鉴于其身上的反人类倾向，几乎没有任何一个理智的人或政治组织想方设法为他们作无罪辩护，将他们强制收容在精神病院已经是最轻处罚。此外，如果一种娱乐型的恶的胃口越来越大，越来越不满足于其常规的获得快乐的方式，那么它就促使一个人铤而走险，不断尝试新的作恶花样，直到有一天惹火烧身，自取灭亡。

“快乐”不只是一个心理学概念，也是一个社会文化概念。一个人做某件事情算不算快乐，它有何具体内容，这些都不完全是个人所能决定的。一个娱乐型的作恶者如果缺乏相当丰富多彩的社会文化生活，就无法体会到那些超出其心理层面的快乐。然而，任何一种通过社会交往和文化生活所培养起来的快乐，作为一种“独乐乐不如众乐乐”的方式，都具有某种意义上的“公共性”，它要求一个人必须与他人分享、让他人参与并且在某种意义上是一种集体性的活动。由于参与人数的增加，以及参与者之间的某些离心离德，这种集体的娱乐型之恶更加容易被暴露。

而某些类型的恶，它们的目标不是纯粹的目标，而是个人的意气、尊严或者群体理想之类的东西。由于这些目标本身至少在字面上具有很强的善的色彩，基于目标为手段辩护的观点，它们的手段有时候不被认为是恶的，退一步说，即便是恶，也是一种为了避免“大恶”而不得不付出的“小恶”的代价，抑或“必要之恶”，或曰“崇高的恶”。这些类型的恶，可以根据其主体侧重于个体或小群体，还是大群体，分为“报复型的恶”与“理想型的恶”。

报复型的恶，其表面含义是“正义”，背后潜台词却是“矫枉过正”。某些人会因为自己的面子被伤害、人格被侮辱、名誉被玷污之类的动机而作恶。并非所有为面子、人格或名誉所作的报复性措施都是恶，这种恶主要分为两种情况，一是行动者是否具备以一种暴力或若被恶人所用是明显恶行的措施来进行报复的资格，因为很多时候这种权力被国家垄断了；二是当他们在一些非暴力或即便被恶人所用仍算不上恶行的措施来进行报复时，是否存在一种矫枉过正的问题。例如，小偷被当街抓现行时，可能遭到愤怒的群众一阵口水甚至暴揍。这些群体是否有权利侮辱甚至殴打小偷，这是一方面；另一方面，即便存在某些不那么极端的报复小偷的民间行为，这些做法仍然有可能矫枉过正，从一种惩恶扬善的行为蜕变成一种恶行。

国家作为统治阶级的暴力机器，承担了使用包括暴力在内的一切必要手段维护社会治安的责任。国家本身的正当性当然也是有问题的：一是在正义论者看来，某国特定的权力结构本身可能是非正义的；二是在无政府主义者看来，任何一种上升到国家层面的权力结构都是非正义的。问题还在于，即便抛开这两个合法性层面，国家对于暴力的诉诸必须要有一个限度，当这种限度被突破时，同样存在矫枉过正的可能。国家从匡扶正义的一方蜕变成作恶者。即便行为主体是国家，以暴制暴仍然是有限度的。对此的一个例子时，国家是否有权利判处一个人死刑，即便他被控告谋杀。既然他谋杀在先，为了表示惩罚，这个谋杀犯应以一种"以其人之道还治其人之身"方式被惩罚，杀人偿命乃是天经地义。这种观点相当相互和直观，但它未必能得到证成。

死刑这种惩罚性的恶的合理性在于，为了避免"大恶"而作的"小恶"。对此很难做出抽象的分析，任何一种离开具体语境的争论都是无的放矢。乱世用重典，此言有其道理，但是一个社会之所以会成为乱世，并不是重典用得不够导致的。这样，即便用重典对于治乱世仍有其一定效果，其副作用也是不可小觑的。

国家和大群体层面最具特色的一种动机型的恶，是"理想型的恶"。"为了崇高的目的而诉诸一种恶的手段是一种浮士德式的妥协，它经常是带来更多的恶而不是善。"① 但其在表面上允诺了一个理想型社会的到来，实际上由于极端的集体性狂热，作恶多端尚不自知，甚至还百般辩解。要么将自己的行为粉饰为一种"大善"，这种"大善"能够为任何可能被提出来的作恶的指控提供辩护；要么摆出一副无可奈何的模样，宣称这是为

① ［美］罗伊·鲍迈斯特尔：《恶——在人类暴力与残酷之中》，崔洪建等译，东方出版社1998年版，第267页。

了避免“大恶”而不得不作的“小恶”。

工具型之恶和报复型之恶都是“被动反应”，娱乐型的恶和理想型的恶，则是“主动出击”，但被动/主动之分并不影响作恶者的主观动机。所有动机型的恶符合“纯粹恶的神话”，它要求存在一个有恶意的主体，并且可能对他人、社会造成伤害。有些恶行的受害者不是具体的某个人或某些人，它是一个社会或一个体制。有些恶可能没有明显的受害者，甚至可能没有受害者，这个时候社会或体制就会站起来扮演这个极不自然的受害者角色。既然纯粹恶的神话需要一个或一些明确的受害者，那么这种角色扮演似乎也是合乎情理的。

然而这种神话客观上妨碍了一些事实被我们认清，就是在人类历史上，动机型的恶逐步让位于非动机型的恶，同时，个体性的恶逐步让位于系统性的恶。从总体趋势上看，国家权力的产生和勃兴以及社会约束体制的完善，使得个人的恶在数量上受到越来越大的限制，在种类上也使个人的恶不再成其为“个人”的恶，而是由个人参与或被社会裹挟的系统之恶。系统之恶不等于大群体或国家作恶的恶，后者仍然具有一种动机型特征，但前者在很大程度上乃是非动机型的，它没有我们惯常所看到的那种明确的、纯粹的恶的动机，其受害者有时候是明确的，但更多的时候是不明确的、“匿名”的。由于其在主体上、动机上以及受害者方面的不明确性、匿名性，使得它看上去不太像是一种恶，至少不是一种常见的恶、主要的恶，或者首要的恶。

着眼于理解人类行为，任何一种“善”或“恶”的动机都不应被高估。这倒不只是因为善心可能办坏事，恶意也可能被证明是“必要的”，更不是因为所谓的“善”只不过是乔装打扮的恶，尽管这些因素确实存在。这里有一个更加深层次的原因，也就是人类本身的脆弱性，就决定了人类动机的脆弱性。由于人类本身就是一种脆弱的动物，不管其作为一种生物性存在还是作为一种理性存在，都具有非常深刻的有限性。玛丽·米奇利指出，“脆弱的人”所具有的只是“脆弱的动机”：“我们的动机是这样的一种动物的动机，这种动物是脆弱的，是可能受伤害的，是会变老和死去的，是生活在同样情境中的其他人中间的。”① 而与“动机的脆弱性”

① ［英］玛丽·米奇利：《邪恶》，陆月宏译，江苏人民出版社2012年版，第186页。

形成鲜明对照的，恰恰是“恶的顽固性”。这种脆弱性意味着它不值得我们过于认真对待，更承担不起过于沉重的理论负担。这不只是人类行为的动机往往是混杂的、潜意识的、难以被识别或被归类的，也不只在于动机通过行为与结果之间的关系在细节上是怎样的，或善或恶的动机应该在何种意义以及何种程度上对作为后果的善或恶承担责任，还在于对作恶动机的过度强调可能导致我们对恶的理解难以摆脱“纯粹恶的神话”的思维定势，由于它遮蔽了其他一些非常重要的因素，从而根本上妨碍了我们对于人类之恶乃至人性本身的深刻洞察。

三 “被动之恶”与平庸的残忍

有些恶行是主动实施的，作恶者试图得到某些东西，或者满足某些欲望，因此能够从中揭示某种被称为“动机”的东西；有些则是被动的，在被动之恶中，每个人所做的只不过是为了避免遭受外界的“恶”而采取的一个本能反应。他想要避免的恶，理论上来看，可能是真实存在的，也可能是想象出来的。但是从实际上看，被动之恶通常是实际上存在的，因为恶之平庸性的一个必要条件，就是那个作恶者所面临的，必须是一种实实在在的恶。存在某些想象乃至虚构出来的恶，一个人如果为了避免它们而不得不做的事情，不再是一种被动之恶，而是一种主动之恶。任何一种恶，如果只是想象中的，而为了避免它们所造成的恶，却是实实在在的，这两种恶之间存在严重的不对称性。这倒不是因为被动之恶就是情有可原的，而是必须把“被动”的概念划定了实在论之上：一个人所被动接受的恶必须是实在的，而不是想象或虚构的。

几乎所有主动之恶都存在一些难以抗拒的客观因素，或者能够为之找到某些外在的“开脱理由”，进一步，有些人可能认为他们其实也是被动的。这样一来也就几乎不存在纯粹的主动之恶了，按照这个思路，也就不存在纯粹的自由意志，因为一个纯粹的恶必须基于作恶者拥有自由意志这个前提之上。我们不得不承认，对此并不存在某种一以贯之的内在标准，为此只能诉诸外在标准，前者是一种“主体标准”，后者则是一种“主体间性标准”。盗窃的原因可能是贫穷，但贫穷不能为盗窃辩护，比如说，某人是因为迫于贫穷而盗窃的，法律理应对之网开一面。但这不是一种被动之恶，倒不是彻底否认贫穷与盗窃之间的内在联系，而是说，贫穷与盗窃之间并没有一种主体间联系，换言之，并非所有人都会因为贫穷而盗窃：有些人与他一样穷，甚至更穷，他们都没盗窃，而他却盗窃了，据此表明盗窃就是他的一件主动之恶。

当然，在法律上，有人会反驳说，即便所有人都会因为贫穷而盗窃，盗窃仍然是犯罪行为，因为盗窃的非法性无须诉诸那个主体间性标准，而是有其内在的法律逻辑。实际上，这里存在的分歧与法理学界在"恶法亦法"与"恶法非法"问题上的聚讼纷纭密切相关，它们分别是自然法学派和分析法学派所对应的观点。即便法律得到强有力的执行和良好的遵循，也不能证明法律本身就是正义的；但即便法律不是正义的，也不等于它不值得被遵循，因为法律有其自身的逻辑，而正义的逻辑对于法律来说可能是外在的，比如，正义可能是一种伦理学的逻辑。当多数人乃至所有人都遵循一部恶法时，他们做错了什么吗？从法律上来看，他们并没有做错什么；但是从伦理学上看，他们可能做错了，只要能证明那真的是一部"恶法"。

不过也可能是这样的：那些被认为普遍遵守了一部"恶法"的人，实际上什么也没做错。他们并不知道或无法证明这是一部"恶法"；退一步说，即便明知它是一部"恶法"仍然去遵守它，表面上看来有点向邪恶妥协乃至助纣为虐的意思，但考虑到普通人在人性上的平庸性，对一部"恶法"的被动服从也是情有可原的。遵守一部"恶法"最终可能伤害他人、社会乃至当事人自身，但这也是一件迫不得已的事情，充其量只能算是"被动之恶"。进一步看，对于民众普遍地服从一种流行的、占统治地位的道德观念、宗教信仰或其他意识形态，而这些东西当初被认为或事后被证明是"恶"时，该如何看待呢？

在不少人看来，1935 年通过的《纽伦堡法案》就是这样一部"恶法"，它剥夺了犹太人作为德国国民的基本权利。其他法案也相继出台，规定"一个犹太人与一个非犹太人发生性关系被视作是犯罪"等直接针对犹太人的法律条款层出不穷。到了 1938 年，纳粹德国已经禁止犹太人从事绝大多数的职业。

结合阿伦特的《艾希曼在耶路撒冷》来看，如果艾希曼想要避免的那种恶，比如因为违抗相关法案或消极对待纳粹命令可能带来的惩罚，实际上是不存在的，或者至少被他单方面夸大了，那么由他负责执行的对犹太人的大屠杀就不能被说成是一种“平庸之恶”，因为只有为了避免遭受一种实实在在的而非被虚构的或夸大其词的恶而不得不犯下的恶，才有可能被看作是“被动之恶”，而平庸性正是被动之恶的一个显著特征。对此还有一个“主体间性标准”：如果换作其他人在艾希曼的位置上，其所作所为有较大的可能性不同于艾希曼，那么他犯的罪也不能用“平庸性”来开脱，因为平庸性始终站在多数人那边，而非站在特立独行的少数人那边。艾希曼自认忠于职守，其所作所为充其量只具有比如说他急于被上级赏识而兢兢业业、例行公事的“平庸性”特征，而他要避免的恶，还有一种作为“恶习”的敷衍了事、玩忽职守。但问题在于，其他人如果处于他那个位置，也会做如是感想吗？艾希曼如何能够证明这一点呢？这些都是基于主体间性视角的对于“被动之恶”的辩护。

即便是“被动之恶”或平庸的残忍，也是一种恶。而且在阿伦特看来，艾希曼身上的这种“平庸之恶”恰恰是普通人性中极为平常同时却又极具危害性的一种恶。在她看来，并非所有的恶都能称之为“平庸之恶”，而是典型如“艾希曼之恶”才具有这种特征；我们并非因为其恶的平庸性而饶恕他，相反，正因为这种平庸之恶的存在，我们才需要对人性之恶充满警惕，并深入反思，因为这不只是艾希曼一个人的问题，而且是极权体制下的那些兢兢业业、例行公事的体制维护者，那千千万万个艾希曼身上共通的问题。

为了缓解恶之平庸性给普通人性所带来的深刻危险，阿伦特诉诸“思想的责任”与“反思判断力”的方法。她认为，仅仅有“良知”还不够，因为良知不是抽象的，而是具体的、情境化的、个体化的，如果一个人缺少了思想的责任和反思判断力，他在特定的当下情境、体制和观念系统中就无法做出符合良知的行为，因为他很可能不知道怎么做才算符合良知。在这个问题上，直觉是不管用的，或至少是不够用的。[①] 纳尔逊·古德曼（Nelson Goodman）也曾稍似俏皮但不无认真地指出：“说到良知，它难以捉摸、变动不居，当面对困苦和诱惑时它又极易保持沉默。”[②] 道德直觉往往是前反思的，而阿伦特的“责任与判断”不能没

① 这里不是“直觉主义”意义上的直觉，而是就其字面意思而言的“直觉”。

② ［美］纳尔逊·古德曼：《事实、虚构和预测》，商务印书馆 2010 年版，第 52 页。

有反思。从直觉上看，"道德直觉"与"平常之恶"（ordinary vice）比较接近，与"平庸之恶"也不算太远。像从众[①]、虚伪、世故这些处世之道，就它们被视为某种平常之恶而言，很多时候确实出自人们的直觉。直觉告诉我，在这个场合下，我怎么做。这里的直觉不是与生俱来的，是我在一个社会的道德文化中数十年以来耳濡目染形成的。我那样做，无须问为什么，不让我那样做，我才会问为什么，这个时候道德反思才出场。与"恶习"密切相关的是"恶俗"。现实生活中，恶是经常被拿来消费和利用的，比如在商业活动中"消费恶"以谋取利益，在政治活动中"利用恶"以谋取权力。一个人可能依据自己的道德直觉识别出这些现象中的"恶"。

第二节　平常的动机

有些作恶的动机是平常的动机，以至于我们并未意识到后面还有一些明确的动机。一个无理性的人缺乏明确的动机，就像自然之恶（natural evil）那样，我们甚至无法称相关的近因为"动机"。一个通常拥有理性水平，但在特定身心条件下缺乏或部分地丧失理智能力的人，其行为严格来讲只具有部分的动机。一个清醒者的动机不同于一名醉汉的"动机"，即便两者的行为后果可能相似。一些意志薄弱者或自欺者的"动机"也是相当有限的，因为他们处于某种非理性状态。即便在理性状态下，人们的行为动机也在很大程度上受到外部环境和自身性情的影响，个体的理性选择和自由意志只能部分地发挥作用。一个人的行为方式越是受到其身处的社会文化大环境的塑造，作为个体而言，其行为动机越是不值得关注。也许一个人群体或社会具有一种"群体性动机"，而个体只是其裹挟的产物。尽管缺乏动机甚至毫无明确动机的行为照样可能带来极大的危害，其行为的性质仍然可能只是"平常的恶"或"平庸之恶"，因为它们出于平常的动机，甚至只是依习惯或本能行事，谈不上特别的动机。即便存在某些因为其险恶动机而不可饶恕的恶，但某些同样罪大恶极的行径却源于平

---

① 从众心理在人类社会中普遍存在，当代心理学研究显示，在强调群体利益的集体主义文化中，从众心理比强调个人利益的个人主义文化更为普遍。

常的动机，因此“邪恶动机”所支撑的“纯粹恶的神话”是值得怀疑的。

一　伤害的平庸性

伤害的动机并不是平庸的，至少就其作为一种主动之恶而言乃是如此。并不是每个人都会主动去伤害一个无辜者——以伤害作为“必要手段”或以伤害本身为“直接目的”——尽管伤害一个人可能符合施害者的利益、欲望、尊严、理想或乐趣。但伤害可能是平庸的，因为很多伤害并没有明确的“邪恶动机”，甚至没有任何明确的、无论善恶的动机，这不仅仅是因为无意的伤害也是伤害，甚至可能是一种比蓄意伤害还要后果严重的伤害。伤害的平庸性告诉我们，有时候，不仅可能不存在蓄意的、有动机的伤害，甚至连无动机的伤害都没有，因为“伤害”并非总是能够被识别出来。举个最简单的例子，在“我所做的一切都是为你好”这个托词之下做的事情，行动者绝对不会轻易地承认它是一种伤害，就连无意的伤害也不承认。

当然，现实中的伤害并非总是难以分辨的。最好辨识也最无争议的是“害人型的恶”：这里的“害人”，依受害对象范围大小不同，包括害一个人，害一群人，害所有人；依受害者性质不同，包括害一个自然人，害一个法人、组织、机构或一个共同体，诸如此类。但是这里“害人”暂不包括“自害”。自害也是害人的一种，但由于害人者和受害者是同一个人，这种情况非常特殊，在此暂且不表。至于二者的密切关系，可以借用“自害型的恶”来分析：表面上看，自我伤害违背了人类的自我保护本能。但自我伤害的例子丝毫并不罕见，并且满足关于“伤害”的所有构成要件，除了施害者和受害者是同一个人，其他方面与害人型的恶似乎并无多大差别。自杀者不仅自害，还可能害人、危害社会，譬如针对畏罪自杀的犯罪嫌疑人，即便不再被追究刑事责任，仍可能遭受道德谴责，其民事责任也难以避免，因而也对其合法继承人的利益构成伤害。

有时候，受害者不仅没有试图报复或检举施害者，或许是缺乏能力，或许是缺乏意愿，或许根本没有识别出那个施害者，总之，受害者最终有意无意地犯下了“助纣为虐的恶”：克劳迪娅·卡德（Claudia Card）承认了普里莫·列维（Primo Levi）所说的“灰色地带”，在那里受害者成为共谋犯，对他人实施威胁吞没自己的邪恶行为。虽然过去大多数关于邪恶的叙述都集中在犯罪者身上，但卡德从受害者的位置开始，然后更广泛地考虑如何应对和生活在一起的邪恶，作为受害者，作为犯罪者，以及作为两者都成为的人。[①] 犯罪心理学中的“斯德哥尔摩综合征”是这里“助纣为虐的恶”的一个特殊情况，前者通常满足以下四个条件：

(1) 人质（受害者）必须真正地感到绑匪（施害者）威胁到自己的存活；

(2) 在遭挟持过程中，人质（受害者）必须辨识出绑匪（施害者）可能略施小惠的举动；

(3) 除了绑匪的单一看法之外，人质（受害者）必须与所有其他观点隔离（通常得不到外界的讯息）；

(4) 人质（受害者）必须相信，要脱逃是不可能的。

受害者身兼施害者角色的，还有“互害型的恶”。由于在时间上很难分清谁先成为施害者的，或者一个人的施害者和受害者角色哪个在先，所以就很难划分责任。这是一种“微观交互的恶”，张三伤害李四，李四反过来也伤害张三，而且弄不清谁伤害谁在先，谁伤害谁更重。俗话说，清官难断家务事，很多夫妻感情问题就只存在一个“庭外调解”的问题，亦即停止这种相互伤害局面或将之调和在双方可接受的范围之内，而不是“法庭判决”的问题，亦即施害者理应承担何种法律责任，而这样可能意味着婚姻关系的破裂。

颇具讽刺意味的是，两个人之间的相互猜忌和伤害，要比双方之间的合作更加具有相互性和稳定性，处于互害关系中的人们，其所作所为甚至要比有约在先的合作行为还要更加“齐心协力”和不遗余力。在博弈论中，互害模式的囚徒困境一旦形成，往往很难解脱；相比之下，博弈的合作则要脆弱多了，即便合作完全是互惠的，只要“搭便车”的诱惑对于双方始终存在，并且又缺乏一个公正而强大的第三方仲裁者，或者缺乏长期的重复博弈背景，合作解就难以维持其稳定性。

把上述互害性的恶拓展到整个社会，就成了“共害型的恶”，共害是

① Claudia Card, *The Atrocity Paradigm: A Theory of Evil*, Oxford University Press, 2002.

互害的扩大化情形，可被视为“宏观交互之恶”，也是整个社会群体的“自害之恶”：当一个社会普遍充斥着个体之间的互害现象时，离整个社会的“共害”就不远了，最终形成一种“人人害我，我害人人”“人人作恶，人人受害，无人负责”的糟糕局面。人们常说，雪崩的时候没有一朵雪花是无辜的，每一朵雪花的不幸都是一次从量变到质变的雪崩；每一朵雪花的经历都是雪崩的原因，也都是雪崩的结果；整个社会陷入普遍战争的“地狱模式”，每个人都在害别人，每个人都被他人所害，不可避免的结局是，每个人客观上又都在害自己。在这场“共害之恶”的人性灾难中，没有人是“纯粹邪恶”的施害者，也没有人是“纯粹无辜”的受害者，因为他们都有自己的无奈和苦衷，也不乏妥协和挣扎，为了自我保存，对他人的防范、报复乃至“先下手为强”都是迫不得已之事。我们在这种霍布斯式的“自然状态”下，看到了一幅普遍的、弥漫于整个社会的“被动之恶”画面。[①]

有些恶的直接受害者不是人，而是“物”，特别是动物，于是就有“伤害动物之恶”。精神病学家把虐待动物定义为心理问题或人格障碍。从法律上讲，虐待动物是通过一系列行为来描述的。在《一只狗》中，阿诺德·阿鲁克（Arnold Arluke）认为，我们目前对虐待动物的理解是非文本化的，而不考虑那些从事这种行为的群体的经验。然而，那些从事虐待动物的人对他们的行为和作为演员的自己有自己的理解。[②]

在号称“动物保护主义之圣经”的《动物解放》一书中，作者彼得·辛格（Peter Singer）说，我们不应该把那些动物实验的实验者看作特别邪恶的人或残忍的人，他们只是在做他们所受的教育令他们去做，而且还有大量同行在做的事情。他们也并非虐待狂，尽管他们很少去考虑用于实验的动物的权利。[③]

---

① 霍布斯以及其他某些契约论者可能会认为，“利维坦”或主权被确立之后，可以克服这种人人为战的“自然状态”，因为那个主权者就是一个公正无偏的仲裁者，并且它往往足够权威，足够强大，无惧于任何个人的抵抗或报复。但是这个契约论图景一方面高估了社会契约的现实效果和主权者的正义性，另一方面又低估了人性的弱点（就其“平庸之恶”和“平常之恶”而言）。

② Arnold Arluke, *Just a Dog: Understanding Animal Cruelty and Ourselves*, Temple University Press, 2006.

③ ［美］彼得·辛格：《动物解放》，祖述宪译，中信出版社 2018 年版，第 54 页。

人对动物的恶也是情境性的、关系性的。我们并不将所有客观上伤害动物的行为看成“虐待动物”，“虐待”一词特别针对那些与我们人类关系相当密切，人们对之相当富有感情的动物；人们也不会从对任何一种动物的虐待中获得乐趣，因此“乐趣型之恶”的受害动物也只是诸如猫咪、小狗、金鱼这样的“可爱动物”，而不是草履虫或蟑螂。人类的动物情感、饲养宠物的习俗和保护动物的意识形态也具有深刻而多样的文化色彩，保护他们可能出于维护人类自身的尊严。譬如在西方文化中，狗不能成为人类食物，但牛可以，而在印度文化中，牛不能成为人类食物。反过来，我们为了保护庄稼而不得不杀死蝗虫，不必担心被指责犯下“工具型之恶”。

根据上述基于伤害关系的分类，结合我们关于人类之恶和大自然之残酷性的描绘，制成以下图表：

表现 角色	施害方	受害方	标志
害人	张三	他人、社会	受害≠施害
自害	张三	张三、社会	受害 & 施害
受害进而助纣为虐	李四、张三	他人、张三、社会	受害→施害
互害	张三、李四	李四、张三、社会	受害↔施害
共害	所有人、社会	所有人、社会	受害＝施害
害物	人类（个体或群体）	自然物（特定动物）	人→自然物
物害	自然物	人类（个体或群体）	自然物→人

毋庸讳言，这个图表是相当粗略的，备注中的图示标志只是为便于理解而做的直观安排，未必十分准确。比如在“自害”中，受害方与施害方是同一人，用“&”表示这种角色上的同一性；而为了与之有所区分，在“共害”中，受害方与施害方是同一群人，改用“＝”表示这种同一性。在“受害进而助纣为虐”中，受害方先是受害，然后加入到施害者队伍中，我们用“→”表示这种时间先后关系，较为严格的表述是受害$_{T1}$→施害$_{T2}$。这里的 T1 和 T2 之间并不是简单的时间先后关系，还意味着一种“合谋”关系：原先的受害方后来与施害方合谋，共同施害于第三方或包括原先的受害方本人在内的整个社会。

伤害行为不仅可以发生人际传递，还可能发生代际传递。心理学家们面对的最令人伤心的事实之一，就是那些幼时遭到父母虐待的儿童，在他们自己为人父母之后，更有可能虐待自己的子女。[①] 换言之，他们实际上是以一种代际传递的方式完成从受害者到施害者的角色转换。在这里，无辜的受害者是儿童这个社会角色，而扮演这些角色的人呈现出一种代代相续的关系。

此外，在任何一种广义的“伤害之恶”中，受害方都可能是整个社会，而不只是个体或小团体的受害者。一个社会的法律除了捍卫其个体或团体成员的合法权益，还需维护社会自身的正常秩序。不过，这么说并不意味着社会就是无辜的，相反，抛开大自然本身的残酷性不谈，几乎每一个施害方背后都有社会的影子：作恶多端的施害者为何是这个人而非那个人，饱受伤害或磨难的为何是这个人而非那个人，这些恶行、伤害和苦难为何是这个样子而不是另一番模样，这些都必须从整个社会中寻找根源。忽视一个社会的整体氛围（文化、制度、观念形态等），单独强调个体的自由意志或主观能动性，这是不公平的。

二 恶的“嫉妒”与“占有”

上面我们讨论了工具型的邪恶（instrumental evil），它以获取利益或欲望满足为目的，而对他人造成痛苦或伤害。后者是前者的必要条件，如果无利可图，恶行大概率不会发生。这种利益或欲望可以是积极的，也可以是消极的，后者的情况是：作恶并未获取利益，但是不作恶就会利益受损。有时候，仅仅是作恶行为包括围绕这些行为的谋划、想象或回忆，本来就足够刺激，乐趣无穷，这是乐趣型的恶，它单纯以他人的痛苦或受伤害为目标，尽管它并不为自己带来实际利益。存在这样一种情况，就是当事人实际上并未从这种伤害中得到任何好处，包括精神上的愉悦，比如有些人从虐猫中所获得的那种“愉悦感”。如果非得为这种邪恶提供一个解释，就是“单纯为了伤害他人而伤害他人”，即便当事人不能从中得到任何积极或消极的好处。

---

① ［美］本杰明·莱希：《心理学导论》，吴庆麟等译，上海人民出版社 2017 年版，第 143 页。

此外，还有一种是原始的恶（primitive evil）。嫉妒心，见不得别人好，就是这种恶。嫉妒可能来自受害者对旁人的态度：面对旁人的平安无事，加之可能体会到的他人同情过于廉价和虚伪，甚至还能想象对象甚至有一种幸灾乐祸的心态，受害者可能觉得纳闷，为什么受害的不是别人，偏偏是我，也可能反过来，来自旁人对受害者的态度。他们嫉妒的，有可能是受害者由于遭受到极其严重的恶而受到的世人同情或援助。与受害者自己相反，他们往往会低估受害者所遭受之恶的危害，并且高估受害者由此得到的同情，有时候甚至会对后者产生某种莫名其妙的反感，表面原因是，对方以自己的受害者身份而索要过多，而深层原因可能是，他们对受害者所实际受到的关注和同情产生了难以抑制的嫉妒。这些嫉妒本身给他们产生一种有趣的幻觉，或者自己才是真正的受害者：恶产生了不公，而整个社会对于那些受害者的态度，又进一步产生了新的不公。他们不否认受害者是前一种不公的牺牲品，同时不忘提醒自己或暗示别人，自己是后一种不公的牺牲品。

这种嫉妒看似荒谬，其实并非全无根据。它与另外一种心理是同一枚硬币的两面，那就是受害者对“恶”的强烈的占有欲。与别人所遭遇或者见证的恶相比，我所遭遇或见证的恶如此与众不同，仿佛还能由此产生出某种抽象的自豪感来。这当然是对那些大难不死、劫后余生的人们而言的，人们赋予其所经历的苦难以一种他人往往难以切身体会到的深刻含义，这些本是人之常情。但问题在于，当两个不同的受害者，或者来自两个不同事件的受害者走到一起时，他们可能自觉不自觉地争相流露出某种外人难以理解的“优越感”来。他们仿佛都想提醒对方注意，自己所遭遇的恶，才是世界上最为与众不同的。恶是有意义的，这一方面有来自那些强调“必要之恶”的人的支持，还有那些受害者自身的感触。受害者深信，自己不会白白地遭罪，总能从过去的恶当中吸取某些教训，不管是着眼于防止邪恶势力卷土重来也好，着眼于与作恶者及其相关人员的和解也罢。但是，他们在将自己所遭受之恶的独特性，或者自己作为受害者的意义不凡性强调到一定程度之后，可能会逐步地忽视这种恶与其他人所遭受的恶之间的某些共性。譬如，遭受“硬暴力”（比如被殴打）之恶的人，难以体会到遭受“软暴力”（比如被言语辱骂）之恶所受到的那种屈辱。为了显示自己遭遇的独特性，他们甚至不惜以牺牲这些恶之间的共性或联系为代价，这样做的结果，一是助长了各自心理对于“恶”的占有欲；二是破坏了所有受害者之间本该产生的团结。

恶的利己主义神话告诉我们，邪恶之人大多是自私自利的暴徒，他们眼里只有自己，从不关心别人死活。然而事实上相反，他们始终像仁慈的人那样“关注”他人，而不只关注他们自身——毕竟设计陷害他人也算是一种“关注”——如果他们只关注其自身，而对他人漠不关心，还不算是一个特别邪恶的人，甚至根本上都算不上邪恶。真相就是，在自我与他人的利益关系中，普通人关心自己胜于他人，邪恶之人则相反，他们“关心”他人苦于自己。要害在于如何理解这里的“关心”，这不是一种通常的关心，而是一种不合适的过度关心，其中包括嫉妒之心。

嫉妒之心深植于人性之中，嫉妒之恶尤甚于自私。自私本身并不是大问题，不管是从博弈论还是演化论的角度看，互利互惠的利他主义都可以从自私中培植出来——为了在整个社会中酝酿利他主义氛围，我们要做的不是“狠斗私字一闪念”，彻底根除人的自私天性，这样做既无可能也无必要，而是让人的自私在特定的条件下发挥作用——如果自身利益的关切在某种机制下与他人满足其利益诉求相互作为前提，那么这种自私实际上乃是一种与利他主义兼容的利己主义，亦即互利互惠的利他主义。[①] 嫉妒与自私的一个根本区别，就是无法从前者中培植出任何一种形态的利他主义。换言之，与自私这种“相对恶”相比，嫉妒是一种“绝对恶”，前者仍有培植善的可能，后者无论如何都是善的反面。义愤不是一种简单的嫉妒，一个毫无正义感的人是不会有义愤之心的，它关注的不是单纯的只是别人得到的比我多，而是获得这些东西的方式违背正义原则，这种义愤之心最终把社会引向良善。相反，一个妒火中烧之人并没有这样的正义原则，即便他从不否认他人的利益乃是通过正当途径得到的，损害这些利益甚至毁灭这个人仍然是他内心最深处挥之不去的原始冲动。一种心理学解释是，即便他人未能得到这些利益，它们也未必属于自己，但是对它们的损害有助于在我与他人之间维持原有的相对平衡，既然它们最好从未被他人拥有过，一旦被他人拥有就会激发我去损害它们的冲动，这只能说是一项事后的补偿措施，也是维持原有平衡的最后机会。与其说暴戾与怨恨之

① 陈常燊：《互惠的美德——博弈、演化与实践理性》，上海人民出版社 2017 年版。

气源于客观上的社会不平，不如说它们源于主观上的嫉妒之心，用卢梭的话说，就是那种“扫除那个障碍物”的激情：

> 那些原始的热情本质上全部是可爱的和温柔的；然而，当它们从其对象障碍物，它们的注意力更多地集中于它们试图扫除的障碍物而不是其要达到的目标，它们改变了自己的性质，变得脾气暴躁和充满怨恨。这就是本来高贵、绝对感知的先天爱己，如何变成自我沉溺，换句话说，一种相对感知、一种使人互相攀比、要求定出优劣、其享受是纯粹消极的以及并不在自身的幸福中而是在他人的不幸中努力寻求满足的感知。①

这种消极享受在数量上是相对的，但是在性质上是绝对的。不能以一种单纯的利己主义动机来解释这种损人不利己的行为，一个人能从他人的不幸中获得某种快感。我得不到的东西，别人也别想得到。这恰恰是人之区别于动物之处，因为人特别会妒忌。一个邪恶者因此不是只思考其自身利益，因为“一个真正的利己主义者忙于照顾自己的利益而没有时间损害他人”，而一个坏人的基本罪行正在于他更关注他人而非其自己，这种人并不是最可怕的，因为可以通过市场交易行为实现“主观为自己，客观为他人”的良性氛围，毕竟一个人增加其自身利益的行为并不必然以损害他人利益为代价，相反，在市场经济秩序中，增加他人利益是增加自身利益的一个前提，至少在经济层面，严格意义的互利互惠能够得以形成。因此仍有必要区分两种不同类型的“手段—目的”关系。一种是他人作为实现自己利益的手段，另一种是利益得失只是伤害他人之手段。

三　平常的动机与“平常的恶”

邪恶的结果常常伴随着平常的动机，如果不是“高尚”动机的话。结果是邪恶的，不等于造成这些结果的初衷也是邪恶的。邪恶不是一个简

---

① Jean - Jacques Rousseau, *Rousseau, Judge of Jean - Jacques: Dialogues*, Hanover: Dartmouth College Press, 1990, p. 63.

单的心理学或病理学问题，而是一个典型的哲学问题：它不仅在理论上涉及我们对人性的理解和动态评估，还会在实践上深刻地塑造我们的存在方式，影响我们的日常生活。

平常的动机所导致的并不就是"平常的恶"，它可以是极端的恶或根本的恶，尽管许多"平常的恶"的确是由平常的动机所导致的。邪恶发生在平常人身上，同时又是针对平常人的，换言之，我们既是施害者，又是受害人。如果它只是或主要是发生在那些异乎寻常的人身上，或者它只是或主要是针对那些异乎寻常的人的，邪恶也不会那么值得让我们平常人去关注它，也就不会显得那么不可思议。

> 通过阅读哲学家和心理学家的理论，我们会产生以下印象：我们偶尔离经叛道的正常人与在病理学上被视为有危险的、心理异常的人存在根本性差异，后者的行为为我们身边的暴力事件埋下了祸根。这种想法是错误的。这本书的普通读者与诸多实施邪恶行为的罪犯并非有天壤之别，并且世界上大部分的邪恶行为是社会生活中保持正常习惯的那一部分人所为——这大约就是我想要论证和说明的。[①]

亚当·莫顿的深刻之处就在于他注意到，以邪恶的方式思考邪恶问题，将面临非常微妙的危险。邪恶者活该受到惩罚，他们并不值得同情，因为他们在病理学上与我们常人彻底是两种人。柏拉图的著作、《圣经》、古巴比伦汉谟拉比法典均表明，人类远古的信念认为，变态行为都是由邪恶精神（evil spirits）导致的。到了中世纪，人们往往将这些陈旧的信念转变为更为残忍的处置形式，禁食、灌泻药、施以石刑，大批的人被当作是女巫或男巫而被迫害致死。

然而这种表面上看来天经地义的想法，与邪恶者对待他们的受害者如出一辙：他们通常认为受害者活该受到这样的惩罚，他们是无用的渣滓、低人一等的贱货或者人人得而诛之的异类。为此，莫顿直言不讳地指出："如果我们不小心以邪恶的方式来对待邪恶，那么我们就会成为暴行的同

① ［美］亚当·莫顿：《论邪恶》，文静译，河南大学出版社 2017 年版，第 3—4 页。

谋。”[①] 在“恶”的议题上，莫顿确立了三个关键词，一是“理解”，我们无须凭借某种理论，而只是借助我们身上的几乎与生俱来的直觉知性就可以或多或少理解邪恶的动机。二是是“平庸”，不管汉娜·阿伦特关于“平庸之恶”的论述是否正确，毫无疑问的是，众多邪恶事件的当事人并非都受到极端仇恨或虐待的驱使。三是“自反性”，邪恶理论应该能够有助于我们理解我们自身——也就是这本书的普通读者——是怎么被视为邪恶的。

基于莫顿的上述看法，我们认为，首先，理解不等于接受，更不是无条件接受；理解不等于宽容，更不是无条件的宽容。理解涉及对各方有针对性的、有限度的同情。理解不要求建构理论，不管是“根本恶”“最好的世界”“必要恶”，还是“善恶平衡”。理解意味着“描述这个不完美的世界”比“创造一个完美世界”更值得关注——后者容易导致“意识形态之恶”——这是一种真正的恶（real evil）。值得信任的，它是健全的直觉而不是理论，更不是意识形态。其次，充分重视恶的平庸性（阿伦特）和平常性（施克莱），重视情境和人性的双重复杂性；恶是每个人的恶，而非那些被制造出来的“恶魔”或“敌人”的专属，破除善恶的二元对立，要求承认每个人身上存在着善恶二重性（如果“善恶”仍然是一个勉强能用的概念）。最后，恶是不纯粹的，我们不了解它；人性是复杂的，我们并不真正了解自己。警惕那些关于人性善恶的简单化观点，警惕任何粗暴的“贴标签”行为。捍卫一种关于人性和恶的最小主义（minimalism）观点：可供描述的是具体而特殊之物，而非执着于其“本质”或“普遍性”。

这里不需要倡导二元对立，宣扬歧视，更不能煽动仇恨。正因为许多邪恶发生在普通人之间，它的危险性才更加隐蔽，更加难以防范，也更加耐人寻味。当我们因为自己的爱国主义或者尊严捍卫者的身份而被持异见者视为“邪恶”之时，我们除了以“邪恶”之名还治其人之身，任何解释或辩白都是苍白无力的，你原本就不应该指望一个已然被贴上“邪恶”标签的人还能通情达理。

邪恶具有一系列深刻的不可思议特征：世界是为何存在邪恶，它又是

---

① ［美］亚当·莫顿：《论邪恶》，文静译，河南大学出版社2017年版，第7页。

怎么发生的，它为什么会在我们平常人身上发生，反过来又是针对我们平常人的，这些都是难以理解的。为了回答这些问题，既需要有人类学意义上的宏观视野，也需要有社会学上的微观考察。前者帮助我们回答，为什么人性之中存在某些“先天要素”，使我们在特定条件下会成为邪恶的创造者或接受者；后者帮助我们思考，针对邪恶的主体和客体是谁，为什么并没有一个固定的答案，每个人都可能成为特定的微观社会情境下的施害者或受害人。

其中一个先天要素就是，改变我们对于邪恶者、受害人乃至邪恶本身的看法，这是一项维特根坦式的“观念批判”的工作。如果这被认为是人性的一部分，并且人性被认为很难根本扭转的，那么我们可以说，我们有理由要问，认为它是人性的一部分，其根据何在，以为那些鼓吹它是人性之一部分的人，是出于什么样的理论动机。这些很可能只是描述的工作，但描述本身也可以是一种无情的批判。

谁是邪恶的施害者？我们人类。[①] 谁是恶行的受害者？我们人类。越是把邪恶者的行为解释成为“我们”的行为，越是能够理解邪恶，也越是能够理解人性。反过来，如果我们只是将邪恶者看作在心理学甚至解剖学上与我们多数人截然不同的那些极少数离经背道的反社会人格持有者，我们就无法理解我们自己，也无法理解邪恶。也许我们会说，至少我们理解了那些极少数人，至少我们理解了邪恶的某些方面。然而，这种理解实际上错失了一些重要的哲学深度，它们乃是基于对邪恶和人性的深刻误解。

原则上，我们每个人都可能作恶。当然，这里的恶行与那种典型的邪恶不尽相同。它可能是轻微的恶，可能是日常的恶，或者平庸的恶。有些人理智水平太低不足以作恶，或者由于运气太好每次总能躲过让自己不得不作恶的情境，可能不太容易在他们的所作所为中找到明显的恶的痕迹，但他们不能代表主流人群。将行为与人区分开来是重要的，就像把邪恶的动机（这涉及一些心理学或生物学上的归因）与邪恶的结果（这涉及一些伦理学或法学上的判断）区别来看那样。恶行不同于恶人，我们在给

① 自然灾害或无情的命运之恶，也就是通常所谓的“自然之恶”或“形而上学之恶”，在本书中被归入“残酷”概念之下，它与“邪恶”概念有所区分。

任何一个人贴上“恶人”的标签之前必须先反省，让我们反感的究竟是恶行还是恶人。既然所有人都在某种意义上作恶，为什么只是某些人被界定为恶人。这是某种概念上的不公，虽然事实上未必不公，因而“恶人”这种标签是有问题的。

根本恶与人性之恶联系在一起，后者又进一步与“人性善”与“人性恶”这一千古之争联系在一起。那些主张人性本恶的人，有时候也会无意间说道，某些行为或制度之所以是恶的，一个直观上的理由是，它是反人性的。如果人性本来就是恶的，“反人性”怎么也会是恶的呢？这个可以被视为对于“人性本恶”观点的一个简单的反驳。关于反人性之为恶的阐述比比皆是，社会学家、人类学家们描写的案例特别具有说服力。以涂尔干为例，他在《宗教生活的基本形式》中写道：

> 无论如何，可以确认割礼和割阳这些残酷仪式的目的，就是为了给生殖器灌注某些特殊的力量。事实上，没有经历过这些仪式的年轻人是不许结婚的，只有通过这些仪式，他们才会获得特殊的品性。这种独特的初入仪式之所以是必不可少的，是因为两性结合在所有的低级社会中都带有宗教的色彩。[①]

涂尔干的描述不是中立的，他直言不讳地使用了“低级社会”这样富有价值判断的词。再比如，像吃饭睡觉这样再正常不过的行为，原本只是为了单纯满足最基本的生理需要，乃是最平凡生活的一部分，所谓人性至少就其字面意思来说首先是指人的自然属性，如果说吃饭睡觉都不符合人性，还有什么符合人性呢？人是文化动物，吃饭睡觉这样的生物学属性在不同的民族中逐步被赋予了种种文化特征（比如中国的饮食文化有其自身特点），这是可以理解的，但难以接受的一个事实是，在某些宗教仪式中，吃饭睡觉这样的任何带有日常生活特点的行为都要被禁止。[②] 至少从直觉上看，这些仪式是违背人性的，纵然其背后有一整套宗教苦行主义

---

① ［法］爱弥尔·涂尔干：《宗教生活的基本形式》，渠敬东、汲喆译，商务印书馆 2011 年版，第 428—429 页。

② 同上书，第 420 页。

价值观。

在一本讨论恶的书里，作者不可避免地会在最宽泛的意义上提及“人性”这样的字眼。但这并不意味着作者坚持认为存在一种普遍必然、一成不变、横跨所有时空背景的“人类本性”的东西。作为一种价值体系或者作为其根基的“人性”概念，一旦被坐实，很可能会扮演一种关于人之本性的形而上学或者意识形态角色。如果某人严肃地论证“人性本恶”，或者其反面，“人性本善”，这两种表面上不共戴天的立场，实际上他共享了很多东西，除了某种本质主义的价值观预设，还包括一种对于纯粹性的诉诸，亦即人类有一种或善或恶的“纯粹”的本质，譬如说，如果某人严肃地认为“人性本恶”，那么恶这种属性对于人类来说纯粹是负面的，而非半善半恶、喜忧参半或者其他某种混合状态。

不仅从上述“人性本恶”观念中可以看到“纯粹恶的神话”之痕迹，甚至从作为其对立面的“人性本善”观念中同样可以窥见这个神话的影子。如果人先天为善，那么人间的恶（这是一个客观事实）必定是后天的。而这种后天的恶同样具有一种纯粹的消极性。即便诉诸“必要之恶”的观念也无济于事，因为这个观念并未假定人性本善。换言之，如果事实上真的是人性本善，“必要之恶”可能会显得不必要。

我们对邪恶的理解，在哪些层面有助于我们增进对善的理解，理解邪恶对于我们追求真相提出了特殊的要求，知道真相有助于减少相互猜忌，促进彼此信任。但是，它会遭遇到理论上一些关于“真”的概念上的挑战，以及在实践上关于“真”的事实方面的挑战，此外还有“真”的态度方面的挑战。

一个社会在善的总量方面的增长，无法抵消恶在总量方面的增长。日进斗金的亿万富翁和身无分文的穷汉一样讨厌别人对他撒谎。善依其行为动机、主体品格或行为后果来理解，但是恶的情况有所不同。当然也可以从行为动机、主体品格或行为后果来定来理解，但是必须注意两点：第一，这些解释方式在恶的理解中所占据的位置、扮演的角色会有所不同，换言之，有些解释方式在恶行的解释方式中占据更加重要的位置、扮演更重要的角色，但在善的解释中并非如此；第二，存在一些其他的解释方式，对于恶的理解来说非常关键，但是在善的理解中人们对其往往视而不见，反之亦然。

第三节　恶的因果序列

从一种“消极的观点”看，“善”可以被理解为“恶”的缺失。尽管从积极观点看，仅仅是“恶”的缺失，离真正的善仍有很大距离，换言之，对“恶”的剔除无法保证“善”的实现，因为“善”所要求的东西要比这多得多。但是在消极观点看来，如果不设法消除恶，那么所有的善都很难得以产生或持久，而且更麻烦的还在于，那些着眼于善的努力本身就可能是一种“恶”，一种近乎“理想型的恶”。

上述都只是从概念的维度出发进行的理解，历史的维度完全没有涉及。历史的维度同时也是现实的维度，从这个维度看，“恶”的缺失存在一个优先性次序，因为存在多种多样的恶，我们又无法同时消除它们，对于哪些恶具有优先被消除的“特权”，这是一个历史性问题，无法仅仅从对“恶”的概念考察中得到答案。有些恶处于理应优先被消除的位置，并不是因为它在任何时候都具有最大的危害性或者顽固性，而是因为相对于其他的恶来说，在特定的历史文化背景下，具有某些“首要性”，比如，如果不设法首先消除它们，那么其他的恶也就无法消除。反过来，为了消除它们，在时间和能力有限的前提下，我们可以暂时容忍那些较为次要的恶。我们容忍它们，并非因为它不是恶，而是因为这是某种必要的代价。当然，至于什么样的恶占据被优先消除的位置，什么样的恶由于其次要性而暂且被容忍，这不是一个概念问题，而是历史问题：只有结合“恶”的道德土壤，也就是一个社会的历史文化背景，人们才能对其进行一个相对清晰的排序。

一　“首要恶”与“消极美德的序列”

积极美德（positive virtues），是指那些通常从正面着手主动追求的美德，比如勇敢、正义、自制。消极美德（negative virtues），是那些关于为了避免某些恶而不得不做某些事情的美德，这些美德往往没有正面的表达，通常是形如“为了避免某种恶 A，而不得不做 B”的美德。从积极一面看，消极美德甚至还不能被称为“美德”，那件不得不做的事情 B，得其反还可能是一种恶。比如，“为了避免残忍，而不得不选择伪善”。伪善并非总能避免残忍，但是在某种道德情境中，为了避免残忍，的确只能选择某种意义抑或某种程度上的伪善。而在其他道德情境中，如果即便不选择伪善，甚至无须选择任何其他的恶，也足以避免残忍，那么“为了避免残忍，而不得不选择伪善”就不能被称作消极美德了。仅当选择实施一个“小恶”，才能避免“大恶”，这种情况在“消极美德”的伦理学中扮演着至关重要的角色：因为“消极美德”必然涉及各种人类恶之间的优先性问题；而只有借助这种优先性排序，才能着手处理“两害相权取其轻”这个解决方案所对应的道德困境：当容忍一种较为次要的恶能避免一种较为主要的恶时，对前者的容忍可以得到辩护吗？

消极美德的思路总体上与积极美德大异其趣。它首先要求一个人在所有恶当中进行排序，因为只有为了避免更大的恶而不得不选择那个更小的恶时，那才是一种消极美德。排在最前面的被称为“首要恶”，这是我们应当优先避免的恶。在不同的文化传统和制度安排中，首要恶的具体内容是不一样的。在朱迪丝·施克莱那里，现代自由社会中的首要恶是残忍。如果不去选择做某件事情就会导致残忍行为的发生，那么我们就有理由容忍选择做这件事情所带来的恶，与残忍相比，它是一个次要的恶（secondary evils）。每个民族的美德清单都有自己的独特性，在既有的多种类型的“次要之恶”中，每个民族甚至每个人对它们的排名都是不完全相同的，也许压根儿就不存在这样一种稳定的、一成不变的序列。当然，诸多的“次要之恶”之间的错综复杂、难分先后的关系，并不意味着同样不存在那个相对比较明确的“首要恶”。而只要“首要恶”得以确定，至少在具体的道德情境下，就可以依据某些“次要之恶”对于避免“首要恶”的贡献程度来进行排序。当然这里的贡献是一种“消极贡献”，它也不是为了避免“首要恶”而必须容忍的那些“次要之恶”所产生的贡献。反过来，如果为了避免一种恶而必须避免另一种恶，那么这种优先性应该颠倒过来：在“消极美德的排序”中，后一种恶优先于前一种恶。

即便为了避免首要恶，我们也没有理由主动去追求次要之恶。对次要之恶的主动追求，实际上无法避免甚至客观上助长了首要恶。我们只能容忍它们，而非主动追求它们。“容忍”这个词是出于现实主义的、必要性的考虑的。如果一种恶原本就是没有的，我们不能主动去追求它；而为了避免首要恶因而无法避免的那些次要之恶，我们只能容忍它们。我们无法容忍首要恶，但如果有助于避免首要恶，容忍这些次要之恶仍然是有必要的。现实并不完美。如果可能，我们宁愿不要选择任何一种恶；如果可能，我们想要所有的积极美德。可是这些东西不仅不现实，而且即便作为一种主动追求的理想状态，仍然会把我们带入“乌托邦”的困境。这里存在一种“逻辑”与“历史”的张力，理想主义、乌托邦站在前者一边，现实性站在后者一边。历史上和现实中的制度并不是完美无缺的，历史上和现实中的人总是难免存在这样或那样的恶习（vices），也就是那些使人受到伤害的恶劣品质。

恶劣品质是在时间维度中、在现实条件下一步一步形成并且最终积重难返的。如果可能，我们宁愿选择十全十美的、没有任何道德瑕疵的性格品质，但这种理想主义的思路又把我们带到乌托邦的泥潭里去了。不管是人类个体、群体，一个部落、一个社会，乃至整个人类都并非诞生于绝对纯粹的真空之中，现实条件是他或她们必须面对的。既然现实已然如此，或者现实因素迫使我们不得不如此，那么，当我们能够正视自身之恶时，所能做的不是奢望所有这些现实因素和恶劣品质顷刻之间消失殆尽，而是琢磨怎么样一步一步地去改正它。恶习是在时间维度中养成的，改正它当然也需要时间，需要一个过程。这不是拒绝改变或拖延期限的借口，这是事实。

当我们能够正视自身缺点并决定改正之后，就必须对所有这些缺点进行排序，以便在今后能够根据事情本身的轻重缓急，把那些最致命、最顽固的缺点改正过来。致命性与顽固性是人类之恶的两个不同特征。前者强调其可能带来的危害的严重性，一种恶因为危害极大而迫使我们优先将其改正过来；后者强调这个改正任务的复杂性和艰巨性，这种恶可能渗透太深、太广，以致牵一发动全身，如果不把所有那些起支撑性作用的恶梳理清楚并清理干净，那么就无法撼动其丝毫。

“首要恶”是一个人身上那些最致命也最顽固的恶劣品质，符合“积重难返”“禀性难移”的通俗理解。为了清除它，我们不能诉诸积极美德，因为如果不清除那些根深蒂固的支撑物，多么了不起的积极美德也难以抵消首要恶所造成的危害性，而且严格说来，也不可能建立起真正的积极美德，因为积极美德也不是在虚无缥缈的绝对真空中建立起来的，如果特定现实条件下所养成的那些恶劣品质尚未清除，所谓的“积极美德”要么是虚幻的，因而是不具现实意义和可操作性的，要么干脆就是恶的——它本身就可能要么是某种恶劣品质的产物，要么会产生出更多的恶劣品质，要么两者皆是。

支持我们容忍一件次要之恶的，并非它有助于培养某种积极美德，也不是次要之恶能够给我们带来积极的善或正面的好处，而是它有助于我们避免更大的恶，特别是那个“首要恶”。如果一件次要之恶无助于避免更大乃至首要的恶，我们就没有理由去容忍它，当然也更没有理由去主动追求它。所以，“消极美德”伦理学的一件重要任务，就是在确定某种恶的首要地位之后，在现实条件下寻找一幅“消极美德序列”。在这个“消极美德序列”中，必须尽可能在首要恶与次要之恶之间，以及在众多的次要之恶之间，清晰地标出一条“后退”（back away）的逻辑关系：

（1）在特定社会文化背景下的人类之恶中，有且只有一个首要恶A，它是不允许助长或纵容的，我们没有任何恰当理由为之开脱；

（2）为了避免这个首要恶A，我们不得不容忍次要之恶B和C，换言之，B和C的存在不能直接助长或纵容首要恶A，而如果拒绝容忍次要之恶B和C，反而会导致我们助长或纵容首要恶A；

（3）次要之恶B和C之间并不是彼此独立的简单并列关系，它们的内部关系是盘根错节的，它们与其他次要之恶的关系亦是如此；

（4）如果助长或纵容某个次要之恶B可能导致对首要恶A的助长或纵容，那么这个次要之恶B在“消极美德序列”中应当排在较前的位置；

（5）两个在“消极美德序列”中处于同等地位的次要之恶B和C之间，排在前面的应该是更加依赖于位列它们之后的那种“消极美德”的那一个；这里的“依赖”指的是，仅当容忍某种次要之恶D，才能实现“仅当容忍某种次要之恶B（或C）才能避免首要恶A”的目标。

在现实中，没有一种恶是能够轻易避免的，但严重性和顽固性不是我们容忍一种恶的恰当理由。从现实性角度看，我们的确无法同时避免所有的恶，但我们仍然有责任避免那个“首要恶”，尽管它也许是最顽固的。如果我们愿意付出容忍其他某些“次要之恶”的代价，也许我们与“首要恶”的胶着战争或艰难周旋会显得更加现实一些。

在朱迪丝·施克莱那里，在现代多元社会中，如果能够避免残酷，虚伪是可容忍的。不唯如此，如果虚伪成了不可容忍的，那么残酷将是不可避免的。在此意义上，势利也是不可避免之恶，因为我们每个人都有自己的小圈子，都在排斥他人，也被别人排斥。至于背叛或不忠，这些道德心理学概念本身就已然变得模糊不清了，因为在自由社会中，我们有权拥有多种多样的忠诚对象。当然，如果并非生活在自由社会，背叛可能是“首要恶”，尤其是背叛极权体制下的那个所谓“主权者”。对人性缺陷的厌恶亦即所谓“厌世”，也许会把我们引向一种不抱幻想的政治生活，但也可能使人变得像尼采那样，希望庸人早点灭绝，以便为超人腾出历史舞台。在此，“消极美德序列”再一次被证明是至关重要的，因为如果我们厌恶虚伪、背叛胜过残忍，那么我们也许会因愤世嫉俗作出残忍举动，而为了避免残忍，虚伪、背叛乃至厌世都是可以容忍的，除非容忍它们的后果是会助长或纵容残忍。

基于这种施克莱式的“消极美德序列”，我们发现，每一种“小恶”后面，要么隐藏着某些更大的恶，要么承载着人们避免某些更大的恶乃至“首要恶”的努力。每种具体可见的恶后面，也可能隐藏着抽象的、不容易被人觉察的恶，而每一种看似简单的恶后面，必定隐藏着复杂的、盘根错节的恶。然而“纯粹恶”的神话忽视了或轻易地打发了这些困惑，对恶的问题采取的态度仍然是简单粗糙的。

二　“首要恶”的五种形态

首要恶不仅意味着它在“消极美德序列”中排在首位，还意味着它是一个“无条件的至恶”（*summum malum*），相较而言，排在其后的所有消极美德都是有条件的。因此，它与其后的其他消极美德之间存在质上的差别，而其他消极美德只有量上的不同。况且，所谓“消极美德”这个说法本身就是为了深入把握“首要恶”而提出的，因为如果不是为了避免这种首要恶，它们就不成其为消极美德；而首要恶本身并不是任何一种美德，只有当我们执意于如何避免它时，才有必要将之排在消极美德序列的首位。

我们之所以要特别注意首要恶，而不是“首要善”或“至善”（final goodness）[①]，缘由与上文讨论的“消极美德序列”密切相关。理论上看，也许可以列出一个“积极美德序列”或“善的序列”，把首要善排在首位，接下来是所有次要善当中在积极意义上最有助于促成首要善的那个次要善，依此类推。不过，对于能否排出这个序列，我们颇有疑虑，更为要紧的还在于，那些被当作“在积极意义上最有助于促成首要善”的次要善，即便被给出了，它所做的工作仍然可能只是“锦上添花”，而非“雪中送炭”。假如说，为了实现勇敢，一个人应该正直、刚毅和真诚，倘若勇敢是首要善，那么具备了正直、刚毅和真诚的积极美德，也许他就能更加勇敢，但是仍然无法保证他必定会勇敢。它们不可能是一个人具备勇敢德性的充分条件，而假如真的存在这样一个充分条件，那么首要善就应该是它而非勇敢，因为一旦具备了这个美德，一个人自然就勇敢了。

由此看来，作为首要善的勇敢的确不会有经验上的充分条件。但是，与之相应的作为消极美德的懦弱——仅当克服或避免懦弱有助于一个人实现勇敢时，懦弱才不只是一个“纯粹的恶”，而是一个消极美德。“消极美德”这个术语的奇特抑或“奇怪”之处正在于它的反直观性：从正面看，我们并不认为它是任何一种美德，相反，它是实实在在的“恶”。

接下来我们简要地列举在不同的社会形态以及历史时期中被当作“首要恶”的五种类型，由于时空背景、文化环境差异甚大，它们之间并不存在简单的并列或竞争关系。至于梳理其中是否共享了某种一以贯之的东西，这个宏大计划显然超出了本书范围。

勇敢是“英雄时代”的首要美德。在古希腊传统中，正如我们在神话、悲剧、历史和哲学中所看到的那样，在所有的积极美德中，勇敢——

---

① “至善”或“终极善”在亚里士多德语境中通常指“幸福”。从字面上能够看出，幸福不是一种通常的“美德”：我们只听说勇敢、节制、正义、明智是美德，若说幸福也是美德，多少会让人奇怪。但是从目的论角度看，幸福的确又是一个人所能追求的最高的善，因为它集中代表了人类的“卓越”。而其他的外在善，如财富、出身、名声、好运，以及内在善，如上述理智美德和伦理美德，它们自身也是“卓越”，同时它们都是一个人通往作为至善的那个“超越”——幸福——的阶梯。

尽管很多时候仅限于血气之勇[①]——通常是名列前茅的，在以航海、贸易、战争、城邦政治等为典型的古希腊生活方式中，勇敢也许是最为值得珍视的美德。消极地看，为了追求勇敢，我们必须避免懦弱。勇敢也是“贵族时代”的首要美德，对此，托克维尔也曾指出：“封建贵族是靠战争起家的，并且是为了战争而存在的。它把自己的权势作为武器，并用武器来保持权势。因此，对于它来说，最重要的莫过于武勇。它自然要把武勇捧得最高，说它比什么都光荣。因此，凡是显明表现武勇的行动，甚至这种行动违反理性和人道，都是得到它的认可的，而且往往是出于它的命令。”[②]

在概念上，不懦弱并不等于勇敢，因为还存在某种中间状态，甚至还存在“鲁莽”这种极端状态：从表面上看，莽夫一点儿也不懦弱，但也不是勇敢的应有之义；从深层次看，鲁莽只是懦弱的另类表现形态也说不定：鲁莽之人，就像一只狂吠的狗，不是出于勇敢，而是源于胆怯，乃至恐惧。

如果无法克服懦弱，当然就与勇敢无缘，因此对懦弱的克服仍然算是一种“消极美德”。在此意义上，我们说懦弱是古希腊全盛时期的“首要恶”。从现实角度看，人们能够或者理应克服某些恶，但又无法克服所有的恶，所以不得不面临某种程度的妥协：为了克服那个首要恶，人们能够对此做出多大的让步，容忍哪些较为次要的恶。譬如，为了克服懦弱，人们甚至不得不容忍残酷，后者是来自无情的大自然或造化弄人的“命运”，还是源于人事的残忍或人世的不公？人们对欺骗的态度也是如此，所谓“兵者，诡道也”（《孙子兵法·计篇》），战争状态下，兵不厌诈、诱敌深入，常能出奇制胜。人们在全盘接受战场的英雄主义之后，即便在和平时期，对于欺骗或虚伪这些在康德眼里的“根本恶”，往往采取相当的隐忍态度：人们不必就像歌颂勇敢那样歌颂欺骗，但为了避免懦弱而不

---

① “血气之勇”并不等于“莽夫之勇”，与之相对的“道德之勇”也不等于“理智之勇”，尽管人们常常会做这样的联想。在亚里士多德以“中道”为宗旨的美德清单中，真正的勇敢实际上排斥了“鲁莽”和“懦弱”两种极端品性。为了避免制造“勇敢”与“理智”之间的张力，我们不应该简单地将血气之勇理解成为“有勇无谋”式的莽夫之勇。

② ［法］夏尔·德·托克维尔：《论美国的民主》，下卷，董果良译，商务印书馆1989年版，第845页。

得不使诈，这似乎是情有可原的。

在中世纪的宗教文化中，罪是人对神圣规则的违逆，是对上帝的冒犯；一直以来，傲慢或自负——拒斥上帝——都是最严重的一种罪，它引发了其他所有罪。基督教中的“七罪宗”乃是对人类恶行的分类，并由13世纪道明会神父圣托马斯·阿奎纳（Thomas Aquinas）列举出各种恶行的表现，它们分别是自负、妒忌、暴怒、懒惰、贪婪、贪食及色欲。至少从道德心理学上看，对神圣旨意的无限遵从要求人的谦卑，而谦卑一旦过度就可能导致人的自我厌恶，这还不只是个体或小群体的问题，而是社会系统或文化氛围的问题。此外，与古希腊英雄时代的勇敢一样，对虔诚的强调或者从反面看来的对自负的克服，并不排斥一个人可能特别残忍或伪善，即便相应时代的人们不得不承认残忍或虚伪可能是恶的，但是为了避免相应时代的“首要恶”，一定程度上容忍残忍品性或伪善人格是可以理解的。将残忍视为首要恶以对世俗化的平等权利的高扬为前提，对伪善的痛恨则以捍卫个体的人格尊严为鹄的，因此现代多元自由主义经常以一种道德体系对待残忍或虚伪的态度，来判断这个道德体系的文明程度：在这种观点看来，残忍或虚伪不应该轻易被拿来做交易，以换取人们对宗教或世俗权威的虔诚或遵从。

还有一种“首要恶”与权威相关，它就是背叛。每个人都基于先天或后天的原因而被固定在一张“社会角色之网”中，与其说他属于其自身，不如说属于其所处的社会共同体。与西方式的“自负”相比，作为首要恶的背叛，在东方文化中甚至更加普遍。天、地、君、亲、师，它们是社会秩序的主宰者和捍卫者，儒家的仁、义、礼在这个权威主义文化底色下一字展开，等级制度被认为是天经地义的。为了捍卫这种等级制，有时候诉诸残忍或欺骗，既是迫不得已，也是情有可原的。人们并不歌颂残忍或欺骗，但如果为了避免将一个人陷于不忠不孝的境地之中而不得不略施狡计，那么残忍或欺骗也许是必不可少的，至少是值得人们为之妥协的。

传统政治文化中的“忠君”和现代的“爱国”，这些意识形态色彩浓厚的“政治美德”，将其自身的反面即“背叛”当作是首要恶树立起来。皇权制度下，欺君之罪，十恶不赦；现代社会中，背叛自己的祖国，其罪可诛。[①] 当然，可背叛的不只是国王君主或国家主权。在义务优先于权利的时代背景下，一个人可能背叛自己的父母、师长、上司以及朋友。在平辈、朋友之间，存在一种从对社会体系的“总体义务”中派生出来的个体权利，你的“不得背叛”义务，构成了我的权利，当然这种权利—义务关系是相互的。与朋友交而不信，正如为人效力而不忠，都属于违逆、背叛人伦的范畴。例如，据《论语·学而》载，曾子曰：“吾日三省吾身，为人谋而不忠乎？与朋友交而不信乎？传不习乎？”

第四种形态的“首要恶”是伪善。它与近代欧洲启蒙运动以来对于传统神学背景下的“去罪化”思考密切相关：人类可以通过诉诸理性主宰自身命运，人的尊严是独立而完整的，不仅无须继续匍匐在神圣权威面前，进一步还向世俗权威索要作为一个普通人的权利，借用康德的话来说，就是“必须将人本身当作目的而非手段”。从道德心理学上看，虚伪与欺骗、撒谎，在某种程度上是一体两面的关系，欺骗和说谎是虚伪的自然掩饰物，断言某人很虚伪，却否认其有欺骗或撒谎行为，这是难以想象的。然而，伪善是可以系统化的，尤其是当道德诚实在理论上或意识形态上被过度拔高后，它必定会在自身中孕育其反面——伪善。由此也可理解，尽管几乎没有一种伪善能够获得理论化的辩护，[②] 但在许多社会形态中可见某种“系统化的伪善”。

与伪善关系密切的是第五种“首要恶”——残忍。将残忍视为首要恶，施克莱将这个历史性贡献归之于蒙田及其门徒孟德斯鸠，这是需要勇气的，因为这意味着不再理会神启宗教所灌输的“罪”的观念。在施克莱那里，与对神的不敬或自负不同，残忍——存心对弱者施加肉体痛苦，以引发他的苦痛和恐惧——完全是对另一个造物犯下的错。[③] 为了避免残

---

① 在不少国家的刑法中，“背叛国家罪”以及其他实质上是背叛国家的犯罪行为，情节严重者大多有死刑的量刑。

② 马克斯·舍勒（Max Scheler）将康德伦理学称作“形式主义伦理学”，认为康德“反虚伪”的道德辩护最终走向了其反面：形式主义伦理学客观上助长了虚伪的道德风气。他借耶稣之口说，“善”本身永远不会处在那种可以从概念上给出的人的特性之中，那种就像区分山羊与绵羊那样的区分善恶的做法，在某种程度上构成了“法利赛式的伪善的永恒范畴形式”。参见［德］马克斯·舍勒《伦理学中的形式主义与质料的价值论伦理学》，倪梁康译，商务印书馆2011年版，第44页。

③ ［美］施克莱：《平常之恶》，钱一栋译，上海人民出版社2018年版，第15页。

忍，甚至连虚伪都是可以容忍的，对虚伪的过度拒斥可能导致厌世，当然也无助于正义。在世俗时代里，面对上帝时的自负已然不是问题，势利和背叛要么自身是含义不清的，要么是可以被容忍的，除非它们被证明是有害于克服残忍这个“消极美德”。

伪善与残忍的关系更加错综复杂，对它们同时感到深恶痛绝有时候是相得益彰的。虚伪和自欺使人更容易变得残忍，因此在由残忍领衔的榜单上，这两种恶势必名列前茅。① 不过施克莱仍有理由担心，对虚伪强调过头容易招来另外一种恶习，也就是厌世。尼采的厌世倾向就与他所痛恨的某种普遍伪善、弱者崇拜的“末人文化”密切相关。现代自由主义，包括施克莱的“恐惧的自由主义”版本，从不刻意推崇懦弱，敌视勇敢。然而，正如过分推崇勇敢可能导致人们不得不在某种程度上容忍残酷无情和虚伪欺骗那样，过分厌恶残忍可能导致平庸和懦弱，最终滑落到尼采所崇尚的贵族主义和英雄气概的反面。

综上所述，每个时代、每个社会都有一套属于自己的“消极美德的序列”。这个社会的“首要恶”无法照搬那个社会的消极美德来克服，这个时代的“恶”的问题无法沿袭那个时代的方案来应对。社会形态和生活方式的嬗变，势必带来“消极美德序列”的调整，真正具有顽固性特征的是宽泛意义上的人类之恶，但这并不意味着某个“首要恶”是亘古不变的。与其建构一套超时空、跨文化的“恶的本质”，不如去观察洞悉这个变动不安的社会。至关重要的还在于，在“恶”的问题上，就连社会自身也不具备置身事外的中立性：在某种意义上，既然社会中的某个成员、某件事情可能是恶的，那么这个社会系统自身也可能是恶的。

---

① ［美］施克莱：《平常之恶》，钱一栋译，上海人民出版社 2018 年版，第 20 页。

第三章　恶行的表现

前面两章分别着重从角色和近因的角度对“纯粹恶的神话”展开审视，角色与某种错综复杂的“当事人”概念联系在一起，而讨论恶行的近因则离不开对广义的“作恶动机”概念的批判性分析，与动机联系在一起的有理由、原因、结果以及目的性方面的考虑。这些分析对于揭示人类之恶的大众想象是必要的，因为直观地看，世俗之恶就是某些人出于邪恶动机而施加于另一些人的苦难或伤害。

毋庸讳言，“苦难”“屈辱”“伤害”这些概念是相当笼统的，尽管它们对于那个作为内涵性概念的“恶”（the evil）是必要的，对于那个作为外延性概念的“诸恶”（evils）无疑是不够充分的。人类之恶所造成的，是形形色色的苦难、千差万别的伤害，广义的受害者所感受到的屈辱或残酷，实际上也存在不同的层次和形态，其中既有最典型的、直观上完全符合人类之恶的大众想象的恶，也有那些边缘化的、不典型的恶，为此我们有必要关注外延更加宽泛的残忍现象。

对于各种形态的人类之恶所共享的那条贯穿其间的主线，同样存在内涵性维度和外延性维度。在逻辑学上，一个内涵相当模糊的概念，不可能具有更加清晰的外延，我们在外延上不可能穷尽人类之恶，根本原因正在于它们在内涵性上并不存在那个唯一的固定不变的本质。然而生活经验仍然会一遍又一遍地提醒我们，哪些恶的形态是在发生频率上最为常见、典型特性上最为显著的恶，从这个角度看，大多数从各种角度探讨人类之恶的学术著作，将话题聚焦于暴力、残酷、伪善，以及在不同的历史背景以及学术文本中有特殊所指的“恶的全名”：康德式的“根本恶”（radical evil）、阿伦特式的“平庸之恶”、施克莱式的“平常之恶”（ordinary evil），诸如此类。当然，即便是暴力和残酷，也绝不限于一两种类型，其下还可以基于某些标准做出进一步的细分。譬如，性暴力、语言暴力与普通的暴力不同的是，它还涉及性和语言这样的源于人类之自然本性以及存在本性的一系列根深蒂固的观念、文化和制度；与此类似，自欺在所有类型的欺骗中，以及自杀在所有类型的谋杀中，也因为其“反身性”特征而在人类恶的形态家族中占据了一席之地。

从逻辑上看，一个概念在外延上的清晰对它的内涵往往提出了本质主义要求。但正如苏珊·尼曼（Susan Neiman）所揭示的那样，邪恶之为邪恶，并不意味着形形色色的邪恶之间共享了某种“本质”。譬如，尽管我们在恐怖分子所犯下的大规模谋杀与跨国公司的自私自利所导致的地区性饥饿之间很难到找到某些共享的深层次原因，但这并不妨碍我们谴责这两种行为之为“邪恶”。这意味着，清晰思考是至关重要的，但找到“邪恶公式”（formulas of evil）并非如此，因为邪恶行为在当代的模糊化操作甚至威胁到了将道德邪恶与自然邪恶区分开来的现代企图。①

第一节　残酷与暴力

残酷与“善”的愿望有关，而恶与“善”的动机或近因有关。有些残酷本身不是恶，只有结合特定的历史文化背景才是恶。但广义的恶，通常都会表现出某种形态的残酷性，而不管从任何角度都无法让人体会到其残酷性的恶是难以想象的。无论出于任何动机或近因所作的恶，都具有残酷的一面，即便从表面上看，它有时候又是那么令人难以置信的公平正义、温情脉脉。在所有人类之恶中，残酷性最为显而易见的便是暴力，它未必是最值得关注的恶，却是学术上讨论得最多的恶。

一　“恶”的色谱：从“残忍”到“残酷”

为便于理解，我们仍有必要稍作概念区分。作为“道德之恶”（moral evil）的残酷与作为“自然之恶”的残酷，是残酷的两个方面。这两种残酷，在英文里都被称作“cruelty”。但是稍稍严格一点来讲，这个英文词有时会特指蓄意的残暴、虐待行为，与我们常说的邪恶行为类似。在汉语

① Susan Neiman, “Undeniable Eivl”, *New England Review*, Vol. 23, No. 4 (2002), pp. 5 – 15.

中，这种蓄意的残暴、虐待行为，我们亦称之为“残忍”，以便至少在字面上将其与其余的那些非蓄意的特别是发生在自然界的、就事实描述而非价值判断而言的“残酷（性）”区别开来。[①] 如果说，股票市场和总统竞选通常是残酷的，一夜暴富还是血本无归，只在一念之间，问鼎宝座抑或一败涂地，只差一步之遥，有人也许会由此联想到其背后作为制度支撑的经济或政治上的“结构性邪恶”，尚有几分道理的话，那么像足球、拳击这样对抗激烈的体育项目，本身具有容易致伤的残酷性，由此断定它们本身就是“邪恶”的，就有点武断了。后面我们将会看到，作为一种受严格规则、惯例支配的体育运动或娱乐项目，其残酷性乃至“暴力色彩”本身仍有其一定的合理性。

在最严格意义上的“残酷性”（就事物的自然属性而言）到最严格意义上的“残忍”（就人的蓄意行为而言）之间，存在一个由弱到强的色谱，上面讲的足球、拳击稍稍偏向于“残酷性”一边，股票市场、总统选举稍稍偏向于“残忍”一边，换言之，它们都不是最严格意义上的“残酷”或“残忍”。

下面我们要讨论的蓄意的、邪恶无耻的暴力——也就是“残暴”——通常被认为具有一种典型的残忍性。至于其他形式的虐待、罪恶，形式多种多样，无法一一列举，盗窃、诈骗、诱奸、叛国，这些都未必借助暴力手段；奴役、剥削、压迫、伪善，甚至还可能披上“温情脉脉”的面纱；至于世故、冷漠、愚蠢、顺从，我们有时候都有点不忍心去谴责受害者甚至施害者的“残忍”了——根据我们前文的分析，这些现象中的施害者和伤害者的角色并不那么界限分明——更多地会去感慨这些现象背后隐藏的源于文化、制度、观念上的“结构性之恶”所本有的深刻残酷性。

而在所有形态的残酷中，来自大自然的残酷性以及数学、逻辑和存在

---

① 毋庸讳言，由于事实层面上的纷繁和纠缠，很多时候这种概念区分是勉为其难的，有时甚至是徒劳的，但又是迫不得已的。譬如，即便我们就“残酷”（kindness/cruelty）与“残忍”（cruelty）、“邪恶”（evil）与“罪恶”（wickedness /guilt）、“善良”（kindness）与“善好”（goodness）这些近义词在字面上区别得再清楚，也未必等于与之相应的东西在事实层面上也能随之被区分得一清二楚，更何况还涉及跨语言理解问题：这些词汇的中英文表述之间显然不是严格一一对应的。

论上的残酷性较为值得关注。而在大自然领域，物理学上的、生物学上的、病理学上的、精神病上的残酷性较为值得关注。数学和逻辑学上的残酷性，这种说法本身就有点让人莫名其妙——这里只取“残酷无情”最字面的含义而言，它位于“恶”之色谱的最弱一端，弱到了我们通常并不认为它与残酷性相关的程度，更遑论称之为某种形态的“恶”了，而日常语言中确实也不太这样来使用“残酷”一词。数学公理和逻辑学定律当然是“冷酷无情”“铁面无私”的，作为任何一种价值中立的“工具理性”的基础，好人用它做好事，坏人拿它做坏事。数学天才“横扫赌场”“叱咤华尔街”之类的传奇故事，我们并不陌生，如好莱坞导演罗伯特·路克蒂克的电影《决胜 21 点》。假如这些数学天才受训成为网络黑客，入侵国家金融系统并导致银行计算机的大面积瘫痪，我们所面临的除了其作案动机的“邪恶性”，还有使其大显身手的数学工具本身所具有的“残酷无情”特征。它与法律的“铁面无私”不同，因为法律通常被假定为是惩恶扬善（维护秩序、保障人权）的。

“存在论上的残酷”（ontological cruelty）这个表达式容易与“意识形态之恶”相混淆，但两者大为不同。存在论上的恶，是指某人、某物或某事的存在本身即是恶，即便他什么也没做（没有故意为之）或者没发挥什么主动的作用（仅仅发挥了被动的消极作用）。古希腊神话和基督教神学中，人类所面临的这种残酷性，也就是一种“先天之恶”，使人无处可逃。人类沉迷于自身的动物性欲望，又无法经受起任何外在诱惑，促使人类的命运始终无法掌控在自己手中，而在这些苦难背后起主宰作用的，恰恰是那个超越性的存在者。这种宿命论的观点告诉我们，人类的存在本身就具有某种先天的悲剧性和残酷性色彩，要么屈从于欲望的诱惑，要么任由命运的摆布，而这种存在论上的残酷性，最终又实现了从残酷到恶的一种奇特的轮回：所谓存在论上的残酷，也就是人类不得不犯下或不得不遭受的“原罪”，它与恶魔的存在论上的残酷性不同的是，前者是可救赎的——所以我们需要一个上帝。

以红色色谱为例，排列顺序一般是由浅入深的，比如浅红、粉红、鲜红、深红。但是在“恶”的色谱上，考虑到“纯粹恶的神话”以及“恶”的大众形象大多都是以蓄意的暴力行为为典型的，因此我们将遵从“由深入浅”的排列顺序，从蓄意的暴力开始，至大自然的残酷结束。当然，这种排列在某种意义上乃是“权宜之计”，因为从“纯粹恶的神话”之批判视角看，“恶”的色谱本身也不可能如此“纯粹”，正如我们在其他章节里所看到的，在某种意义上，由个体或小群体实施的蓄意暴力，尽管可能极其恐怖、血腥、残忍，并不是最为值得关注的恶，考虑到人类的未来，情况更是如此。

“知识论上的残酷”（epistemological cruelty）也是人类所面对的一种重要的残酷类型。它有久远的神话学来源。在犹太—基督教传统中，亚当和夏娃得到告诫不能偷吃长在生命之树上包含善恶知识的禁果。但在蛇的诱惑之下，夏娃偷吃了禁果，亚当也吃了。对于未知的世界，人类有好奇的天性，求知欲就像食欲、性欲那样都是本能性的。在神话叙事中，人类不得不忍受食欲和性欲的折磨，难免犯下饕餮和好色之罪，在求知欲问题上也有类似遭遇。潘多拉的故事说明了灾难何以会源于一个小女孩的好奇心。她被警告说永远不要打开里面装着害人东西的盒子，可她却无法抑制自己的欲望。盒子被打开了，里面飞出了死亡、悲惨、瘟疫、战争以及其他一切可以想见的灾难。在非西方文化中，同样不乏表现死亡和邪恶的故事，其主题仍然是好奇心和不顺从。“它们阐明的观念或许具有普遍性：有些事情还是不知道为妙。”① 在现实社会中，杀人诛心、杀人灭口，这些残酷事件往往都起因于当事人知道了某些被认为不该知道的“秘密”。特别是在极权社会中，对某些敏感事项的知情权往往被限定在极小的范围之内，而那些“知不配位”或“泄露天机”的人，则可能由于“知道得太多”而惹来杀身之祸。

中国道家之所以特别主张保身、养生，正是因为他们充分认识到人类存在论上的局限性，同时也是残酷性，它就是生物性身体。老子说：“吾所以有大患者，为吾有身，及吾无身，吾有何患?”（《老子・第十三章》）人类有“沉重的肉身”，难免忍饥挨饿、生老病死，可以说人之苦难和“原罪”至少有一大半源于其肉身性存在，它迫使我们不仅不得不在生物学上屈从于自己的身体，还必须在政治学上屈从于它。“拚着一身剐，敢把皇帝拉下马”（《红楼梦・第六十八回》），可是保全身家性命的本能，

① ［美］理查德・加纳罗、［美］特尔玛・阿特休勒：《艺术：让人成为人》（第8版），舒予、吴珊译，北京大学出版社2012年版，第55页。

又促使我们在面对强权恶政时往往选择忍气吞声、逆来顺受。此外，道家还在哲学上阐述了知识的危险性，这从一个侧面印证了知识论上的残酷性。老子主张“为学日益，为道日损”（《老子·第四十八章》）。庄子同样直言不讳：“吾生也有涯，而知也无涯，以有涯随无涯，殆已。”（《庄子·内篇·养生主第三》）

二 恶的暴力想象

在所有恶行中，暴力具有一些重要特征，在很多人眼里，它是最具代表性的恶行。恶的历史不只是暴力的历史，但是暴力的想象充斥了邪恶概念的几乎所有方面，倘若一个人被要求在纸上写下人类的恶行，多半会与暴力直接相关。

这倒不是由于在所有的恶行中，暴力的破坏力最强，而是因为暴力的直观性和显见性使得人们能够将它的危害性以一种非常刺眼、刺耳、刺心的方式呈现在人们面前。暴力渲染了人类的太多仇恨，这一方面符合人类潜意识之中的死亡欲，另一方面也用一种娱乐化的方式成为一项产业。以暴力电影、电子游戏为代表的暴力文化连同所谓的暴力美学，成为我们这个时代的一种非常流行的生活方式。如果再加上性暴力在新闻媒体和艺术形态中给人们带来的感官冲击，这个话题就更加让人上瘾了。人类似乎早已习惯了生活在一个充斥暴力的世界，仿佛一旦没有暴力，生活便缺乏了应有的乐趣。

暴力比恶更纯粹。人们对恶的想象在很大程度上来源于暴力。在“纯粹”方面，暴力比任何其他类型的恶行都更加具有代表性：它的施害者和受害者的界限是相对清晰的，它的整个过程是可供见证或还原的，其后果的严重性也是可测量、极少引起争议的。暴力行为中彰显的人际或群际冲突给人们留下的印象乃至心理阴影，很多时候也是最为刻骨铭心的。至少从表面上看，暴力的每一个受害者都知道恶行该记在谁的账上，该以一种什么样的方式去报复对方，如果有机会的话。因为在报复一个人方面，仇人是自己最好的老师，借用一句中国古话，就叫“以其人之道还治其人之身”。用暴力对抗暴力，以暴力的方式惩治暴力，也是人类所有关于邪恶的叙事中最具有英雄气概的部分。如果一个国家打算煽动某种民族仇恨，最直接的方式就是勾起甚至不惜捏造某些暴力回忆。人们在报仇雪恨的情绪中挥起来的拳头分外有力，也分外自得。如果这里有什么值得反思的地方，那么该反思的一定是对手，而不是自己。

然而，即便暴力比恶更“必要”，也不能由此推出：因为暴力是必要的，所以恶也是必要的，更何况“必要的暴力”这个概念本身及其背后的形而上学预设也并非毋庸置疑。所谓“必要的暴力”，要对“必要之恶”的神话承担很大一部分责任。在所有所谓的“必要之恶”中，“必要的暴力”是相对来说稍稍容易获得正当性辩护的一种。如果有些恶是必要的，那么它很可能以暴力的方式体现出来。国家的暴力机器是必要的，至少在国家寿终正寝完成其历史使命之前乃是如此。恶也是必要的，这不是国家本身作为一种政治体制的恶，而是以国家的名义所行使的恶。这是两种不同性质的恶，但是许多人会有意无意地将它们混淆起来。然而，即便国家在其权力行使过程中所倚仗的某些暴力不是恶的，也并不意味着国家本身作为一种制度化的暴力机器，不是恶的。

对于史蒂芬·平克来说，人类暴力行为的减少便是“人性中的善良天使”的明证。可是，暴力只是恶的冰山一角，其代表性是相当有限的，但是其误导性则不容忽视。显见的东西不能代表那些隐藏起来的东西，两者所具有的截然不同的特征，导致了它们的状态：显见的东西就是我们所看到的那个样子，而潜藏的东西则可以通过对前者的特征分析推导出来。然而这是一种异质性推理，因此不可避免地会产生逻辑上的跳跃。也许我们无法准确地揭示潜藏之物的真实面目究竟如何，但这并不意味着我们同样无法揭示这种“由显入潜”的推理过程本身存在的缺陷。

暴力的显见伤害性可能助长人们对于恶的程度的定量分析，不同类型的恶处于恶的光谱中的不同位置，暴力在光谱中是相当显眼的，而在各种形式的暴力当中，也可以找到一些可验证的方式来为它们严格排序。然而这种排序的根据是相当武断的，而且还会导致另外一个严重后果，也就是人们一旦对那些他们认为的“大恶”习以为常之后，不知不觉之间会对那些他们认为的“小恶”加以轻视，忽视那些他们认为危害程度较低的罪行。例如，一个整天沉迷于讨论大屠杀之“极端恶”的人，可能会对眼下常被媒体曝光的“套路贷”现象背后折射的“小恶”看不上眼。但是其实际危害可能并非如此。大屠杀在后果上的极端性，同时也意味着它在发生频率上的罕见性。打个比方，猛兽固然极具危险性，但是蚊子苍蝇对生活的害处也不可小觑，因为相比之下，后者太常见了，以至于我们熟视无睹。我们在日常生活中可能遭遇到的那些恶，无论是公共的还是私人的，所需要的教训都不大可能从这个极端不寻常的事件中找到。相比之下，加强对于“套路贷”的立法和执法力度则势在必行。在某种意义上，人们对于普遍存在并且形形色色“小恶”的无视甚至麻木，就与人们对于“大恶”的某种不对称的、不协调的重视相关。这种麻木可能在理论上乃至实践上导致一种“恶的滑坡效应”：一方面，如果一个人沉溺于干“大恶”之事，那么就不在乎干几件“小恶”之事；另一方面，当一个人“立志扫天下”时，可能会犯“一屋不扫”的小毛病，对于一个把大屠杀挂在嘴上的人，日常生活中存在的举止粗鲁、拖拖拉拉的小毛病实在不足挂齿。约会总是迟到的人，其行为性质与暴力侵犯相差很远；借钱不还的人也是如此。但是他们就像身边的蚊子苍蝇，令人讨厌，人们对其又无可奈何。考虑到许多人都有这样那样的小毛病，一个人要免于受到这些甚至可以说是微不足道的“小恶”的危害，要比避免受到猛兽攻击的难度大多了。

就像古希腊神话里外形变化多端、让人琢磨不透的海神普罗透斯（Proteus）一样，暴力特别擅长伪装和隐藏自己。它将自身呈现为某种无害的、必要的、正当化的、合法化的东西。在《邪恶的本质》中，达里尔·科恩（Daryl Koehn）带领我们对不同的邪恶解释进行了全面了解。在这次及时而严肃的讨论中，她认为邪恶不是蓄意的恶意，而是源于虚假自我意识的暴力。暴力不是真正的邪恶，而是我们无法真正了解自己的潜在邪恶的症状。①

马克斯·韦伯在考察中国传统儒家（儒教）社会政治学说中的强制秩序后指出，根据孔夫子的现实主义看法，经济和性欲的需要是人类行为的基本动力。因此，强制性暴力或社会隶属关系之所以是必要的，并不是因为生物的堕落与“原罪状态”（*Sundenstand*），而是由于一个简单的经济的事实情况：与日益增长的需求相比，已有的生存手段（*Subsistenmittel*）是不足的。如果没有强制性暴力，人与人之间就会发生战争。因此，

① Daryl Koehn, *The Nature of Evil*, Palgrave Macmillan, 2005.

强制秩序本身、财产的分化以及经济利益的斗争，原则上是根本不成问题的。[①]

层出不穷的不只是我们熟悉的那些暴力类型中的新鲜案件，更是那些我们原先不熟悉的新的暴力类型：除了人类施加给自己以及其他物种的，还有人类所遭受的来自“新物种”的暴力，比如生物工程技术、基因改良技术、仿生工程技术所催生的赛博人、机器人、“后人类”。伯恩斯坦提醒我们注意，我们所面临的最为持久和艰巨的挑战之一便是，要开始意识到新的暴力形式，要理解它们的结构和运作机制，并要把它们带入公众的自我意识之中。唯有当我们不但分析而且理解暴力时，我们才能够严肃地考虑对它的适当反应。[②]

三　主观的与客观的：暴力与善恶

在《暴力：六个侧面的反思》一书中，斯拉沃热·齐泽克区分了主观暴力（subjective violence）和客观暴力（objective violence）。前者有清晰可辨的行动者所展现出来的对于暴力的迷人诱惑：暴力的诉诸，或者暴力的展示。另外两种暴力是语言暴力和系统暴力，它们可以归入客观暴力一类。

主观暴力有一种所谓的纯粹性。这里所谓的主观暴力当然也是客观存在的，之所以称为“主观的”，是出于它符合我们关于暴力的主观想象，比如它总是有一个或一些“主体”，有点类似于法学上称为“犯罪主体”那样的主体，它通常是一个（些）自然人，或者一个（些）法人。一个人若实施某种暴力，他就是那个主体，而且他常常是有主观意图的。与之相对应的那些“客观暴力”，虽然同样也是客观存在的，但它在通常意义上并没有清晰可辨的行动主体；进一步，既然没有简单明确的主体，自然也缺乏所谓的行动意图或作恶动机：很多时候，它不是一个狭义的“主体”，而只是诸如语言符号和社会体系这样的东西，因而它是宏观的、泛化的，它是一个社会中所有清晰可辨、通常也是具体可感的客观暴力的实

---

① ［德］马克斯·韦伯：《儒教与道教》，洪天富译，江苏人民出版社 2010 年版，第 162—163 页。

② ［美］理查德·伯恩斯坦：《暴力：思无所限》，李元来译，译林出版社 2019 年版，第 211—213 页。

施背景。据此，齐泽克认为，客观暴力就像是弥漫在整个宇宙中的那种“暗物质”，它无处不在，却又并不清晰可辨。尽管它总是作为主观暴力的对立面而出现的，但并不只是作为对立面，也是我们理解客观暴力乃至批判“纯粹主观暴力之神话”的一个理论参照系。

譬如，主/客观暴力之分有助于我们回答，为什么人们会对一些暴力现象选择性漠视，换言之，只对那些他们有兴趣的暴力表达出兴趣？通常来说，人们并非对所有形式的暴力都麻木不仁，但同时又并非对所有形式的暴力都等量齐观：他们会重视其中一些，而有意无意地忽视另外一些。他们做出这种选择的标准是什么？其中的一种解释是，因为那些暴力背后的那些作为“暗物质”的客观暴力，引起了我们的兴趣，但是我们对它们要么不知从何说起，要么可能承担很大的言论风险，所以只能关注那些表现出来的负面影响，仿佛它们是一座冰山在海平面上的可见部分，人们能直观地感觉到海平面以下部分的存在，却又无法清晰地描述它们的形状。例如，在传统的重男轻女社会中，歧视女性成为某种类似于社会系统上的“客观恶”，人们祖祖辈辈浸淫在这个社会中，在观念上觉得它并无不妥，所以对于歧视女性乃至遗弃女婴的行为——具体在某人身上，它是一种主观恶——主流人群往往表现得麻木不仁。

齐泽克并未刻意区分暴力与邪恶，尽管根据我们的理解，两者既有区别也有联系。我们暂且侧重两者之联系，以便沿着他的思路稍作引申：既然可以有主观暴力与客观暴力的区别，那么也就可以有主观恶（subjective evil）与客观恶（objective evil）的区别，并且也不妨假定，这两对区分的标准是类似的。主观恶是那些清晰可辨的行动者所展现出来的对于恶的迷思、恶的诉诸，或者恶的展示。而作为其反面和呈现背景的客观恶，同样包含语言符号层面的恶，以及社会系统层面的恶。主观恶所具备的纯粹性同样可以仿照主观暴力的几个要素来理解：一是暴力或恶的主体，二是暴力或恶的对象，三是暴力或恶行，四是暴力或恶的后果。关于能力、意愿和机会的考虑可以借助暴力或恶的主体维度来呈现，而关于运气的考虑进一步需要借助暴力或恶的行动的后果来呈现。一件“纯粹的客观恶”，具备相当典型的恶的特征：它的主体、对象、行动和后果这四个要素都是相当清晰可辨的，虽然在具体的案例中其程度或侧重点有所差异，但是基本上不会模糊到无法辨识的程度。换言之，一件典型的“客观恶”，是由特定的主体（某人或某群体）对特定的对象（某人或某群体）施加了导致特定后果（伤害或苦难）的某件事情（暴行或恶行）。

当然也不能忽视暴力与恶之诸多区别，其中的一点是，恶比暴力更加复杂而含混，恶不仅体现为硬暴力，也可能体现为软暴力，甚至还可能体现为某种初看上去并不暴力的东西，反过来，暴力并不都是恶的，前者更侧重于其描述性特征，后者侧重于其规范性特征，将两者完全混淆起来可能会犯某种“范畴错误”。在客观暴力方面，纯粹性所要求的那种清晰可辨性就大打折扣了：人们往往说不清楚是哪个主体（人或机构）针对哪些客体（个人或群体）做了实际上导致了何种后果的何种事情：它所带来的伤害或苦难即便是深重、持久甚至是令人绝望的，但却又不被人轻易所感觉到，以至于这种伤害或苦难是否真实存在都可能在人群里导致持久而广泛的分歧。考虑到恶相对于暴力本身的复杂性，客观恶的情形就更是如此了：那些被我们称作“客观恶”的东西，很多时候实际上被包装成了“客观善”（objective goodness）而招摇过市，甚至可以这样说，离开了那些所谓的“客观善”，我们就可能立刻会感觉到缺失了判断是非善恶的标准。

考虑到我们这里所讨论的善与恶之间并不存在一种简单的对应关系，所以这里的“客观善”抑或“主观善”（subjective goodness）的概念都是在一种相对直观的意义上讲的。首先我们结合主观恶与客观恶的区分标准，来直观地区分主观善与客观善：大致来说，主观善就是那种其主体、客体、内容及其后果（好处或快乐）都相对清晰可辨的行为，客观善则是作为其对立面特别是其背景参照系的语言符号或社会系统方面的善，它同样具有宏观、泛化特征，并且因此其也很难在主体、客体、内容及其后果（好处或快乐）等要素上都是相当清晰可辨的。

齐泽克将客观暴力“彻底历史化”为内在于资本主义社会的基础性系统暴力，它比任何直接的、前资本主义的社会意识形态暴力更加“诡异”：我们不能继续将它归咎于任何具体个人和他们的“邪恶”意图，它是一种纯粹“客观的”、系统的、匿名的暴力。[①] 然而我们应该注意到，

① ［斯洛文尼亚］斯拉沃热·齐泽克：《暴力：六个侧面的反思》，唐健、张嘉荣译，中国法制出版社2012年版，第13页。

齐泽克似乎特意强调了主观暴力与客观暴力之间的区别：前者是“纯粹”主观的，而后者是“纯粹”客观的——这里的区别不只是应当将引号加在“客观”上还是加在“纯粹”上的区别，而是实质上的区别，因为我们认为，主观暴力和客观暴力在如下方面都不太“纯粹”，即它们之间一方面存在很大的过渡地带或模糊区域，另一方面它们之间并不是“纯粹”的二元对立关系，而是一种“二阶关系”。

譬如，体制内个体的恶，就是主观恶与客观恶之间的模糊地带。一方面，它是在体制内发生的，因此带有语言符号或社会系统的客观恶色彩；另一方面，它又是某个可辨析的个体之恶，因此带有主观恶色彩。即便从最严格意义上讲，体制内的个体也可能犯下这个体制本身无法容忍的恶。举个最直观的例子：并不是每个部属的所作所为，都是能让上司所认可的，上司往往有权力借助体制来匡正下属的行事，其中包括体制所禁止的某种被归入“恶”的行为。

我们可以借助另外一种思维方式缓减恶的问题上的主客观二元对立，也就是引入一种“二阶关系”。这种二阶关系的说法受到了塔斯基（Alfred Tarsky）关于元语言（meta language）和对象语言（objective language）之区别的启发，尽管两者要解决的问题大异其趣。相对于对象语言来说，元语言是一种“二阶语言”。这意味着，并不是世界上真的存在两种类型的语言——元语言和对象语言——而是在真之定义问题上，我们有必要在语言的两个层面来进行分析，当我们将元语言当作更高层面的对象语言时，也就在这个层面重新找到了一种与之相应的元语言。套用在主客观之恶的问题上，相对于主观之恶来说，客观之恶固然显得“客观”，但这种客观性并不纯粹，因为在一个更高的层面上，这种客观之恶仍有其主观性的一面，因此可以找到与之相应的新的客观之恶。这种二阶关系提醒我们注意，在诸多的客观之恶内部仍然存在层次关系，有些偏“主观”一些，有些偏“客观”一些。我们经常拿人性说事，而如果真的存在大致上固定不变的人性，并且它恰好又是恶的，那么它就是一种客观恶。人性当然也是一种体制，甚至语言符号和社会系统都离不开人性这个根本的生物学机制。相对于人性来说，语言符号和社会系统甚至都带有一点“主观”色彩。再进一步，“人性”也可能并非“纯粹客观”，或者在形而上学上某种能够为人性之恶（抑或人性之善）奠基的东西，这是后话。

当然这些内容早已超出了齐泽克的话题，转而进入了我们自己的论域。

客观暴力也不是纯粹的。主观与客观并非处于纯粹的二元对立之中，客观暴力中也没有纯粹的施害者、受害者、施害行为及其后果。在资本主义社会中，存在纯粹的施害者、施害行为、受害者以及作为后果的伤害吗？这一点甚至连齐泽克自己也怀疑。资本家是恶的，但有时并不那么令人讨厌。工人的处境有时相当悲惨，但他们仍然可能享受资本主义社会的基本福利保障。这些在资本主义发展初期是一种奢望，现在成为福利国家的标准配置。为了说明这一点，我们引入了“主观善”与“客观善”这一对概念。主/客观之善与主/客观之恶之间并不是简单对应的，而是存在某种复杂的交叉关系。比如，在当代资本主义社会中，主观善离不开客观恶背景，最著名的慈善家往往同时还是最大的资本家，而不遗余力地从事人道主义援助的恰恰是那些平常最冷酷无情的金融大鳄，倘若对于这两件事情他们都是真金白银地在做，就不能简单地斥之为“虚伪作秀”“欺世盗名”。在齐泽克眼里，“主观善”的“客观恶”背景这个“悖论”反映了当下我们的悲惨困境：今天的资本主义无法独立再生产自己，它需要非牟利的、超越经验的（extra - economic）的慈善来维持社会再生产的循环。[①] 这样一来，资本家身兼慈善家成为当代资本主义再生产的“常规操作”：主观善以客观恶为背景，客观恶反过来又以主观善作为展示平台，它们都不再是纯粹的。

社会体制为了能够团结起那些一道“同仇敌忾”的人们，迁就、纵容甚至培养普通民众身上的“平常之恶”。对责任和自由主义的诉诸所能做的，并不比制度建设和氛围营造做得更多。在学理上能做的一项很有价值的工作，就是对“纯粹恶的神话”给予某种建设性的批判。这种平常之恶就包括对于体制之恶本身的麻木，以及受体制之害的人的冷漠。如果一个体制通过将某些东西标榜为“首要恶”不仅有助于实现自己的目标，还能帮助掩盖为了实现这个目标而不得不采取的种种“工具性之恶”，那么它会非常乐意为大家虚构一套“纯粹恶的神话”。

微观之恶中就已经包含了对于宏观之恶的某种消极态度，这种态度本

---

① ［斯洛文尼亚］斯拉沃热·齐泽克：《暴力：六个侧面的反思》，唐健、张嘉荣译，中国法制出版社 2012 年版，第 21 页。

身也是一种恶，也就是关于恶的恶，我们称之为意识形态之恶。“纯粹恶的神话”中看不到这种恶，它将典型的恶锁定在中观之恶上。通过对于中观之恶的纯粹性建构，掩盖了宏观之恶行的性质。而为了掩盖这种宏观之恶，在民众的日常生活中培养起对于这种宏观之恶的麻木不仁，被认为是有必要的。作为交换条件，民众的那些平常之恶可能被刻意纵容：它们根本不算是恶。而一旦我们发现它们确实是恶，宏观之恶也就显山露水了。

为了避免一些所谓的“大恶”，如果一些“小恶”是必要的，那么作“小恶”似乎就会成为所谓的善，至少是“消极的善”（negative goodness）；而为了正面地创造一些“大善”而不得不容忍一些“小恶”，那么这样做就更是情有可原了，仿佛成了一种“积极的善”（positive goodness）。然而很多时候，这种以作恶为代价的善，究竟有多么“积极”，是值得怀疑的。战争中的以攻（侵略）为守、先发制人，也常用这套说辞。

> 在战争中，将进攻甚或赤裸裸的侵略行为合理化的一个常见策略就是将敌人渲染成为邪恶无比、缺乏人性的。如果你的敌人是纯粹邪恶的，就不必为你为什么要去与他们对抗寻找额外的解释了。因此，越能够将敌人彻底地纳入纯粹恶的神话中，为自己攻击性行为提供合理解释的需要就越少。①

将暴力进行纯粹化操作，用一种简单粗暴的方式一概将所有暴力斥责为“恶的”，“这种做法是登峰造极的意识形态操作，是一种神秘化，一种共谋地令社会性暴力的基础形式隐形化的神秘化”②。神秘化实际上是一种蒙昧主义的态度，拒绝为之给出令人信服的理由。没有理由的事情仍然有其原因，而既然有原因自然就有结果：从因果性角度看，主流意识形态之所以会有一波这样的操作，乃是出于隐蔽性的考虑：通过诉诸对暴力

① ［美］罗伊·鲍迈斯特尔：《恶——在人类暴力与残酷之中》，崔洪建等译，东方出版社1998年版，第116页。

② ［斯洛文尼亚］斯拉沃热·齐泽克：《暴力：六个侧面的反思》，唐健、张嘉荣译，中国法制出版社2012年版，第181页。

的一概排斥而树立起一种对任何形式的恶采取“零容忍”“一刀切”的“大义凛然”形象，以便掩盖其背后的客观之恶，亦即源于语言符号或社会系统的建制化之恶。

有时候，这种掩饰或遮蔽并不一定是刻意的。从善意的角度看，在制度上至少在表面上声称摒除一切形式的暴力，可能是主流意识形态所能做的最好的事情，对于其自身的体制，它也无能为力。一种体制不可能对主观暴力坐视不管，它的统治合法性和道德姿态都迫使它建立起一整套制度，对社会上、民间的那些暴力犯罪活动进行制裁，如果这个国家是组织良好的，制裁很多时候是及时有效的强有力的。如果一个政权足够强大，它就有足够的力量去制裁民间的暴力犯罪，只要它愿意这样做；不管它多么强大，都未见得有智慧和勇气去正视其自身可能存在的“客观暴力”，更不用说有足够的力量制裁它了（有能力制裁他人并不等于有能力进行自我制裁），很多时候它也没有足够的诚意这样做。

这里存在一种“客观恶之悖论”：一个体制从其上层建筑和意识形态方面来说，一方面对于暴力尤其是民间的主观暴力特别敏感，常会对之进行不遗余力的打击；另一方面对其自身中包含、继承、默许甚至纵容的客观暴力，则表现出令人难以置信的过度迟钝。“纯粹恶”的神话作为一种意识形态建构，实际上也隐含了这层悖论。人际的或群际的民间暴力，以及国际战争或内战中常见的暴行，都属于“纯粹恶”范畴，它们满足了我们对于暴力的典型想象。它们之所以纯粹，不仅在于其典型性，更在于其所要求的一种态度的纯粹性：对于它们，人们没有任何妥协的余地，必须同仇敌忾、疾恶如仇、不遗余力、除暴安良。

民间暴力和战争暴力危害不小，这是无可否认的事实。我们要批判的是这样一种“纯粹态度”，它通过刻意甚至是过分地抬高这些暴力的危害性和敏感性，达到一种“转移视线”的目的，有意无意地回避或忽视客观暴力的严重性。这倒不是因为主观暴力在绝对的程度上与那样的危害性和敏感性并不相称，而是说在它们的映衬之下，客观暴力的危害性和敏感性反而不被重视：事实上，与后者相称的危害性和敏感性至少与前者一样大，如果不是更大的话。

第二节 几种特殊的暴力

存在某些特殊形态的暴力，它源于人之为人的内在规定性。其一，人是有性繁殖的动物，然而其性本能上升到了文化和政治的高度，因此人类的性暴力呈现出独特的文化奇观和浓厚的权力色彩。其二，人是使用语言的存在者，语言不仅是人类表达思想、交流感情的工具，更是人类世界观的摇篮和人类存在的家园；一个民族的语言中不仅潜藏了人们对于暴力概念的理解，事实上也深刻地塑造了暴力本身的呈现方式。其三，人类是特别擅长伪装和撒谎的动物，伦理学上对真诚性的要求，往往与知识论上对于真理性的要求相提并论。亚里士多德说，求知是人的本性。同样值得重视的一个告诫是：作为一种“软暴力”的欺骗也是人性的一部分。

一 性暴力

性暴力直接以他人的肉体作为暴力的对象，这里的“他人”，在两性政治中往往意味着在男性对女性压迫的伤口上再撒了一把胡椒粉，而在同性关系中则常常与“性变态”联系在一起；性变态与性暴力并行不悖，在性施虐狂的案件中，性、暴力与虐待一起，性暴力不再仅仅被视为发泄性欲的手段，而是其目的本身。

将性暴力仅仅看作性权力的一种实现手段，实际上是一种轻描淡写的说法，尽管在很多时候，权力在与性暴力的内在联系中发挥了特殊作用，而性暴力同样明确为性目的服务。有些强奸犯供述道，在强奸过程中，他们没有享受到可以与非暴力的性相媲美的那种“性”，而只是享受到了“权力”，也就是说，他们享受了性的残暴行为。[①] 但这种残暴与体制化的权力运作仍然有性质上的差别，性暴力更加即时、更加直接，往往没有掩饰，不给对方任何一种心理缓冲，对人带来的肉体伤害更加恶劣，对人带来的心理创伤在原本的性压迫或性权力背景下，更加雪上加霜。

性暴力是暴力的延伸，是邪恶对性压迫施加作用的产物。在不少战争

① ［德］扬·菲利普·雷姆茨玛：《信任与暴力：试论现代一种特殊的局面》，商务印书馆 2016 年版，第 116—119 页。

中，强奸不仅是被默许的，甚至还为此服务：为男性将士配备“特殊奖赏”，据说可以鼓舞士气，犒劳三军。“强奸一直是一种军事战术，战场上的一种‘额外津贴’，不管它是以直接命令还是隐含特权的面目出现。”[①] 这种做法使战争更加彻底地成了“男性的战争”，他们不只是在为自己的国家而战（军事征服），而且是在为自己的性欲而战（性的征服），战争的胜利不仅意味着对敌人的胜利，同时也意味着对战败国女性施加的双重耻辱，这些做法最终逼迫女性跨越民族的界限，成为“天然的和平主义者”：战事一旦开启，局面将难以控制，秩序一片混乱，原本就处于弱势地位的妇女、儿童、老人的处境更是雪上加霜。汉娜·阿伦特在描述纳粹对犹太女性的态度时也曾指出，种族耻辱，即同犹太人交媾，恐怕是一个党卫军成员所能犯下的最严重的罪名，然而在战争期间，强奸犹太女孩成为前线最大的消遣。[②]

性奴隶不同于其他形式的奴隶，比如劳动力奴隶。对于劳动力奴隶来说，关键在于其肉体的可使用性，这种使用在一种体制化的生产关系中进行，在其中我们可以看到常见的权力压迫；而对于性奴隶而言，被压迫者肉体所承受的压迫直接来源于压迫者的强势肉体，它所实现的满足也是双重的，除了体制化的权力压迫，还有赤裸裸的性压迫，在这种压迫使得被压迫者彻底丧失安全、自由和尊严时，性质尤其恶劣，由于双方存在的权力差距过于巨大，被压迫者最基本的生命权都可能遭受到肆意践踏。性压迫的方式有很多种，从体制内的娶妻、纳妾，到体制外的幼奸、狎妓，再到更加恶劣的强暴、轮奸、性虐待，但是与性奴隶相比，它们都在某些方面有所不及。除了压迫的强度，时间的持续程度也必须被考虑进来，综合看来，性奴隶在压迫强度和时间的持续程度上超出了多数其他的性压迫方式：奸杀的令人发指程度要超过性奴隶，但在持续时间上不如后者；体制化的性压迫在持续时间上超过性奴隶，但在恶劣性质上不如后者。

当我们将性暴力当作是一种恶时，最恰当的刻画是性攻击还是暴力攻击，这是一个重要的分歧。将性暴力主体化和对象化，这种做法是它所抨

① Robin Morgan, “Rape Is Frequently Used as a Weapon of War”, in Mary E. Williams, Tamara L. Roleff (eds.), *Sexual Violence: Opposing Viewpoints*, San Diego: Greenhaven Press, 1997, p. 52.

② ［美］汉娜·阿伦特：《艾希曼在耶路撒冷》，安尼译，译林出版社 2017 年版，第 30 页。

击的性暴力行为存在的某些近似处，就是将性物化。性是某种生物属性，但对于人类来说更是一种社会属性和文化属性。就其社会文化属性而言，性不能仅仅被视为某种物或者生物性活动。对强奸的生物学疗法就饱受物化之病。如果男性就是发生性暴力的问题所在，那么针对生物学意义上的男性——这种观念污蔑了那些善良的男人，而将整个男性置于受害者（许多时候是女性）的对立面，公然制造了性别对立，而非仅仅是两性彼此的怨恨；如果有人抗议说，男性在解剖学上的生物结构是复杂的，并非他身上所有部分或器官都应当对强奸承担同样的责任，那么进一步就有人要求，阴茎就是问题所在，因此绝育和阴茎阉割作为对性暴力的惩罚措施就被提上了议事日程：毕竟性犯罪性质过于恶劣，而直接攻击性犯罪者的生殖器被认为是一种恰当的惩罚和威慑手段。但问题在于，考虑到身体是一个精巧的结构，到底男性性器官的哪一个部分应该受到更多的惩罚呢？如果有问题的阴茎与那白花花的脑细胞之间有活跃的神经联接机制，又该如何是好？①

但是阴茎、睾丸或者性激素应当对性暴力承担多大责任呢？能够承担责任的是人，而不是作为生物学对象个体身上的器官或激素。借助化学阉割来惩罚强奸犯所起的震慑仍有最终沦为单纯心理震慑的危险，因为它缺乏生物学根据。这是怎么回事？原来，人类的性激素在睾丸之外也能产生，切除睾丸不能根除性冲动或性行为，更遑论并非所有性冲动或性行为都应当由于性暴力的存在而因噎废食地被根除掉。而如果一个男人出于羞辱或制造伤害的目的而强奸一个女人，那么阉割术就无法阻止他执行这项“任务”，事实上，这还有可能鼓励他利用甚至比阴茎更厉害的武器。不难想象，古时宫里的太监虽然不能像正常男人那样强奸女人，但是他们如果想要虐待女人有的是办法，其手段甚至要比正常男人“变态”得多。

性暴力的神经科学疗法要比简单粗暴的物理切除有效得多，其最常见的方法是利用一种装配了碎冰锥的工具插入大脑平衡层，切断与丘脑及额前区相连的纤维质。其结果就是，那些反社会的习性、好斗的冲动以及残

---

① ［英］乔安娜·伯克：《性暴力史》，马凡等译，江苏人民出版社2014年版，第157页。

忍的幻想都会永久性消失。[①] 脑白质切除术曾被认为是“治愈”同性恋倾向的好办法，后来蓬勃发展的“同性恋启蒙运动”中止了这类令人憎恶的手术。与其说它是生物学上的“治疗”，不如说它只是单纯法律上的“惩罚”。惩罚的方式有很多，不可逆转地剥夺一个正常人的生物学完整性，无疑是最残酷的。这种完整性既包括同性恋的权利，更包括仅仅是做一个正常人的权利：“其结果就是，一个摘除了脑白质的男人不太可能再干什么坏事，但是同时也不太可能做什么好事。”[②] 为了防止一个人成为坏人而剥夺了他成为好人的可能性，这在伦理学上是过于残酷的；更何况这种残酷性是通过首先将人当作物化后的对象来看待的。我要成为一个好人，依赖我在生物学上的完整性，包括脑白质或性器官的完整性，而为了避免我堕落成为一个坏人，仅仅剥夺我在生物学上的完整性是远远不够的，甚至也是得不偿失的。

将性暴力主体化和对象化，实际上掩盖了关于性暴力之恶的其他维度，尤其是其中的社会系统维度。“试图将他人贬损为一具没有个性且痛苦不堪的身体的讲述与习俗存在于我们平淡无奇的行为和普通常识之中。”[③] 强奸发生在特定的社会系统之内，强奸者和被强奸者都不可避免是这个社会系统所塑造的人，即便社会系统内部具有不少引导、干预机制，也难以逃脱它对于强奸者所作的恶以及被强奸者所受之恶的责任。对于强奸者和被强奸者来说，这种恶都是单一的，但对于他们共处的整个社会来说，这个恶是双重的，严格来说，这些恶并不单单属于作恶者或受害者，而是属于一个社会系统自身。

二　语言暴力

语言暴力是一种客观暴力，与之相应的语言（符号）之恶。[④] 它往往缺乏清晰可辨的施害者、受害者、暴力行为及其后果。施害者和受害者都为数众多，但他们都是匿名的。暴力行为更是隐晦的，其后果虽然弥漫于

---

① ［英］乔安娜·伯克：《性暴力史》，马凡等译，江苏人民出版社2014年版，第178页。

② 同上书，第182页。

③ 同上书，第458页。

④ 基于暴力与恶之间的联系和区别，语言暴力和语言之恶之间同样存在诸多的联系和区别，但不管如何，从“语言暴力”中引申出“语言之恶”的概念是相当自然的。

一个社会的所有角落，但它并不像那些直接而具体的主观暴力那么“典型”，刺激我们的敏感神经，换言之，我们对它并不敏感。对于不敏感的东西我们很难将它辨识出来，人们对于它之为“恶”的定性和定量，都充满争议：定性的争议是，它真的是一种恶吗？定量的争议是，如果它是一种恶，那它是一种极其严重的恶，还是稀松平常的恶？即便在定性或定量方面取得大致共识的人们之间，往往也对之束手无策，他们不知道如何改变这种恶的现状，也不知道任何一种可能的改变最终会把自己引向何方。

当然我们上面讲的是一种相当特殊的语言暴力，类似于齐泽克所说的“先天的语言暴力”。关于语言暴力，我们有必要区分出三对概念，一是“先天语言暴力”与“后天语言暴力”之区别；二是“语言暴力”与“非语言暴力”（某种意义上也包括“前语言暴力”）之区别；三是“同语言暴力”与“跨语言暴力”之区别。

先天语言暴力是系统性的（就语言作为某种文化演化的结果来看），甚至是建制性的（就语言作为受到特定政治权力结构及其意识形态塑造来看），它渗透到一门语言的词汇、语法、语用等方方面面，并不依赖于具体某个语言使用者实际上说了什么或写了什么，情况甚至相反，具体的语言使用者总得在一门语言的先天框架之内，大致遵循其所在的语言共同体的基本法则，比如词法、语法、语义、语用乃至语境方面的约定或习俗，才能自如地使用一门语言，也才可能实施一些后天的语言暴力。与之不同的是，后天的语言暴力是落实到具体的说话者身上（口中或笔下）的特定的言语行为，它有较强的主体性和针对性。换言之，通常来说它是某人（比如张三）针对特定的他人（比如李四）所做出的言语行为，比如辱骂、恐吓、嘲笑、指桑骂槐。

在此首先有必要澄清，并非所有这些行为都是言语行为（比如，即便不借助言语也能达到恐吓的效果），也并非所有不文明或不合理的言语行为都是语言暴力，进一步，并非所有的语言暴力都属于狭义的“硬暴力”。在很多人看来，说谎属于“软暴力”，但是滥用恶毒词汇劈头盖脸地把人臭骂一顿，特别是在被骂者是无辜的情况下，它更显得是一种“硬暴力”：尤其是在一些重要的公共场合，这种恶劣行径可能对被辱骂者造成极其严重的人格或名誉损害。[①] 有些言语行为所针对的未必是特定的个人或者群体，而是整个社会及其体制，比如造谣。造谣可能危及整个社会的和谐稳定，所以常与“滋事”这类负面词汇联系在一起。造谣的情况比较复杂，它被认为是一种“反权力”（anti - power)，与辟谣的官方形成一种对立。[②] 造谣是一种恶，尽管它常常并不借助暴力手段，造谣者往往躲在暗处，居心叵测，企图用软刀子杀人。谣言未必是一种实质上的恶，尤其当民众获取信息的正常渠道被极权严格控制而不得不采取某种非正常手段与之宣战时。但很难说它不是一种“程序上的恶”——它类似于某种语言暴力，不管是软暴力也好，硬暴力也罢。狭义地看，这些形态的语言暴力并不属于齐泽克和其他许多人所关注的“语言暴力”范围。倒不是说它们与先天的语言暴力无关，而是说它们未能充分地体现语言暴力的先天性，以及由此而来的其他一系列麻烦。

关于先天的语言暴力，或者说语言暴力的先天维度，可以参照齐泽克给出的解释：

> 语言暴力在多重层面上运作。语言简化了被指涉之物、将它简化为单一特征。它肢解事物、摧毁它的有机统一、将它的局部和属性视为具有自主性。它将事物塞进一个最终外在于事物自身的意义场域之中。当我们以“金”命名金，我们暴力地把一种金属从其自然本质中抽离，投进我们的财富、权力、心灵的纯正等当中，而这些无论如何也和那些直接的“金”的实体无关。[③]

齐泽克所言“语言是对事物的肢解”（也许说是强暴也不为过），与

---

① 例如，《中华人民共和国刑法》中规定的侮辱罪，就包括话语侮辱，即采用恶毒刻薄的语言对被害人进行嘲笑、辱骂，使其当众出丑，难以忍受，如口头散布被害人的生活隐私、生理缺陷等，以及文字侮辱，即以大字报、小字报、图画、漫画、信件、书刊或者其他公开的文字等方式泄露他人隐私，诋毁他人人格，破坏他人名誉。依现行《刑法》第二百四十六条，侮辱罪情节严重的，可处3年以下有期徒刑、拘役、管制或者剥夺政治权利。

② ［法］让-诺埃尔·卡普费雷：《谣言：世界最古老的传媒》，郑若麟译，上海人民出版社2008年版，第16页。

③ ［斯洛文尼亚］斯拉沃热·齐泽克：《暴力：六个侧面的反思》，唐健、张嘉荣译，中国法制出版社2012年版，第55页。

海德格尔的“语言是存在的家园”实际上是一体两面的关系：消极的一面写着“残酷的暴虐”，积极的一面写着“温馨的家园”。也许从某种“语言本体论”角度看，将语词对事物的概念化说成是“肢解”未免有些矫情，因为简单来说，没有语词就没有概念，没有概念就没有事物，而既然没有事物就谈不上对事物的肢解或强暴——君不见荷尔德林有诗云“语词破碎处，无物存在”，此处按下不表。

我们从语言的不同特征，可以看出非语言的、前语言的暴力之所以不同于语言暴力，以及同语言的暴力之所以不同于跨语言的暴力。暴力征服了不同部落或不同地区原先不同的语言，正如秦始皇嬴政借助国家暴力机器推行“车同轨，行同伦，书同文”①，使“跨语言”的问题变成“同语言”的问题，反过来，许多语言的词汇以及命题中都包括涉及外族的歧视性、仇视性、偏见性、侮辱性词汇，像古代汉语中的“蛮夷”“红毛”“鬼子”这类侮辱性词汇，凸显了“跨语言”暴力的普遍性和严重性。有时候，称某些人为“鬼子”未见得是对其进行的一种侮辱，反倒是恰如其分。但是这种侮辱性的词汇总是存在某些扩大化的倾向，战时被称作“鬼子”的，和平友好时仍可能被某些人习惯性地称为“鬼子”。

语言暴力与非（前）语言暴力之区别，以及同语言暴力与跨语言暴力之区别，都不是程度上的，而是性质上的。从史蒂芬·平克的观点看，语言的出现（从“无”到“有”）和语言的同化（从“异”到“同”）有助于“人性中的善良天使”发挥作用，并最终使得人类暴力行为大幅减少。但实际情况估计要复杂许多，就像国家的出现可能只是在频率和数量上减少了民间的暴力冲突，但是在暴力的严重性及其所造成的危害总量上不仅未有减少，甚至有所提升一样，对此的一个直观辩护是，作为暴力机器的国家在破坏力上要比民间冲突大得多，尽管国家在组织良好的情况下并不频繁诉诸暴力，但是“以国家的名义”滥用公权力对内实施暴政，或者对外侵略乃至屠杀的暴行，不管在历史上还是在现实中皆不罕见。

从一种“纯粹恶”的观点看，语言的从“无”到“有”、从“异”到“同”，不正是人类合作分工、社会进步的重要载体和成就吗？语言不通的两个部落之间，显然比同文同种的民族内部更加容易激化矛盾、点燃

① “书同文”里的“书”不只是字体、书写系统，还涉及语言、表达系统。

冲突，难道事实并非如此吗？即便如此，问题的实质仍然不是语言减少了暴力或恶的程度，而是转换了暴力或恶的面相，或者借用著名科学史及科学哲学家托马斯·库恩（Thomas Kuhn）的术语说，其间涉及某些重要的“范式转移”（Paradigm shift）——一种在基本理论上对根本假设的改变——在恶的问题上，集中体现为从“纯粹恶”的假设到“不纯粹之恶”的观念转变：语言的出现和同化的确在一定程度上缓解了暴力的可能性和必要性，使恶更多地逐渐潜伏于非暴力、软暴力层面甚至表现出某些“后暴力”特征：较之过去，尤其动乱或灾害时期，人类暴力行为的发生频率、其表面上看来的触目惊心性质乃至受害者占总人口比例都有所减少。然而，即便是“后暴力”（post - violence）特征的出现并没有在根本上促使“后邪恶”时代的到来：从一种相当不纯粹的、宽泛的意义讲，人类之恶不仅远未绝迹，甚至并未丝毫不减当年，断言它已然消失或至少是“持续地得以缓解”未免武断，但说它较之过去更加隐蔽、多元、泛化、扑朔迷离、众说纷纭，进而更加具有欺骗性、穿透力和腐蚀性，这倒未必不是真的。时至今日，甚至在可预期的未来，所谓“后邪恶”抑或“无邪恶”时代仍然只不过是一种一厢情愿的憧憬。憧憬再美好也不能当饭吃，实际情况更可能是一种“泛邪恶”图景的逐渐浮出水面，转而取代传统上人们熟悉的那套“纯粹恶”神话。

至少从理论上看，有“使用”就有“滥用”，有“同化”就有“分化”，有“话语”就有“失语”。保罗·利科（Paul Ricoeur）指出，早在柏拉图的《高尔吉亚篇》中就已提到，权力与语言的一个畸形结合就是诡辩术：即便语言确实是人类的交流媒介和组成部分，那个使人与人走得更近，更易于沟通合作的“逻各斯”（*logos*），也物极必反了，谎言、谬误、阿谀奉承——作为对“逻各斯”的滥用，这些都是主要的政治之恶——就这样败坏了最初那个言语、语言和理性之人。[①] 此外，当一种权力结构及其意识形态占据主导话语权之后，还有被“分化”乃至“失语”之风险，这些风险既涉及普通语言学层面，也有政治语言学层面，前者意味着分裂成不同的方言（这些方言原本就存在，但主流话语权衰弱时某

① ［法］保罗·利科：《历史与真理》，姜志辉译，上海译文出版社2015年版，第258—259页。

些方言可能对其形成挑战）或"行话"（就像黑社会有"黑话"那样），后者意味着分裂成几套不同的政治话语，从而在语言上造成政治上的对立。它们有两种来源：一是内部的，二是外部的。从内部看，可能存在一些不同的声音或异议，如果它们的分贝高到一定程度，主流话语权实际上就被分化了。从外部看，一个国家的主流话语权可能受到来自境外势力的干涉，在全球化时代和霸权主义的国际背景下，一个相对弱小国家的主流话语权存在语言"分化"乃至"失语"的危险。

语言、国家的出现，语言同化、国家兼并、国家组织的出现，将显在的暴力，特别是硬暴力减少，使得这些减少得以发生的原因还有史蒂芬·平克在《人性的善良天使》一书中涉及的其他原因，比如国际贸易的频繁、理性水平的提高、科学昌明时代的到来以及女性地位的提高等。但是这里的"善良天使"可能有其隐蔽性的虚伪一面，因为这些因素并没有使人类的恶减少，当然这里的前提是对于"恶"的理解不能仅仅局限于暴力，尤其是硬暴力，也不能仅仅局限于"纯粹恶的神话"中所设想的种种社会文化现象或人类个体、群体行为。

如何看待语言在破除"纯粹恶的神话"之中所扮演的角色？首先我们应该看到，语言把暴力内在化了，它将那些外在于语言的暴力化作内在于语言的暴力；其次我们还要看到，正如齐泽克在《暴力：六个侧面的反思》一书结语中所说，"语言本身正是克服直接暴力的那种中介"[①]。人是语言动物，语言是人之成为社会动物和政治动物的重要工具，它加快或加剧了人类"党同伐异"的历史进程："党同"指同类间的合作：人类学家特别强调猎杀大型哺乳动物对人类演化的关键影响，它促使人类的祖先相互合作，促使语言能力与大脑容量的发育，成群行动，分工完成任务，分享狩猎所得。[②] "伐异"指异类间的冲突，古希腊人称那些异族人为"barbarian"也就是不会说话只会叭叭叭叫唤的生物。[③] 从亚里士多德到霍布斯再到哈贝马斯，大部分西方政治思想家都遵循着以话语代替暴力冲

---

① ［斯洛文尼亚］斯拉沃热·齐泽克：《暴力：六个侧面的反思》，唐健、张嘉荣译，中国法制出版社 2012 年版，第 181 页。

② ［美］贾雷德·戴蒙德：《第三种黑猩猩：人类的身世与未来》，王道还译，上海译文出版社 2012 年版，第 42—43 页。

③ 陈嘉映：《语言哲学》，北京大学出版社 2003 年版，第 1 页。

突的思路来建构政治的基础。于是，人类相对于其他动物来说，就不仅仅具有生存优势，还具有道德优势。因为人的生存更多地依赖语言，而不是暴力，所以人类是更文明、更道德和更高贵的动物。

语言增加了合作，合作又反过来强化了语言的重要性。但在传统社会中，一个人更多地与种群内部的人进行合作，他们彼此共享一种语言，语言也反过来巩固了这种合作关系。合作是有限度的，语言也有限度。这种限度不仅体现在同种群的个体之间，更体现在不同的种群之间，乃至人与其他物种之间。那些不通语言的族群之间，缺乏合作的心理学前提，于是人性中的恐惧一面会得到扩大，彼此的不安全感随之而来。

面对天地间的旦夕祸福，人类常怀有恐惧之心，这是自然事实。从价值论上看，这个自然事实有其积极的一面，如《韩非子·解老》云："人有祸，则心畏恐；心畏恐，则行端直；行端直，则思虑熟；思虑熟，则得事理。行端直，则无祸害；无祸害，则尽天年。"对于灾祸的畏恐之心乃人之常情，它能使人们行为端直，尽享天年，倘若缺乏这种畏恐之心，反而容易招致祸害。保罗·利科也说："经由害怕而不是经由爱，人类才进入伦理世界。"[①] 然而其也有消极一面，亦即由于难以消除的恐惧和戒备心理，人们之间的真正信任难以建立起来，那些好不容易建立起来的信任也相当脆弱，若稍有不慎，又使人重新坠入相互恐惧和戒备的深渊之中。

语言是柄双刃剑，它既能促进合作，也能加剧冲突。典型的合作发生在同文同种的个体之间或人群之间，冲突发生在语言派不上用场的人们之间。在合作良好的地方，语言减少暴力和邪恶，而在合作机制尚未建立起来的地方，语言加剧了暴力和邪恶，甚至可以说，语言在这里本身就意味着暴力，也就是"语言暴力"。将人类拥有的独特语言能力与人的过度暴力的一面联系起来的，是齐泽克。针对"语言就是暴力的反面，是和平的开始"这样的政治学，齐泽克说："假如事实正好相反——人类的暴力能力远超动物正是因为人类说话——又如何？正如黑格尔已经意识到的，就在对事物的符号化之中存在某种暴力的东西，这等于是物遭到了玷污……语言简化了被指涉之物、将它简化为单一的特征。它肢解事物、摧

① ［法］保罗·里克尔（利科）：《恶的象征》，公车译，上海人民出版社 2014 年版，第 27 页。

毁它的有机统一、将它的局部和属性视作具有自主性。"①

以人和动物之间的区分为基础的政治学，不可能对人有真正的尊重，也不可能对其他生命有真正的尊重，因为这种区分的本质就是暴力的，一种语言本身的先天暴力，形而上学的暴力。"团体或群体是人类社会生活中的关键部分，对于人类的生存来说是必需的，但它也反映出一定的敌对方式的先天倾向。"②

三 伪善："失败的善"，抑或"双重的恶"？

蒙田和施克莱称伪善为"平常的恶"。所谓平常的恶，就是日常生活中几乎随处可见的恶，比如残忍、不诚实、背叛、虚伪、势利……诚然，对于施克莱而言，诸种平常之恶的排序显得至关重要。譬如，鉴于残忍是种首要恶，如果我们厌恶虚伪、背叛胜过残忍，那么我们也许会因愤世嫉俗作出残忍举动。不过，荷兰古典经济学家伯纳德·曼德维尔（Bernard Mandeville）可能对此不以为然，他在《蜜蜂的寓言》中直言不讳地说，没有伪善，我们就不可能成为社会性的动物。③

近代哲学中，康德较早明确地将虚伪或伪善置于一切其他恶行（如偷盗、抢劫、凶杀、奸淫等）之上，而视之为人性中的"根本恶"（*das radicale Böse*）。在他看来，伪善和自欺是派生一切其他恶之源头，因为在一切恶中，只有这种恶才是不视其后果而单视其动机就被判定为恶的。"它以人心的某种奸诈（*dolus malus*，虚伪的圈套）为特征，即由于自己特有的或善或恶的意念而欺骗自己，并且只要行动的后果不是按照其准则本来很可能造成的恶，就不会因为自己的意念而感到不安，反而认为自己在法则面前是清白的。"④

康德的伪善观大体上可以分为两个层次，一个是在纯粹道德原则里面

---

① ［斯洛文尼亚］斯拉沃热·齐泽克：《暴力：六个侧面的反思》，唐健、张嘉荣译，中国法制出版社 2012 年版，第 55 页。

② ［美］罗伊·鲍迈斯特尔：《恶——在人类暴力与残酷之中》，崔洪建等译，东方出版社 1998 年版，第 34 页。

③ Bernard Mandeville, *The Fable of the Bees or Private Vice, Publick Benefits*, Indianapols: Liberty Classics, 1988, p. 349.

④ ［德］康德：《单纯理性限度内的宗教》，李秋零译，邓晓芒校，中国人民大学出版社 2003 年版，第 27 页。

偷运进感性的动机，从而颠倒纯粹理性和感性需要的关系，打着道德的旗号为私下的感性欲求服务，这就是“*Gleisnerei*”，即道貌岸然式的伪善；另一个是伪装出一副虔诚的态度，靠自轻自贱和奴颜婢膝来获得有权势者的宠爱和宽恕，这就是“*Heuchlerei*”，即谄媚逢迎式的伪善。前者偏重于道德行为上的伪善，后者偏重于虔诚态度上的伪善。在道德心理学上，与自欺类似，伪善具有一种“知善行恶”的悖谬色彩。人们对自己如此“知善”而“行恶”的悖逆举动的道德归因，无论是人性的自然倾向，还是自由意志使然，再或是意识的前反思结构，都意味着要打破人类为自己“悬设”的一个有目的的道德世界的“已然”存在，而这样的结构只会滋生道德上的“伪善”情绪，阻断真正的道德行为。[①]

伪善并非真善，而是伪装成“善”的恶，这种恶有一个特点：它是一种“双重的恶”：其一是那个被伪装起来的恶，而如果被伪装的不是恶，而是善，反倒可能使人成为真君子；其二是将某种东西——恶——伪装起来的恶，而如果恶不伪装，而是直白表现出来，此乃“真小人”所为。一个伪装成好人的恶人，首先他是恶人，其次他不是一般意义上的恶人，而是伪装成好人的那种恶人，因为虚伪本身也是一种恶，一个伪装成“人民公仆”的腐败分子。考虑到其特点，普通的恶本身并不是伪善的关键，其第二重恶亦即“伪装”的恶才是重点。伪善这种恶的消极一面，乃至从某种角度看来的“积极一面”，以及“纯粹恶的神话”是如何看待它的，都必须从“伪装”入手来考察。

个体如果只是伪装，那不是恶的，因为善也可以被伪装起来；而为作恶，一个人只能以善的名义暗渡陈仓。这个“伪装色”成全了他的恶，他的恶又反过来玷污他用来伪装的那个善。一个社会里如果只有一个伪君子，他就很难被识别，但如果有太多的伪君子，则无须被识别，当多数人都沾染了伪善的习气之后，人群之间会形成一种伪善的默契，合伙欺骗那些未被感染的老实人。

如果整个社会系统弥漫着伪善的道德氛围，这会使人们一方面对伪善之恶过于宽容，另一方面又对真诚之善过于残忍，致使一种系统性的恶得

---

① 王强：《伪善的道德形而上学形态》，中国社会科学出版社2016年版，第140页。

以形成，类似于那种被邓晓芒称为“结构性伪善”的东西。[①] “纯粹恶的神话”突出强调的是那个被伪装起来的恶，而非把恶伪装起来的恶。为了深入研究人性善恶的问题，荀子提出“人之性伪之分”：“不可学、不可事、而在天者，谓之性；可学而能、可事而成之在人者，谓之伪。”（《荀子·性恶》）伪有虚实之分，虚伪即伪善，实伪呢？它不是某种伪装成“恶”的善，而只是“人为”，修养功夫。由于每个人都并非天生的善人，所以都必须学习怎么做一个善人，而任何一种学习都有一个从“生疏”到“熟悉”的过程，在那些相对生疏的阶段，其所作所为给人的感觉就是“虚伪”。但它并非全然是坏事，因为每个“实伪”之人都是从“虚伪”一步步走过来的，而一个“虚伪”之人仍有为善的可能性。“纯粹恶的神话”看到了伪善的消极一面，但没有看到“积极一面”。其消极一面主要是受社会系统和结构性伪善的熏染，而其积极一面也就是作为个体行为的伪善，真的有可能是一种“失败的善”，而不是“伪装成善的恶”，前者是可以理解的，甚至是值得同情的，因为伪善者本人想要成善，但是缺乏成善的道德能力，即一种亚里士多德式的品格。因此他与作为一种稳定品行的“伪君子”仍有区别。人不是唯一懂得伪装的生物，但人是唯一懂得伪善的动物，其原因就在于，伪装是一种求生本能，此乃荀子谓之“性”者，而伪善背后则是人的一种尚处于修炼阶段的道德追求，此乃荀子之谓“伪”者。从某一点上看，它可能意味着善行的尚未成功或业已失败状态，但是从整条线上看，它仍有被改造成善的可能，而“凡人之恶”与“魔鬼之恶”的区别在于前者仍有得救而向善的可能性。如果说“善”对于人是必要的，那么“伪”对于人是自然的，每个人都必须通过“伪”（模仿、学习）的方式追求“善”的目标。

此外，“纯粹恶的神话”突出个人的伪善，对于社会制度的“结构性伪善”，则几乎视而不见。正是后者，常被塑造成一副超然的“公共”模样，而正是这种结构性伪善，使之成为“伪公共性”。善是政治生活的一个重要价值，这个观念在西方世界有一个源远流长的传统。既然伪善可以以“善”的名义招摇过市，伪公共性也被披上了“公共性”的光鲜靓丽的外衣，也就不值得大惊小怪了。在朱迪丝·施克莱看来，诸如残忍、虚

① 邓晓芒：《从康德道德哲学看儒家的乡愿》，《西南政法大学学报》2005 年第 1 期。

伪、势利、背信弃义以及厌世（misanthropy），所有这些恶都同时具有个人和公共两个维度。我们对孩子残忍，对政治对手同样如此；无论在家里还是在公共事务中，虚伪随处可见；势利发生在亲戚朋友之间，而在现代民主制度下同样可能造成严重后果；我们背叛自己的朋友并不比背叛政治盟友来得少。[①] 施克莱这里的“公共性”显然将社会层面排除在外，其思想背景是民族国家与“市民社会”（civil society）的区别：后者指自17、18世纪以来，在封建社会的政治经济关系之外萌发的资本主义经济生活，它意味着一种经济的、私人的社会活动领域，与政治的、公共的社会领域相对。

毋庸置疑，不管是对于个人、社会还是国家来说，伪善都不能说是真正的、圆满的善。不过仍有必要指出，这三个行为层面上的伪善不可同日而语。一件失败或不成功的善，不等于一件成功的恶，因为你是无法从一件真正成功的恶中识别出“伪善”来的，毕竟一件被识破的恶，其预期或后续的效力要大打折扣。社会系统尤其是政治体制的恶，就具有这种难以被识别出来的特征，对此的一个直接解释是，因为它太成功了，以至于我们从“纯粹恶的神话”中难以寻觅其踪迹。伪善同时还可能是一件双重的恶，但对于个人的伪善来说，“失败的善”的解释诱惑要胜过“双重的恶”。这倒不是因为个体是无辜的，他无非是社会伦理风俗和国家道德教化的产物，而是说，单就个体而言，其行为不论在表面上看来是善是恶，也不论其恶为“一重”抑或“双重”，既然它具有某种“人为”即“伪”的痕迹，那么其身上仍然同时具有“伪”即荀子所言“可学而能、可事而成之在人”的可能性。

在朱迪丝·施克莱看来，伪善甚至连“失败的善”都算不上，因为如果它有助于我们避免“首要恶”即残忍，那么它可能是必要的，至少是现实的。她认为，我们甚至还得在一定程度上拥抱虚伪。我们在公共领域的举止往往好过私底下放松时的举止。在公共言谈中，我们必须对不同种族、性别平等相待，哪怕内心并不真正认同这些群体。施克莱说，在残忍这种“首要恶”面前，这种“道貌岸然”看上去令人不快，但并不是特别致命的问题，相反，这是人们在现实处境下培养起来的一种“必要

① ［美］朱迪丝·施克莱：《平常之恶》，钱一栋译，上海人民出版社2018年版，第4页。

的伪装”，恰恰是我们道德努力而非道德失败的证明。[①] 为此，施克莱还特意在这种“必要的伪装”与“朴素的虚伪”之间作了区分，后者只是单纯的虚伪，它在以善的名义行事的同时又堵塞了从消极一面向善的可能性，当它以一种残忍的面貌表现出来时，实际上就已经是一种“首要恶”了。

当今世界，随着“后真相时代”（the post - truth era）的到来，个体在公共生活中所表现出来的适度的伪善，既不是失败的善，也不是双重的恶，而仿佛成为某种人们早已习以为常的一种游戏，一项挑战，一个习惯。正如拉尔夫·凯斯（Ralph Keyes）所揭示的那样，美国人一般每天都会多次说谎，这通常是没有充分理由的，欺骗已成为现代生活方式，整个社会自上而下被欺骗所渗透，它对公共话语、媒体、商业、文学、学术和政治的性质产生了深远影响。在后真相时代，我们不仅拥有真相和谎言，而且还有第三类模棱两可的陈述，这些陈述不完全是真理，只是缺少了谎言——人们发明了无数种委婉的说法，以免自己被贴上“伪善”的标签，不诚实甚至比交媾或排便更能激发委婉语，这导致我们对它的含义不敏感。[②]

四 说谎与“道德正确”

在谈到价值观念的核心词汇时，我们第一时间想到的往往是真（真理、真相、真诚性）、善（善好、善良）、美（审美、艺术性）、圣（信仰、超越、神圣性），对于第五个核心词汇常常视而不见，它就是“宜”（expediency）——适宜、权宜、合宜性。也许有人认为，“宜”的价值论地位无法与前四个媲美，因此不应该像比如“真”那样值得人们孜孜以求，也无法取得比如“善”那样的普遍规范性。然而，这种辩护可能掩盖了我们的一种理想主义偏见，因为从现实主义角度看，“宜”这个价值规范的重要性是不可忽视的。

“道德上的正确性”（moral correctness）或“道德上正确的”（morally

① ［美］朱迪丝·施克莱：《平常之恶》，钱一栋译，上海人民出版社 2018 年版，第 115 页。

② Ralph Keyes, *The Post - Truth Era: Dishonesty and Deception in Contemporary Life*, St. Martin's Press, 2004.

correct)，出于表达上的简洁，我们将其统称为“道德正确”，以便在字面上与“政治正确”（political correctness）相对应。政治正确，源于某些僵化的政治原则，而道德正确源于某些僵化的道德原则。基于某种观点，“勿说谎”就是这样一个道德原则，既然是原则，它就具有某种强制性和普适性——在康德看来，还具有某种先验性和必然性。

艾文（A. C. Ewing）提出了一个“谨慎的外交官”的思想实验，借以表明，不管讲真话是多么的合乎道德（换言之，多么的“善”），也不管说谎是多么违背道德（换言之，多么的“恶”），这种情况始终是存在的，即更大的“恶”只能通过说谎得以避免，那么问题是，在这个情境下说谎可以得到辩护吗？假如一个外交官只有通过公然说谎这一违背普遍道德原则的行为，才能避免第三次世界的爆发，那么，他公然说谎这件事情可以得到辩护吗？①

也许说谎总是“恶”的这一点是可以得到辩护的（正如康德所做的那样），甚至是不证自明的，但说谎总是不可取或不适宜的，却未必能得到辩护，至少不是不证自明的。这里涉及“恶”与“不可欲性”（undesirability）之间的概念区分：有时候，比如在这个思想实验中，为了避免“大恶”而行“小恶”很有可能是适宜的，因此，在这里说谎仍然是“恶”，但未必是不合宜的。② 再小的“恶”也是恶，恶的轻微性本身不是一个人作恶的借口，“勿以恶小而为之”，诚哉斯言。但考虑到现实中的确存在“大恶”与“小恶”的区别，那么，假如在某些特殊情况下，比如在上述思想实验中，为了避免“大恶”而不得不做的一件事情就是行“小恶”，那么此时此刻，我们是否有了行“小恶”的理由呢？从“勿以恶小而为之”“再小的恶也是恶”“切勿说谎，说谎即恶”之类的“道德正确”角度看，我们几乎找不到合适的辩护理由。然而，为什么直觉上我们仍然可能倾向于认为，在特殊情况下，为免“大恶”而行“小恶”，即便不敢说完全天经地义，至少也可说是情有可原的？我认为，在

① A. C. Ewing, *Ethics*, New York: Free Press, 1953, p. 58.

② 艾文的原意是，为免“大恶”而行“小恶”的公然说谎，尽管仍然是“恶”，但仍然可能是“正确的”。我们这里用“合宜”取代了“正确”，乃是基于这个考虑：“正确”这个词在中文里很容易被误解为“道德上的正确”，似乎除了道德上正确以及政治上正确，很难设想其他的正确理由，而我们所说的“道德正确”恰恰不是指为避免“大恶”而行“小恶 ”的行为。

这里“合宜性”这个概念可以派上用场。

当然，在这里，行“小恶”只能是免“大恶”的必要条件，而不是充分条件。如果还有其他不必行“小恶”也能免“大恶”的备选项，此时仍然选择行“小恶”，这是说不过去的。不过这个辩护是很弱的。既然行“小恶”不是免“大恶”的充分条件，那么即便行了“小恶”也无法保证一定能免“大恶”，前者并没有在逻辑上严格蕴含后者。在上述思想实验中，我们最多只能说，外交官公然说谎这个“小恶”有助于或很有可能免除发生第三次世界大战这个“大恶”，而无法保证这一点，毕竟两种之间只存在某种概然联系。

既然无法保证这一点，因此行“小恶”之后，最终的结果是否真的免除了“大恶”，在某种程度上依赖于运气。而一旦运气最终成了为行“小恶”而免“大恶”进行合宜辩护的理由，这一点看起来有点荒唐。如果说“道德运气”这东西可能让有些伦理学上的义务论者或德性论感到颇为尴尬，那么，“合宜运气”能够让每个人心安理得，除非他压根不接受“合宜性”这个概念。以目的来为手段辩护，这种做法在政治哲学中被称为“脏手”（dirty hands）[①]，虽然受到马基雅维利等人的推崇，但仍有不少人对此心存疑虑，甚至有些人会认为这只是一种“狡辩”。而以后果来为手段辩护，要面临的问题似乎还要棘手，因为后果是非常不确定的，这种辩护的合理性只能依赖于运气因素，因而很可能沦为一种“侥辩”：一种行动的动机或者手段之所以能够得到辩护，乃是因为它侥幸成功了。

在上述思想实验中，如果外交官公然说谎这一“小恶”最终未能避免第三次世界大战这一“大恶”，那么这种行“小恶”免“大恶”的辩护就是失败的。如果这个外交官坚称，尽管未能避免这个“大恶”，但我的初衷是值得肯定的，充其量只能算“好心办坏事”，不能据此证明我这一做法是恶的，或者至少不能据此证明这是不合宜的。可是我们不禁怀疑，这一行为真的属于“好心办坏事”吗？也许“好心办坏事”只是一个托词呢。

---

① Robert Goodin & Philip Pettit (eds.), *A Companion to Contemporary Political Philosophy*, MA: Blackwell Publishing, 1995, pp. 422－430.

不过我们仍然要说，运气因素的存在并不能完全击垮我们对于合宜性的讨论。从直觉上看，我们仍然相信“两恶相权取其小”这个合宜性原则。对那个外交官来说，如果非得在公然说谎与纵容第三次世界大战爆发之间做出选择，我们在直觉上也会赞成他公然说谎。不过这里存在的问题仍然是，他如何证明这两个选项之间真的存在一种“非此即彼”的逻辑关系。如果换成其他的思想实验，也许就不会遇到这个问题了。“对家门口的谋杀者撒谎”就是这样一个代表性的思想实验。[①] 当我们面临诸多义务产生的冲突时，我们就在合宜性上“应当”确定其中一个具有优先性。我们有“勿说谎”的义务，也有“勿纵容第三次世界大战爆发”的义务，在艾文的思想实验中，这两个义务发生了冲突，那个外交官必须做出取舍。类似地，对家门口的谋杀犯说谎，通常也被认为是一项合宜的选择，这不妨碍我们承认说谎违背了“道德正确”。

“勿说谎”体现了“道德正确”，但说谎在涉及“两恶相权取其小”的局面中，体现了合宜性原则。关于说谎，我们说它是一种消极的寂静之音，而关于合宜性，我们还能说什么呢？在真诚与合宜产生冲突时，我们可能会选择后者，可是它不能成为一条要求普遍遵守的道德原则。对于任何一种这样的普遍原则，我们都有话可说，但唯独对于那个与真相发生抵牾的合宜性，我们只能保持沉默，这是一种积极的寂静之音。

正义基于对真相的掌握，但真相往往是寂静的。有些真相是自然寂静，所有人都不知道的真相，或者所有人都知道都无法用合适的语言表述的真相，这些都属于“自然寂静”范畴。有些真相则是人为寂静的，如果某些人知道但其他人不知道的真相对于正义的实现是必要的，那么这些真相就可能具备“人为寂静”的性质，只要它们出于某些考虑而不被表达出来或者刻意隐瞒起来。有些真相是无意中被隐瞒的，知道真相的人从来并未刻意隐瞒它们，甚至未曾意识到它们的存在；有些真相对于正义的实现不是必要的，不管它们是否被某些人知道，或者被某些人知道但是又被刻意隐瞒起来。

真相总是残酷的，因为现实中被权力话语塑造成温情脉脉的东西都是表象。对于真相的态度，有残酷主义的，有寂静主义的。在真相和正义之

① 详见陈常燊《美德、规则与实践智慧》，上海三联书店 2015 年版，第 104—106 页。

间，我们该做如何选择？尽管原则上两者并不冲突，但在现实中，不管是真相还是正义都被限制在特定的权力结构之中，只要政治是现实的，真相和正义就都太过奢侈。残酷主义的东西，不符合主流意识形态，它主张真相第一，正义第二。为了真相不吝牺牲正义。对于现实的残酷性，知不知道是一回事，要不要把它说出来，或者与他人交流讨论，则是另一回事。

一种有意义的生活，是在真相和正义之间能够寻求平衡的生活。真相往往意味着残酷的现实，而正义则需要我们自己的身心健康和整个社会的肌体健康都必须将残酷的现实限制在一定范围之内，正义的事业是有意义的事业。执着于真理的人可能是强迫症患者，酷爱正义可能是嫉妒的另一面，它们的意义因此而大打折扣。寂静主义让我们看到了语言的界限，也让我们看到了真理和正义的局限。罗蒂笔下的反讽者也就是寂静主义者，他们拒绝参与围绕终极词汇本质的争论。

在《道德的谱系》中，尼采指出：

> 高贵的人生活中充满自信和坦率……而憎恨的人既不真诚也不天真，甚至对自己都不诚实和直率，他的心灵是偏狭的，他的精神喜欢隐蔽的角落、秘密的路径和后门；任何隐晦的事情都能引起他的兴趣，成为他的世界、他的保障、他的安慰，他擅长沉默、记忆、等待，擅长暂时地卑躬屈膝、低声下气。这种憎恨的种族最终必然会比任何一个高贵的种族更加聪明。而且它还以完全不同的程度尊崇聪明：即把聪明看作首要的生存条件；而对高贵的人来说，聪明不过是他们品尝奢侈和高雅时本身就轻易获得的一种比较细腻的怪味而已。①

在尼采看来，高贵的人拒斥阴谋论，不要隐晦主义，不要小聪明。在现实世界中，阴谋正如阳谋一般常见，但这不能证明阴谋论是对的。凡事背后必有阴谋诡计；相信那些明面上的东西的人，不是愚蠢至极就是别有用心。不是我们要把事情复杂化，而是事情本身就比我们想象得更复杂，

① ［德］弗里德里希·尼采：《道德的谱系》，梁锡江译，华东师范大学出版社 2015 年版，第 81 页。

只有傻瓜才会低估它的复杂性。有些事情即便使用“阳谋论”也完全解释得通，阴谋论就成了多此一举。即便在“阳谋论”解释不通的地方，对阴谋论的诉诸也必须慎之又慎。与前者相比，后者总要隐晦得多。阴谋论没有自身的逻辑，如果有，那它很快就会因为其公开性而成为阳谋，这样隐晦主义在阴谋论中必然大行其道。“不可告人的野心”这样的措辞并不意指那些原则上的东西，比如人人都有自我保存、自我利益最大化的心理倾向，而是指在这个原则下的某个不为人知的阴谋。仿佛自私自利不是阴谋，以某种不可告人的手段来实现自私自利才是阴谋。

权力话语缺乏幽默感，缺乏生活气息。市井话语最接地气，意识形态在话语字面上看起来“高大上”，实际上“假大空”，职业话语则介于两者之间。对待愚蠢、错误和邪恶，存在不同的态度。错误介于愚蠢与邪恶之间，广义的错误包括它们两者。但这里的错误属于那种在道德上比愚蠢更严重，但是又比邪恶轻微的错误。搬起石头砸到自己的脚，是愚蠢的；往别人的饭碗里扔沙粒，是错误的；而搬起石头把他人的头颅砸碎，则是邪恶的。愚蠢是可以被公开进行斥责的。愚蠢的人可能会虚心接受，也可能会百般狡辩，也可能不予理会。那些连错误都算不上的愚蠢，可以进入公共话语空间。

邪恶则不是这样，犯下邪恶之人的如意算盘很多时候是在私密条件下做出的，他们实际上为之公开的辩护理由或者宣传策略，则是另一套东西。当事人不愿意为自己的邪恶做出任何真诚的解释，我们没有理由要求一个邪恶的人是真诚的。他们可能百般抵赖，矢口否认自己行为的邪恶性质；或者他们完全缺乏这种意识，处于一种不自知的邪恶状态。

关于邪恶，我们不仅无法与作恶者本人产生有意义的会话交流，甚至面对我们自己或者邪恶的受害者时，我们也会变得无从说起，仿佛遭受邪恶本身不是一件多么光彩的事情。譬如，关于强奸，我们能说的就是那个强奸者，以及对强奸本身的法律言说，而强奸案的细节则被刻意抹去，受害者的姓名、肖像、亲属以及其他个人信息被法律保护。而如果一个人只是因为愚蠢而伤害了他自己或者他人，我们恰恰要分析他们是如何受到伤害的，来揭示愚蠢的细节和性质。受害者并没有任何不光彩之处，他们不仅在道德和法律上是无辜的，甚至在言说上也是无辜的，不会由于将他们作为言说对象而受到二次伤害。

有时候，面对邪恶，我们有义务保持沉默，这不仅是我们明哲保身的生存策略，也是一项道德原则。我们不仅迫不得已成为邪恶的帮凶——在电视剧《我们与恶的距离》中，每个人都可能成为恶的帮凶，特别是对辩护律师以及施害者家属进行道德绑架的那些网民——而且在邪恶至少暂时得逞的情况下，对邪恶的言说，或者对邪恶话语的二阶言说，可能对那些饱受邪恶之害的人们带来二次伤害。他们的确需要一种疗伤的机制，但这种机制并不包括无情地揭开他们的伤疤。

特里·伊格尔顿说，除了短暂、不稳定的状况下，美德很难在公共事件中得到发展。我们所尊重的价值——慈悲、同情、公正、仁爱善良——大多数都已经被限制在了私人领域之中。他批评道：“有这么一种酒吧中的陈词滥调，认为我们身上既有善也有恶。人类都是混合的、模糊的、道德上的混杂物。但是，如果是这样的，为什么没有更多的善浮现在政治领域当中呢？个人原因，无疑是我们社会与政治历史的本质——即结构、体制，以及权力程序的本质。”①

母爱，就是典型的私人事务中所发展出来的美德。母爱无须在公共场合得以展示，也无须以公共利益的名义而得到辩护。母亲们并不是以“抚育祖国的花朵，集体事业的接班人”的宏大理由而表现出母爱的，即便没有任何他人或组织要求她们这样做，她们照样会无微不至地照顾自己的孩子，正所谓“虎毒不食子”，母爱几乎是一种生物学本能。

公共事务中恰恰隐藏着最多的私密话语和寂静之音，为什么会这样呢？人们在公共事务中会有更多的使命感，就像耶路撒冷的艾希曼一样，从不认为自己在实施一些罪大恶极的行为，而只是在执行公务而已。我们该对什么说得更多，对什么说得更少，对什么必须保持沉默？我们围绕那些可公共化的话题说得更多，对可私密化的话题说得更少，而对已经进行过私密化处理的话题，闭口不谈。很多话无法公开地说，但在某些情况下有私下言说的必要性。对于不在场的人来说，这些私下言论成了某种不得而闻的寂静之音。对我而言，并非所有不得而闻的私下言论都是值得关心的，但因为我听不见，所以就无法从那些无关的言论中辨别出那些特别让

---

① ［英］特里·伊格尔顿：《论邪恶——恐怖行为忧思录》，林雅华译，湖南人民出版社2014年版，第197页。

我在意的言论。

事情的公共性是由什么东西决定的？权力不是公共的，它是当权者的私器。关于权力的言说是“大音希声”的。它不可说，正因为它太重要了，对权力进行正面的一阶言说是政治大忌，在这里关于权力之不可说的谈论，则属于“二阶言说”。把那些不可说的东西，变成可说的东西，是对权力的解构，对权利的弘扬。话语权与言说自由的权利，是全然不同的两种东西。让私密之事也能见得阳光，让真相大白于天下，让社会的洞穴里照进正义的亮光，这应该是一个值得追求的目标。

并非所有东西都是可以被公共化的。有些东西可公开言说，它属于私人领域，比如爱情。有些东西不可被公开言说，但它应当属于公共领域，比如权力。这里的“不可”差不多是“不便”的意思，因为理论上仍然是可以言说的，只是出于某些考虑而不便说出来，或者不便让人听到。有些东西可以被公开说，但它“不是说的事儿”，要说也只能勉为其难地说，这种言说是没有意义的。相反，对之保持沉默反而是有意义的。这里的意义不是语义学上的，而是语用学上的。语义学上，我们可能对某些东西有所言说，做出某些命题，但是这些言说和命题都没有意义；但在语用学上，我们会充分考虑言说的实际效用和实践后果以考虑某些东西是否值得去说。

对什么话能说，什么话不能说的判断，是衡量一个人“情商”高低的重要指标。说话是最重要的事。哪怕什么都没做，什么也不会做，庸碌无为的一个人，只要“会说话”，照样能做个“好人（官）”。所以这里讲究的不是“行胜于言”，而是“言胜于行”。那些不能说的话，别人也许知道，也许不知道。有些东西你知我知，大家心照不宣，这是一种“默契”。谁要是打破了这种默契，就成了“麻烦制造者”，就该出局。把话说漂亮了，本身就是能干事，会干事的体现。那些被漂亮地说出来的话，尽管听上去“高大上”，但同时也可能“假大空”。大家都知道这个事实，但没有关系，因为它就像安徒生童话里的“皇帝的新衣”，聪明人都不会去揭穿它。被漂亮地说出来的话，可能空洞无物。这里有一种很强的言说指向，那些不可以说的东西，不是那些不可让人听到的东西。有些不便让人听到的东西，是可说的，可以自言自语；正如有些别人不愿意听或者听不进去的东西，实际上属于自说自话一样。自言自语也是有意义的，它不同于沉默，但又绝非交流，“自我交流”算不上一种严格意义上的交流。

第三节 残酷性

残酷性涉及对苦难的认知或想象，它所引起的道德情感与恶有所不同，当然这里很难区别二者。从道德心理学上看，对于恶的正常情感是怨恨或愤怒，当然也有可能是冷漠或麻木，而对于残酷的正常情感是同情或恐惧。我们对残酷性也会感到麻木，很多时候这也是一种生存策略。“二战”期间被关押在奥斯维辛集中营里的斯洛伐克囚犯奥托·普雷斯布格尔，在目睹太多狱般的惨象和失去亲人的痛苦之后，意识到要想继续活下去，唯一的办法就是不去理会身边发生的一切，甚至是自己父亲的死。他的生存策略是：要想活得长，就必须忘得快。[①] 然而，尽管对人为之恶的麻木不仁，有时候是情有可原的，但它在总体上理应受到的道德谴责仍然会比对自然灾害造成的人间苦难的麻木不仁更多。残酷的现象，必定有受害者，但未必有作为人的施害者，比如地震、海啸、火山爆发等自然灾害。有时候天灾也是某种变相的人祸，“人祸”特别是制度之祸往往披着“天灾”的外衣，因此受害者并不全然是无辜的（当然，施害者更不是无辜的，只是他们很难被辨识出来），运气的因素在这里打了折扣，他们可能是“罪有应得”，也可能是为自己未能尽更多的道德义务而承担的后果。

根据康德的观点，人有照顾好自己的道德义务，因此即便是因为疾病或意外导致的伤害或死亡，当事人自己仍然可能需要承担某些道德责任。自杀的情况尤其如此，从某种角度看，自杀者值得同情，因为按人之常情，若非遭遇重大不幸或某些灾难性的难言之隐，一个人不会有自杀的意愿或勇气。但自杀者背弃了某些道德责任，因此其行为亦属于恶的范畴。自杀源于敏感，真正麻木的人如行尸走肉，不会有自杀的愿望和勇气。苟活所需要的勇气是最少的，因此它是弱者惯用的生存策略。当然，有些“苟活”只是表面上的，实际上它可能是忍辱负重，后者当然是需要意志和勇气的。总之，忍辱负重之“善”与苟活于世之“恶”，只有基于对生

---

① ［英］劳伦斯·里斯：《奥斯维辛：一部历史》，刘爽译，广西师范大学出版社 2016 年版，第 108 页。

活形式的深入洞察才能将两者区别开来。但不管如何，麻木也好，苟活也好，这些恶仍有其值得同情或让人无奈的一面，在面对大自然之残酷性时乃是如此，在面对人世之恶时也是如此——从一种悲天悯人的角度看，苟活或麻木之人是值得并且可以被拯救的，而无须被打入十八层地狱。法律无法给苟活或麻木之人定罪，并不是因为他们并不导致严重后果，而是法律无法应对苟活和麻木背后的人类在存在论上的深层残酷性。

一　自杀与“厌世之恶”

出世者不是厌世者，厌世者不是“讽世者”（ironist）。后者又称“反讽者”，他们挑战的不仅是善恶的价值判断，还有判断善恶的标准。他们拒绝在一种陈旧的语言框架里使用那些价值概念，为自己提供了拥抱“无真相”“后真相”的理由。有人拒绝让他们看到真相，他们则拒绝接受辨析真假的标准。既然他们得不到那些所谓的真相，干脆拒绝接受那些所谓的假相。假相的背面与真相的背面都是同一个东西，那就是权力。只要权力结构没有改变，被提供的不管是真相还是假相都不会有什么认识论意义和实践价值。

不管从当事人动机还是从后果评估角度看，杀人都算不上是一个单纯的事件，自杀就更算不上了。对于如何刻画和评价形形色色的自杀现象，社会学家和伦理学家们莫衷一是，人类学家和精神病学家们众说纷纭。自杀是一种变相和弱化的杀人，据埃米尔·涂尔干考察，很多时候它是那些典型和强化的杀人的替代品，这样一来，自杀并不是一件极坏的事，因为它使我们避免了一件更坏的事。相反，“在杀人非常多的地方有一种对于自杀的免疫力，这甚至是一条普遍规律”①。即便不将之与杀人相比，也并非所有自杀都是在道德上值得谴责的，尽管它表面上仍然有伤害生命的嫌疑，因为生命是有价值的，是不能任意伤害的。那些主张一切情形的自杀都违背了道德禁令的人，持有一整套以“纯粹性”为特征的神学信仰或道德形而上学，在道德心理学上乃是由于记忆力、想象力或敏感性的缺乏。但实际上，对缘于殉情、畏罪、抑郁的非仪式性自杀与切腹这样仪式

① ［法］埃米尔·迪尔凯姆（涂尔干）：《自杀论：社会学研究》，冯韵文译，商务印书馆1996年版，第383页。

性自杀之“共性”的解释往往是靠不住的，这使我们有理由怀疑，形形色色的自杀之间除了共享一个“自杀”之名，是否还有其他经得起推敲的实质上的共同本质，这也使我们不得不意识到，它们与“慢性自杀”一样，或多或少地具有隐喻色彩——这些都只是死亡的隐喻，而非自杀的隐喻。于是，自杀之恶的问题转向了死亡之恶的问题。然而，死亡并非总是恶的，“死得其所”通常是对某人终极归宿的积极评价，而不是像“死有余辜”那样的辛辣讽刺。在与死亡相关的众多恶行中间并不共享某种纯粹性，谋杀致人暴尸街头，大屠杀促使横尸遍野，但是与此同时，许多罪大恶极的行径可能没有造成直接的肉体伤亡，但仍有可能对其处以死刑作为惩罚手段。

合乎道德的行为和不合乎道德的行为之间的界限是模糊的，善与恶的对立并没有意识形态所设定的那种彻底性和纯粹性，人们总是通过难以觉察的堕落从善过渡到恶，我们对自杀的道德评价就处于杀人与被杀之间的中间状态，正如我们对自杀的社会学描述正处于杀人与被杀的叠加状态。当杀人者与被杀者同系一人时，常见的用来单纯谴责施害者和单纯同情受害者的思维方式都不适用了，但与其说我们面对的一是个无话可说的尴尬境地，毋宁说，不管怎样，对事出有因而非咎由自取的自杀行为的强烈谴责可能显得过于不近人情，尽管自杀者把自己处死这个事实所引起的同情，与被他人所杀所引起的同情颇为不同，前者伴随着对于生命凋谢的惋惜，后者伴随着对于夺人性命的愤恨。现实中，对于自杀的恫吓性惩罚有其道德意识形态根基，有些国家直接以立法的方式惩罚那些自杀的失败者，仿佛他们犯下的是杀人未遂的罪行。然而与杀人相比，可归之于自杀者的主体责任或道德要求明显要少得多并且微妙得多，将所有自杀者都归之于懦弱抑或鲁莽，抑郁抑或狂热，卑污抑或圣洁，都是武断的，就连字面上的自洽都难以维持，但将一个社会过高的自杀率或其自杀者严重偏向特定的性别、年龄、职业、身体状况、宗教信仰、文化程度、婚姻状况抑或经济状况，归之于一种广泛而顽固的“社会病”，倒有几分道理。无法将社会弊端简单归咎于个体之失，相反，在自杀之“趋势”或“风气”面前，个体是相当无辜的受害者。严格来说，他不是那个杀掉自己的人（单纯的谋杀者），也不是那个被自己所杀的人（单纯的受害者），而是那个自杀的人：与杀人相比，“自杀”作为一个在概念上独立而完整的事件，其本身更加不能简单地套用“施害者—被害者”的二元分析模型。

杀人是个体所能施加于他人或自己的一种最为引人关注的恶。但是一个人对于自己的恶往往无须通过自杀来实现。自杀有可能是一种本真性的存在状态，但自欺、懦弱或世故并不如此，尽管后者有助于让一个人即便在一个相当糟糕的社会环境中苟活下去，满足了一个生物最朴素的自我保全本能。与其说活着/死去是判断人生价值的首要标准，不如说它们在真正重要的人生价值面前反而是中立的：一个人可能毫无尊严地苟且偷生，也可能为了捍卫尊严而视死如归；在尊严面前，生与死不再是关键，死于自己之手还是死于他人之手也不再要紧。尊严意味着个体的完整性（integrity），它是联合国《世界人权宣言》的奠基性原则：“鉴于对人类家庭所有成员的固有尊严及其平等和不移的权利的承认，乃是世界自由、正义与和平的基础……”损害这种完整性的途径有很多，颇为吊诡的是，其中最为致命的途径恰恰包含在“捍卫完整性”的名义之下。譬如，求生旨在维持生命的完整性，但是苟且偷生却可能以“捍卫完整性”的名义戕害这种完整性。苏格拉底曾说，未经反思的生活是不值得过的；我们再补充一句：经不起反思的生活同样是不值得过的。我们能借助反思捍卫价值体系的自洽性，但是苟且偷生恰恰阻碍了这种自洽性。

为什么我们要将恶设定成为只是针对他人的？这涉及如何看待对自己作恶的问题。对自己作恶并不符合自身利益，至少从字面上看来并无快乐可言。既然有虐待狂就会有自虐狂，他们可能从对自己的施虐过程中体验到某种“变态”的快感。

问题不仅在于与对他人作恶相比，对自己作恶有什么特别之处，还在于，作恶对象上的区别对于作恶本身来说是否真的那么重要。对自己作恶的典型例子就是自杀。利他主义的自杀也许在道德上是值得称赞的，但它仍然是对自己的作恶。某些极端情形下，自杀是自我保全的最佳方式：如果死亡迫在眉睫，又无可避免，而自杀是相对来说较有尊严的一种死法，那么又有何理由谴责它呢？这种情况下作出的自杀选择，需要的不只是明智，还有勇气。愚蠢和懦弱本身不是对自己所作的恶，而是对自己作恶的一些内在原因。一个人可能采取某些方法让自己变得愚蠢或懦弱，就像别人有时候会试图这样做。愚化自己或让自己更加懦弱，这些同样是对自己作恶的行为。萨德（Marquis de Sade）在《卧室里的哲学》里区分出了两种邪恶，一种是愚笨和平庸的，另一种是纯化的、自我意识的并因其被感性化而是"聪慧的"。①

麻木是一个人对社会所作的平常之恶，最终每个人都会深受其害，包括当事人自己。自欺的情况与此不同。我的自欺并不直接伤害他人，这是它与欺骗的一个重要区别。另外一个区别是，自欺相比欺骗具有更复杂的心理学原因。一个人怎么能欺骗自己？自欺如何应对所谓的"意图悖论"和"信念悖论"？② 什么情况下自欺是一种"善"，比如它可能是一种对自己的"善意的谎言"。再者，自欺可能符合当事人自己的利益，还可能给人带来快乐，哪怕是一种虚幻的快乐，比如阿 Q 式的"精神胜利法"。这样一来，自欺就不再是恶，因为它没有受害者。还有可能存在这样一种情况，自欺本身是无所谓善恶的，但是无论如何，揭示自欺的幻象，就是恶的，因为它剥夺了通过自欺而追求善的可能性。每个人都有自欺的权利，不是吗？

如何从自我的自欺本质中解救"善"与"恶"的观念，乃是一个繁难的哲学问题。伪善的诱惑是如此之大，以至于即便是一个失败的伪装者，也会得到某些额外的补偿，这一点冲淡了"双重之恶"的危险性或严重性。这些补偿包括可以辩解说或者被辩解说，他只是由于愚蠢，未能认清事实真相，把一套虚假的说辞当真理来接受。退一步说，他可能只是一个成功的自欺者。最后，他还可以辩解或被辩解说，自己也是受到邪恶之人的蛊惑，从而把自己洗白成一个无辜的受骗者。伪善的人谎话连篇，欺骗他人和社会，而自欺的人所受到的欺骗，正是来自他自己。当一个人为自己的恶行所作的辩解遭遇挑战时，他所做的一切要么是"真小人"式的丑恶，要么是"伪君子"式的混淆是非，企图瞒天过海。如果就连他自己都相信了那套说辞呢？这有两种可能原因，一是愚蠢，二是自欺。

自欺需要满足一些心理学条件。一个人只能在一些有限的事情上成功地自欺，换言之，他能成功自欺的事情比他想要自欺的事情少得多。有时候，他可以通过频繁的、高强度的心理暗示而成功实现自欺，但是有时

① Marquis de Sade, *Justine*, *Philosophy in the Bedroom*, *and Other Writings*, Grove Press, 1990. Gilles Deleuze, Leopold von Sacher - Masoch, Jean McNeil, *Masochism*: *Coldness and Cruelty & Venus in Furs*, Zoom Books, 1991, p. 37.

② 刘畅：《理解自欺》，《云南大学学报》(社会科学版) 2019 年第 2 期。

候，这种做法未必奏效——适得其反的可能性是存在的。另外，自欺可能无意识地进行，因此一个人实际上做到了自欺的事情，与他的自欺意愿可能并没有必然联系。一种无意识的自欺具有更加深层次的结构特征，而有关自欺的心理暗示如果来自他人或群体的力量，自欺的效果会好得多。将无意识和群体力量结合在一起，借助“集体无意识”，自欺可以实现其自身的“圆满”，想要揭露它就很困难了，如若不是发生某种极端颠覆性的事件，想要扭转这种自欺几乎不可能。

自杀未必是一个人能够对自己犯下的最大的恶。这里并没有一个清晰明确的标准帮助我们判定和比较，在对自己犯下的所有可能的恶当中，对自己生命的剥夺是最为严重的。不管是自欺还是自杀，对于对自己作恶来说都不是内在的，因为它们并非在任何情况下都是作恶。一个人可以通过很多种方式实现自我伤害，比如，虚无光阴，无端地空耗生命或透支健康，也是一种恶。它们是平常之恶，一种发生在每一天的“慢性自杀”。是否存在一种利他主义的慢性自杀，是非常值得怀疑的。一个人是否对自己作恶，不在于他选择保全还是舍弃生命，而在于他对待生命采取何种态度。这种态度有严肃的、虔诚的，也有轻率的、亵渎的，仅仅是自杀或者自欺尚不构成对自己生命尊严的轻率或亵渎态度。我们在过度的自卑和悲观厌世中也可以看到后面这种类型的恶。自卑和厌世也可能伤害他人，尤其是身边的人，因此也可以算是对他人作恶的一种。

几乎没有一种严肃的价值观会将一个人虚度光阴看作某种善行，因为它无法胜任任何一种对目标的追求。自杀本身不是目的，在某些极端情况下，自杀之所以是有意义的，或至少是值得同情的，就在于它背后的那种价值是值得追求或无可厚非的。直观上看，怂恿别人自暴自弃是一种邪恶之事，因为我们有正面理由为之辩护。那么，虚度光阴或自暴自弃是个人主动选择的结果吗？当事人还能有什么正面价值为自己辩护吗？从规范伦理学上讲，如果人生不值得珍惜，那么他就不配为人。他玷污的不只是他自己，而是人生。人生并不单单属于他自己，也属于时间维度上的每一个人。

珍惜人生是一种工具性的美德吗？亚当·斯密可能会回答说，是的。但我们为什么仍然会认为仁爱是一种价值性的美德呢？当然这里不是指对任何人的仁爱，而是对所有人的仁爱。“任何人”包括那些不配被人以仁爱待之的少数个体；“所有人”泛指人类之全体。

二 作为“自然之恶”的残酷

人类是生物学上的存在者，人是有生命的，拥有动物的禀赋，同时也不免具有动物的脆弱和局限。然而人类的生物学属性只是一条分水岭，而不是其存在性的基础。在生物学之上，人是有理性的、有信仰的，也是能够为自己也能为他人承担责任的存在者；而在生物学之下，人是物理性的存在者，典型地体现在他与有生命体和无生命体一样，都要受到时间、空间以及其他物理条件的限制。譬如，在时间上，人类是脆弱的，经不起岁月的摧残，这不仅体现为其诞生性（natality）和有死性（mortality）上，还体现为时间本身的属性，比如它的有序性和不可逆性。如果说，诞生性和有死性对于人类来说是一种逼迫、一种残酷，人类作为一种“物”在时间上的有序性和不可逆性何尝不是如此？一个人只有经过今天才能走到明天，只有经历过去才能走到现在，而不能反过来。这种有序性被强加到所有“物”之上，况且这个序列是不可逆的，我不仅无法先经历明天的事情，再经历今天的事情，也无法将经历过的事情再经历一遍，不得不站在当下面对未来，同时也不得不忍受无法回到过去这一事实。这些物理条件所强加给我们的并非字面含义上的“恶”，但人类仍被裹挟在人之为“物”的时间性残酷之中，面对它们，我们实际上无可奈何。我们不得不为未来而焦虑，为过去而怅惘；我们为过去收获的善而留恋，为过去犯下的恶而悔恨。如果时间之维不再是单线条的，不再是不可逆的，世间所有的残酷将会完全是另外一番样子，而这条时间之维本身也是一种物理学上的残酷。

对于邪恶现象，存在某些物理学上的解释。在有些邪恶现象中，物理学上的解释即便存在，也并不特别值得考虑。尖刀的锋利、子弹的硬度和出膛时的速度，都能对借助刀枪所进行的邪恶事件给予物理学上的解释。但人们显然并不满足于这种解释。锋利、硬度和程度，是一种物理学事实，但对于邪恶事件是中立的。譬如，水能把人呛死，但水本身无所谓邪恶与否。对水能让人窒息的解释不是对于邪恶进行的解释，而只是对水之物理属性的解释。

可能有人会认为，子弹与水不一样。子弹是人造物，有人把它们设计、制造出来，这本身就是邪恶的。如果用来谋杀或侵略，或者走私军火，更是恶上加恶。我们对邪恶事件的结果进行分析，其中的工具性部分需要依赖物理学解释。“二战”后期引爆的原子弹所造成的灾难，相当一部分确实依赖物理学解释。对原子弹的物理性质或爆炸原理毫无知识的人，很难体会到它的邪恶，或者很难将触目惊心的受难者惨状与那颗听上去甚至有点俏皮的“小男孩”联系起来。

但是如果我们从动机上考虑，物理学的解释则不会被考虑进来，至少不会那么直接地被考虑进来。对于使用刀具杀人，我们通常从动机上解释此类邪恶行为，这是一种典型的心理学解释。杀人动机可能是犯罪心理学上的，或者精神病学上的，在某些极端的氛围中，也可能是社会心理学上的，而如果这种杀人行为发生在两军交战的战场上，杀人动机可能又是政治学上的，诸如此类。

从后果角度看，是否存在一种相对单纯的物理学解释呢？这的确依赖于道德运气或法律运气。过失伤害或者过失杀人，就是这样一种邪恶——即便当事人完全缺乏作恶的动机，但就其所导致的事件后果来说，也许并不亚于故意作恶。并非所有过失伤害都包含物理学因素，而在某些包含物理学因素的过失伤害中，物理因素往往不值得被重视。如果我在爬山时无意中踩塌一块石头，而这块石头在下落过程中碰巧砸中了山下路过的行人，这一切都在我的意料之外，但是我对此理应承担过失责任。我做了一件恶事，尽管毫无作恶动机。疏忽大意、安全措施不到位，也可能是导致这种过失事件发生的一些原因。总之我在此事件中并不是完全无辜的。

当然存在一些完全无辜的伤害，我并不对此承担法律责任，尽管有时候道义责任是理所应当承担的。物理学因素会催生或助长邪恶，也可能阻止或减缓邪恶，其中包括很多被称为道德运气或法律运气的要素。只要我们看看犯罪未遂或犯罪中止的构成要件就会加深这种印象。我们从后果、动机和性质这几个方面来刻画一些邪恶事件。有些邪恶是当事人在病理学上导致的，或者反过来，有些邪恶之所以会有比较严重后果，恰恰是因为某些病理学上的原因。如果当事人没有相关病理学上的缺陷，可能就不会犯下如此严重的过错。或者说，如果受害者没有相关的病理学缺陷，可能就不会受到如此严重的伤害。

对邪恶的精神病学上的解释与病理学上的解释有所不同。对于什么叫精神病学上的解释，人们所取得的共识并没有病理学上的解释那么多。正如米歇尔·福柯提醒我们注意到的，所谓精神病很多时候有其权力话语的渊源，而这属于政治解释学范畴。即便同意福柯的权力话语理论的人，也很难否认某些人在解剖学或医学上就存在某些可能导致对自己或他人产生伤害的缺陷的事实。

人类不免要忍受生老病死所带来的苦痛，这是自然现象，反映了自然界中“残酷”的一面，算不得大恶，毕竟这些现象本身并非源于有人蓄意为之。[①] 由人刻意制造的“生物学上的恶”，主要有两种方式，其一是强行从一个人身上剥离掉其他属性，只留下生物学属性。这是一种通过损害一个人的人性，把人贬低为“纯生物”的恶，像对待一个低等动物那样来对待他，他是一只蚂蚁、一头猪猡。杀死他与拍死一只蚊子并没有任何区别，不会带来任何道德上的负罪感，也不用担心受到任何一种舆论谴责。考虑到生物学属性与社会文化属性之间往往有难以割裂的联系，对一个人社会文化属性的完全剥夺最终也会伤害其生物学属性，让一个人“生不如死”的最终结果就是置之于死地。[②]

这种恶还有一种极端形式，那就是把一个人贬低为“纯死物”，从这个伤害者身上剥离掉最后一点生物学特征，像对待一个非生物物体那样来对待他，他是一块石头、一根朽木、一堆遗骸，以至于这成为一种“纯物理”的恶。在成语“食肉寝皮”中我们可以瞥见这种做法。肉是用来吃的，就像吃面包一样；皮是用来当席子睡觉的，就像一块草席。人的生物学属性值得被尊重，而不容随意被褫夺。生物学上的恶，其二就是通过剥夺一个人的生物属性来体现，长期以来对性本能的压抑，甚至对正常的

① 当然，生老病死的残酷性往往与当事人自己或他人的行为过错之间存在或强或弱的因果联系。有时候它们属于苏珊·桑塔格所言“一个人的心灵背叛他的肉体”的后果，当事人本人或其他相关人员需要对此承担相应的行为责任。古代世界对疾病的思考，大多把疾病看作上天降罪的工具，患者被说成是罪有应得。时至今日，某些疾病的患者除了要忍受疾病本身带来的残酷折磨，还要承受来自世俗的道德挞伐或偏见歧视，前者如HIV病毒携带者，后者如乙肝患者。参见苏珊·桑塔格《疾病的隐喻》，程巍译，上海译文出版社2003年版，第37—38页。

② 比如，司马迁《史记·吕太后本纪》中“人彘”的故事：太后遂断戚夫人手足，去眼，煇耳，饮瘖药，使居厕中，命曰“人彘”。居数日，乃召孝惠帝观人彘。孝惠见，问，乃知其戚夫人，乃大哭，因病，岁余不能起。使人请太后曰：“此非人所为。臣为太后子，终不能治天下。”孝惠以此日饮为淫乐，不听政，故有病也。

性需求的钳制，就是它在体制上的一个集中体现。剥夺一个人身上自然而然的生物学属性乃至物理学属性，实际上是并没有将他当作一个正常的人来看待。人性自然包括生物学属性，如果一个社会不谈人性，只谈“阶级性”，将饮食男女之事单纯视作腐朽没落的阶级属性，这种将人无限拔高的乌托邦情结，已被证明害人不浅。任何一种系统性的、强制性的消除恶的行为，只可能造成更大的恶。

不管是上述哪种生物学上的恶，都可能受偶然性影响，这种情况再一次体现了大自然之残酷性的一面。作恶者被贬低为受其物理、生物属性牵连的“无辜的作恶者”。夸大病理学上的邪恶，就容易忽视人类学上的邪恶，后者更值得关注，因为它更危险。如福柯说，病理学有时候是权力的建构。对恶的制止不是来自内心的反思，而是社群的约束。社群或共同体的存在让一个人“以集体的名义”作恶而不自知，其恶行无法得到及时有效的辨识或惩罚。

大自然的残酷性一是通过其广度或强度表现出来，二是通过其随机性表现出来，三是通过个体的或群体的行为表现出来，因而具有极强的伪装性。有些道德之恶伪装成“自然之恶”，人祸伪装成天灾，反过来，也有些人对“自然之恶”或邪恶之事背后的大自然因素视而不见，以便为了成全其罪恶的行为动机，或者愚蠢的道德评判。为了保持我们的冷静，尽量不去点燃情绪必要的。我们大可不必担心会因此丧失对恶在情绪上的敏感性，对于熟悉并且经常耿耿于怀的那些恶意、恶行或恶人，无数的媒体报道和影视作品乐意关注，有时甚至是渲染过度，煽风点火，尽管在很多其他隐晦的邪恶现象中，媒体可能又表现出不可思议的沉默乃至冷漠。“讲故事”的关注方式理应受到某种限制，除非它旨在激发一个人的想象力而不是挑动他的情绪。此外，时间维度也理应受到限制，因为情绪的确是逐步累积起来的，所谓冰冻三尺非一日之寒。某些过去的恶行让人们刻骨铭心，以至于有些时候人们难免不知不觉地坠入记忆的旋涡。对“忘记历史等于背叛”的理解也应该受到限制，牢记历史不应该以丧失理性作为代价。且看下述评论：

做出历史上最恶劣行为的人们一般并不认为自己的行为是邪恶的。有些人会觉得自己是在为曾遭受的不公正施加报复，有些人则会认为自己是在帮助他们的世界变得更加美好，还有人会感到他们只是在履行职责。[①]

这些辩解可能不值得采信，但值得聆听；作恶者也有说话的权利，即便说完之后仍要被押赴刑场。遗憾的是，在人们眼里，他们的话不仅不值得采信，甚至不值得聆听。汉娜·阿伦特敏锐地观察到，在耶路撒冷受审期间，艾希曼的话无人采信：控方不相信他，因为他们没有那个义务；辩方律师不理会艾希曼，因为从各种迹象来看，他不像艾希曼那样对良知问题感兴趣：法官不相信艾希曼，因为他们太出色，也许也太明白他们职业的基础，所以不能认同一个平常的、“普通的”，即不低能、也不死板，也不愤世嫉俗，却完全不能够分辨是非的人。[②]

我们对恶的理性化工作不同于对作恶者本人的理性化企图。他们的那些企图很容易被视为逃脱罪责的狡辩，是为了混淆视听或者转移话题。作恶者本人也有在法庭上为自己申辩的权利，他们当然可能曲解事实，但问题在于，受害者的证词也可能歪曲事实。真相如何当然是至关重要的，但我们不能过多地指望通过正面地采信受害者（有时包括目击证人）的证词来得到真相，也不能通过欺骗或者恫吓的方式从作恶者本人那里得到。

我们对微观的恶和宏观的恶往往视而不见，所看到的多数是中观的恶，纯粹恶的神话实际也是中观之恶的神话。我们的眼睛看不到全貌，无法全局地把握对象，当然也无法判断其善恶。并不是每个人都有足够的智慧和勇气跳出自己熟悉的那个价值体系，对其进行框架性的批判。中观之恶的纯粹化过程伴随着对微观之恶和宏观之恶的忽视或逃避。

宏观的价值场域当然是存在的，但是多数时候人们要么不对其进行价值评判，要么干脆假定它就是善好之物。这些宏观的价值场域不仅在空间维度上代表全局，还在时间维度上代表历史和未来。人们基于宏观场域中的善好观念来评判中观域中的人类现象，如果在中观场域中作恶有助于正面实现宏观场域中的善好，或者有助于反面消极其邪恶，那么这种恶行就

① ［美］罗伊·鲍迈斯特尔：《恶——在人类暴力与残酷之中》，崔洪建等译，东方出版社1998年版，第52页。

② ［美］汉娜·阿伦特：《艾希曼在耶路撒冷——一份关于平庸的恶的报告》，安尼译，译林出版社2017年版，第26页。

是必要的，甚至可以说它们也算不上什么恶行，充其量只能说是令人遗憾的残酷性。尽管残酷本身未必有其正面价值，但是如果残酷作为一种手段有助于实现善的目的，那么残酷至少具有一种手段上的正面价值。暴力行为有时被称为“匡扶正义”“替天行道”。当某人从路人的眼神中看出某种对他的“不敬”或对他女朋友的“猥琐”时，他可能会对其拳脚相加，这样做显得非常有“男子汉”气概，甚至还能得到街上“舆论”一边倒的支持，尽管无人愿意替他承担法律风险。而所谓的“舆论”，相较于他此时此刻的个人想法要更加宏观：它在空间上更加普遍，时间上则具有传统或习俗的支撑。

传统或习俗是否就是价值中立的？极端的道德相对主义者也许会持肯定态度。但不管宏观体制是否中立，都不能否认它对个体行为的影响，而后者不是价值中立的。每一种对于体制的反抗所造成的恶，最终都会使某些个体乃至整个群体成为受害者，而体制本身反过来对这些个体的约束或惩戒又可能进一步恶化个体与体系之间的紧张关系。所以这种相互的怨恨不仅发生在个体之间、群体之间，也可以发生在个体与群体之间，以及个体或群体与整个体制之间。体制不是人格化的，施害者也不需要总是被人格化。没有一种体制只是单纯地扮演“受气筒”角色，不管其善恶行的性质以及程度如何，它都不可能是纯粹无辜的。相反，它可能又是个体之恶的避难所。当年纳粹战争罪犯的后代们，多数都相信他们的父辈是战争的受害者而非作恶者，他们的父辈起初被逼迫做了自己不愿意做的事情，后来却要受到不公正的对待和审判。他们的父辈与犹太人一样，都是无辜的，都是纳粹体制的受害者。他们纯粹是胡说八道地为父辈推卸罪恶吗？也许并非全然如此，否则我们就无法区别于受体制蛊惑或驱使之恶，并且无法将其与体制禁令下的个体之恶区别开来了。

三 残酷与麻木：相互转化

人是有限理性的存在者。这句话包括两个层面的意思：首先，人的存在性是有限的；其次，人的理性也是有限的。人类存在的有限性，很大程度上体现为人类的动物性，而人类理性的有限性，至少是部分地受到这种动物性的牵累。尼采说，人是唯一尚未定型的动物。人类想要超脱于动物性之上，以便获得真正的理性和自由，但又常常力不从心。《圣经》创世纪中的原罪故事把人展示为生来就有一种选择，他会作出错误的选择，替自己创造命运，亲口品尝善恶之树上的果实。恶是“自由的代价”“自由的深渊”，哲学家们如是说。如果人没有自由，他也就丧失了行善作恶的可能性；反过来，一旦有了这种可能性，只行善、不作恶，是不可能的，毕竟人不是神，而是介于神与兽之间——换言之，人类是天使和撒旦的混合体。

自然界的恶，我们称之为残酷。非洲大草原上的狮群撕碎斑马的喉管，尼罗鳄潜伏水中只为伺机对羚羊张开血盆大口，窃蛋龙啄开其他恐龙的蛋去吸食其中的蛋液，吉拉毒蜥爬到树上吞噬幼鸟……大自然是残酷的。在人类历史上，除了频繁受到猛兽和病毒的危害，还要忍受地震、海啸和洪水的肆虐。人祸是邪恶，天灾是残酷，尽管在许多灾难上我们很难说清到底是天灾还是人祸（也许二者各占一定比例）；此外，邪恶之事也有其残酷的一面，正如残酷之人有时也被称为邪恶之人，但作出某种程度上的概念澄清仍然是必要的。

不仅自然现象，就连社会文化现象也有其残酷的一面。市场竞争是残酷的，不管我们认为市场主体——投资者、经营者、劳动者以及消费者——邪恶与否。战争都是残酷的，残酷是战争的本质属性，“兵不厌诈”天经地义，“宋襄之仁”成为世界战争史上的笑柄，[①] 尽管有些战争是正义的。[②] 股市是残酷的，它是不见硝烟的战争。华尔街的金融大鳄是邪恶的，[③] 不管是哪里的金融，都有其残酷的一面。如果说邪恶的反面是良善，那么残酷的反面是温情脉脉之类。在自然界，不管是风和日丽还是

---

① 据《左传·僖公二十二年》记载：“宋人既成列，楚人未既济。司马曰：‘彼众我寡，及其未既济也请击之。’公曰：‘不可。’既济而未成列，又以告。公曰：‘未可。’既陈而后击之，宋师败绩。”亦参见［美］迈克尔·沃尔泽《正义与不正义的战争》，任辉献译，江苏人民出版社 2008 年版，第 249—253 页。

② 恶不能得到证成，但是在战争有时候必不可少的世界上，战争是可能获得辩护的，正义战争论者如是说。几乎所有发动战争的人，甚至战争的各方，都会刻意渲染自己乃是“和平正义”的化身。当然，至少有一方的此类宣称是虚假的，有时候双方都是虚假的，穷兵黩武，荼毒生灵，实乃恶之大者。迈克尔·沃尔泽说，这是“恶向善缴纳的贡品”。参见［美］迈克尔·沃尔泽《论战争》，任辉献、段鸣玉译，江苏人民出版社 2011 年版，第 10 页。

③ 华尔街是财富的摇篮，更是噩梦的来源：一方面，它业已成为商业成功的最高殿堂；另一方面，它是卑鄙贪婪和无耻欺骗的时代象征。参见 Charles R. Geisst, *Wall Street: A History*, New York: Oxford University Press, 1997.

狂风骤雨，都是自然的，不这样反而不自然。

残酷是大自然的特征，也是不确定性的特征，不管这种确定性是以理性为基底，还是以经验或者直觉为导向。或者正如杜威所言，由于在这个动荡不安的世界中缺乏实际的确定性，人们退而求其次，转而去培植那些予人类以确定感的东西。[①] 理解力和实践理性，分别有助于我们在知识领域和实践领域获得更多的确定性，而在我们的理解力和实践理性力有不逮之处，那些落在被证成的信念和自由的行动之外的东西处于不确定性状态，在这些地方，我们的确定感要么来自神明的庇佑，要么来自宿命论的避难所。它们对于我们的理性来说是超越的，即便在如今的世俗化时代也只是换了一副面孔：我们不再谈神明，转而谈“凌厉的大自然”；不再谈宿命论，转而谈运气。

运气落于我们的确定性地盘之外。数学教给了我们一套从先验上和形式上把握运气的方式，它就是概率论。然而概率只是冷冰冰的数字，运气却经常能够让人诚惶诚恐：让我们焦虑的永远不是概率，而是不管我们对概率的先验把握多么精确有效，对某件事情发生在自己身上而非发生在别人身上、在这种情况下发生而非在那种情况下发生仍然会耿耿于怀，令人焦虑的是此时此地的我的运气，而不是无人称的甚至也缺乏语境敏感的抽象概率。

宿命论是人类在对不确定性表达出无可奈何之后所形成的一种“确定感”，也是人类对命运无常、世道不公的焦虑。安东尼·吉登斯（Anthony Giddens）称这种确定感为“实用主义态度”或“犬儒主义的悲观”：前者是一种过一天算一天的普遍化处世态度，后者则是一种经由厌世的幽默来扫除焦虑的态度。[②] 这种焦虑感让每个人招架无力、自顾不暇，这种对于“可能性”的患得患失使得大多数人显然毫无余力关心那些发生在与自己非亲非故甚至远在千里之外的人们身上的“现实性”的厄运。

关于暴力、邪恶和残酷，人类都有一种被称为“麻木”的应对方式，

---

① ［美］约翰·杜威：《确定性的寻求：关于知行关系的研究》，傅统先译，上海人民出版社 2005 年版，第 23 页。

② ［英］安东尼·吉登斯：《现代性与自我认同——晚期现代中的自我与社会》，夏璐译，中国人民大学出版社 2016 年版，第 122 页。

它是一整套只要愿意你可以称之为“苟且偷生”的生存策略。可以对此辩护到，我们不可能对什么事情都保持敏锐的神经，因为我们的能力如此有限，环境又是如此严苛，根据生存的“经济学法则”，我们唯一能做的就是“好钢用在刀刃上”，不得不只在与自身生存关系最密切、最紧迫的少数事情上保持敏感，其余的一切都以麻木待之。关于暴力，我们的同情是相当有限的，甚至我们的暴力记忆也是如此，除非它伤害的是我们自身或最亲近的人。

这里存在一种令人非常尴尬的鲜明对照。一方面，拜技术和媒介进步所赐，无论是在电视、电影、网络、智能手机还是其他媒体上，我们无法逃避现实暴力和虚构暴力的“吸睛”式呈现——有时甚至是连环轰炸——仿佛这是一个地地道道的“暴力时代”①；另一方面，人们对它们又是如此的麻木不仁。情况如此严重，以至于我们很容易对无休止的暴力报道和描述变得冷漠无情，对恐怖袭击、连环杀人、拐卖儿童、“套路贷”“性奴”案件见怪不怪，无动于衷，仿佛这是一个实实在在的“冷漠时代”。

在某些重大历史事件中，袖手旁观的人被认为和肇事者一样有罪。比如，从 1970 年开始，越来越多的人认为，如果采取更加果断的营救措施，能营救出成千上万的犹太人，但美国当时的罗斯福政府显然做得不够。为此有人指责当时的同盟国必须对所有受难者负责，正因为他们的冷漠造成了纳粹的有恃无恐。据美国犹太裔历史学家彼得·诺维克的总结，对美国是大屠杀帮凶的控诉包括三个方面：战前严苛的移民政策，这使得欧洲人、犹太人无法在陷入圈套之前逃脱出来；没有抓住各种威胁、报复和谈判的机会以改善那些陷入希特勒魔爪中的犹太人的状况；最令人不满的是，美国空军既不愿意去轰炸通往奥斯维辛的铁道线路，也不愿意去轰炸那里的杀戮设施本身。②

一个人若对残酷的事物麻木不仁，他就离残忍不远了。他可以是残忍的施害者，也可能是它的受害者，或者同时既是施害者又是受害者。施害

① ［美］理查德·伯恩斯坦：《暴力：思无所限》，李元来译，译林出版社 2019 年版，第 6 页。

② ［美］彼得·诺维克：《大屠杀与集体记忆》，王志华译，译林出版社 2019 年版，第 64 页。

与受害的角色区分是有条件的，很多时候我们分不清谁施害谁受害，也分不清一个人到底是在施害还是在受害，抑或兼而有之。麻木是个有用的生存策略。麻木助长了残酷，残酷又反过来助长了麻木，两者之间是相辅相成的关系。麻木本身就是恶。对麻木的麻木是形而上学的恶。所有人都在抱怨体制之恶，却鲜有人反思自身之恶，仿佛自己只是纯粹无辜的受害者、一尘不染的纯粹善人。当我们津津乐道于扮演一名医生角色时，是否想过要医治的疾病，正是我们自身。

为什么这种解释不讨人喜？一是人们害怕直面自己的人性，二是可能会被指责在“混淆善恶”“为罪恶开脱”云云。什么是混淆善恶？善恶当然有主次之分，说所有善恶并无任何程度区分，偷食一片面包与屠杀一城平民两者之间在道德性质上并无任何差别，这种观点是站不住脚的。但这种主次之分掩盖了那个“主恶”背后的体制社会学和大众心理学土壤。真正为罪恶开脱的人是谁？如果我们自身有其恶的一面，却不愿正视它，为罪恶开脱的不正是我们自己吗？对恶的病理学解释总会倾向于指出其因果性的一面，在所有的原因中倾向于分析“外因”，对于“内因”要么视而不见，要么最终仍然归罪于外因，仿佛所谓的自由意志只是形而上学的想象，抑或说它与因果决定论是相容的，而这种相容论恰恰是颇具争议的。

第四章　恶行的性质

关于恶，存在两种“非此即彼”式的极端观点：乐观主义和悲观主义。实际上它们共享了某些关于恶的本体论预设，比如关于人性“本善”或“本恶”的预设。如果人性本善，那么所有的恶都只是暂时的、局部的，不管遭受过多么可怕的野蛮和暴力，人类终将借助人性中的“善良天使”的力量将其消灭或至少将其压制在可控的水平上。例如，在史蒂芬·平克（Steven Pinker）那里，促使“善良天使”发挥作用的力量，包括利维坦国家、贸易、女性化、都市化以及运用理性。[①] 而如果人性本恶，那么所有的努力都注定是徒劳的。然而关键在于，并没有一种一成不变的人性，不管它是善的还是恶的。

弗洛伊德提醒人们，我们不能根除恶。但这不是因为他认为恶的本性是一成不变的。即便我们对过去和现在的恶了如指掌，也无法准确地预言未来的恶会以什么样的具体面目呈现。弗洛伊德的预测也只是形式上的，他只是告诉我们，不管其具体面目如何，恶总会出现，难以根除，这一点仍然是肯定的。

悲观主义者比弗洛伊德走得更远。弗洛伊德总是在消极意义上强调恶不能被根除，而悲观主义者则认为人类的处境将会越来越糟糕——套用一句话说，就是世风日下，人心不古。与之相反，弗洛伊德并不认为古人会比今人更少作恶，未来的人也未必会比今天的人坏到哪去。与任何时候相比，现在都既不是最糟糕的，也不是最令人满意的，每个时代都会遇到自己的问题。这里的关键不在于人是否有作恶的本能，而是不同时代不同环

---

① ［美］史蒂芬·平克：《人性中的善良天使——暴力为什么为减少》，安雯译，中信出版社 2015 年版，第 782—794 页。

境下的人是如何作恶的。我们很想知道特定背景下的人们是如何选择善的准则或恶的准则的，但是弗洛伊德并没有告诉我们这些。面对未来，这些东西具有深刻的不确定性，背景、职业、教育、性格、环境，这些都充满复数性和个体性差异。这种不确定性只是一个事实描述，而不是一种悲观态度的表达。这种不确定性并不意味着我们无法找到办法来克服那些具体的恶，而只是它们如何具体不被当下的我们所预知。

第一节 恶行的解释

存在恶这种现象，我们也能继续有意义地使用“恶”这个语词，对此我们毫不怀疑。问题是我们该如何看待它，譬如它与“善”的关系，以及如何通过转变对它的理解，从而批判和清除“恶”的形而上学根源。恶的现象无法被彻底清除，但通过澄清“恶”的概念，反省实际生活中复杂多样的恶之经验，批判一些不必要的偏见和误解，从而至少在观念上不再执着于一些僵化的、愚蠢的教条。为了避免使我们关于恶的言说重新坠落于那些僵化和愚蠢的教条，我们对于提出任何一种实质性的理论，甚至对于给出任何一个清晰明确的定义，都要保持高度警惕。我们只能通过语言来理解，但同时又必须严格限制语言的使用，因此在恶的议题上更多的是“消极的观点”，而在不得不提出实质性观点的地方，也只能加以严格限制，“在最低限度内言说”。

一 人类之恶：自由的负担，抑或进化的代价？

恶的存在对于人类是个显而易见的事实，其中包括人为之恶与“自然之恶”亦即大自然的残酷性：“身外自然”之恶，诸如地震、洪涝，“身内自然”之恶，譬如疾病、受伤、死亡。宗教哲学中的“恶的问题”（the problem of evil）就是，一个据称全知、全能、全善的上帝的存在，与不可否认地存在恶这个事实是如何协调一致的，毕竟一个全知的上帝必定知道恶的存在，一个全能的上帝有足够能力阻止这些恶的发生，而一个全善的上帝必定不会对邪恶行为和残酷现象坐视不管？

对此的回应多种多样，有些人认为恶的存在本身纵然是坏事，但是正因为有它的存在，才能为人类带来更大的道德上的善。换言之，假如没有恶的衬托，善就没有意义了。比如说，如果不是有那么多贫穷和疾病，那么特雷莎修女无私帮助受苦受难之人的高洁人格就无从体现了。长期以来，有神论者一再试图证明邪恶在人类生活中具有正面作用。极端一点说，“一切都是最好的安排”（everything happens for the best）。[①] 戈特弗里德·莱布尼茨（Gottfried Leibniz）提出的神义论辩护，声称所有恶都是为了促成更大的善，因此这个世界尽管并不完美，但仍然是所有可能世界中最好的一个。“如果世界上发生的最微小的恶在其中缺失了，它便不再是这个世界；只有所有事物都一无缺失，所有允许的事物都一一造了出来，这个世界才被认为是造主所选择的那个最好的世界。”[②] 英国神学家约翰·希克（John Hick）进而认为，假如这个世界就是天堂，没有苦难和死亡的可能性，那么我们也就不可能对自己的行为严肃地负责，诸如勇敢、诚实、爱、善和仁慈这样的正面价值将失去意义，由于没有人做出有害之事，也将不再需要英雄主义和道德圣贤。[③]

即便有些恶是不必要的，也不意味着对它们的杜绝乃是必要的，上帝也就无须有此意愿。意愿论解释之外，还有信念论解释：也许上帝并不认为“不必要之恶”是一种真正的恶，因此上帝对世界之恶放任不管，只是假象。这不是因为上帝没有能力杜绝那些不必要的恶，也不是因为它没有这个意愿，当然也不是因为它没有机会去杜绝它们——全能的上帝无须听命于运气的摆布——而是因为它并不认为它们属于恶的范畴。情况毋宁是这样：理智水平相当有限的人类无法理解上帝的恶的观念，误将一些原本无关的东西归入恶的范畴之中。

有趣的解释还包括美学上的。有些人认为，世界是出自上帝之手的一幅神奇的艺术品。一支总体上和谐或美妙的单曲，通常包括一些表面上的“扰乱”音符，一幅画除了明色调还有暗色调。与此类似，恶对于一个总体和谐的世界也是不可或缺的……

面对恶的问题，在众多的解释方案中，最值得重视的是自由意志的辩护策略。既然上帝给予了人们自由，当然是把行善的自由和作恶的自由也

① Pedro A. Tabensky, *The Positive Function of Evil*, Palgrave Macmillan, 2009, xiv.

② ［德］莱布尼茨：《神正论》，段德智译，商务印书馆 2016 年版，第 186 页。

③ John Hick, *Philosophy of Religion*, Englewood Cliffs, N. J.: Prentice - Hall, 1963, p. 45.

一起给予了；反之，如果人们缺乏作恶的自由，实际上并非仍有行善的自由，而是丧失了所有的自由。即便是一个人们拥有作恶自由的世界，也好过一个决定论的世界；换言之，即便人们的自由行动有时会带来恶的结果，也总比没有行动自由要好。如果人们只不过是一些被根据"善"的目的设计出来的机器人或自动机，那么这种行善的能力实际上并没有道德价值，因为道德要求一个人有选择行善抑或作恶的自由。当代宗教哲学家艾尔温·普兰廷伽（Alvin Plantinga）进一步认为一个"善恶平衡"的世界才是一个好的世界：

> 上帝造就了一个可能的世界 A，其中意味深长地居住着自由的造物（天使、人类、其他种类，如此等等），对于其行动则在善对于恶之间有一个平衡（因此平衡的世界 A 是一个好的世界）；这些受造物中有些对道德和自由的恶负有责任；意味深长地创造出自由的造物，但对于其行动，却有一个比这个世界 A 中所表现出来的情形更好的善恶平衡，这不在上帝的权能之内。[①]

有神论对恶的问题的解释方案，譬如，恶是撒旦之罪、亚当夏娃的堕落，抑或对人类自由意志的滥用，就像我们前面谈过的，大致都支持生命和人类起源的特创论，认为《圣经》开篇给出的创世论叙述是真实无误的。试图取而代之的是，对于恶的问题的进化论回答，它将人类的大多数苦难归结为进化适应策略的失败。[②] 这种所谓"进化适应策略的失败"体现在多个层面上。在解剖学上，两足行走便于腾出前肢以作他用，比如抓握与投掷，但它也会带来某些局限性，例如会失去四足行走所具备的速度。在神经科学上，从无意识到有意识的进化，首先使得我们体验到痛苦。在人类学上，人类的敌对行为适应于狩猎和保护自己免受食肉动物的侵犯，但在组织化的社会中，面对利益冲突的适应不良，导致痛苦、伤害和死亡。理性对于组织化社会是必要的，但在理性尚不发达的时代，直觉

① Alvin Plantinga, *The Nature of Necessity*, Oxford: Clarendon Press, 1974, pp. 164 – 193.

② ［英］路易斯·波伊曼：《宗教哲学》，黄瑞成译，中国人民大学出版社 2006 年版，第 93 页。

和本能必不可少。理性的进化带来的适应策略的失败还包括，人们依赖理性所建立的道德、法律、政治制度，会带来一系列因为理性不足或者理性滥用所导致的问题，道德内疚、法律纠纷、政治冲突，诸如此类。

如何看待对“恶的问题”的进化论回答？这里我们提供一种思路。进化适应策略的失败，只是为恶的出现、恶的问题的普遍性以及顽固性提供了一种“可能性”解决。换言之，充其量只能说，作恶的可能已经被写进人类的进化史中，但人类进化适应策略的成功之处或失败之处，不能为本书所讨论的那种人类之恶提供令人满意的“实质性”解答，因为进化适应策略的失败，严格来说，既不是恶之产生的必要条件，也不是其充分条件。其他动物也有进化策略失败的问题，至少在解剖学上是如此，但我们所讨论的“恶”的概念乃是专门就人类的遭遇而言。一头强壮的雄狮的确无须像我们人类一样在掠食或进攻时伴随着内疚或悔恨，也不必担心遭受法律的惩罚，但雄狮的进化也并非无可挑剔，原则上说，只要是有死的存在者，就难免存在局限性，从而为它遭遇困难提供了可能性。但人类的恶不是一般意义上的苦难，而是有其独特的伦理—法律内涵。人类之恶并非全都可归结为“进化适应策略的失败”，特别是就个体之恶而言。此处的“个体之恶”既包括个体所造成的恶，也包括个体所遭遇的恶。恶的个体发生学问题，并不是恶的种群进化论能够令人满意地回答的。个体的先天遗传、体质以及其他生物学特征，在对个体之恶行的解释中固然不可忽视，但它不能决定一切。从种群角度讲，我们从远古时代为了生存繁衍而进化出来的攻击性，的确会为现代文明社会带来许多不必要的猜忌、伤害或痛苦（包括给他人带来的痛苦以及当事人自己的内疚、悔恨之痛），但这种攻击性和提防心在当代社会仍然有其必要性，它们的确可能产生恶，但我们通常并不将人类之恶看作某种“进化不彻底”的产物。

此外，对“恶的问题”的进化论回答可能陷入循环论证的怪圈：因为进化适应策略的失败，人类之恶才得以产生；反过来，判断某种进化适应策略失败与否的标准，很可能又是因为它产生了人类之恶，否则我们依据何种标准来判断呢？假设世界上没有恶，人类没有苦难，那么选择何种进化适应策略，不会引起我们的过多关注。而我们判断苦难和邪恶的标准又不该仅仅是进化论上或广义生物学上的，我们之所以能意识到痛苦，能够识别出善与恶，有善恶是非的道德观念，的确与人类的进化适应策略不无关系。但是进化论又如何在细节上实质性地回答，为什么不同文化、不同社群甚至不同的个体会持有不同的、有时甚至是截然相反的善恶观念。人类的痛苦意识的确为我们对恶的问题的讨论提供了生物学前提，但是，我们的讨论并不局限于此，而是要深入到社会、文化乃至形而上学层面，后面这些东西至少很难为之提供一套简单化的进化论解释。

然而不可否认，进化论的回答是相当别开生面的，值得无论是有神论者还是无神论者们予以重视。对于“恶的问题”的进化论解决，有神论者的备选态度是否定、调和或者认同。无神论者也能从中得到启发，充分重视“恶的问题”的进化论方案。也许在无神论者中间，进化论方案是为数不多的能够达成共识的领域之一，除此之外，很难设想，人们会在恶的社会文化机制、伦理法律机制上达成多少共识，更遑论形而上学的一致解释。

二　恶行的解释：从伦理学到政治哲学

“邪恶”这个词，具有很强的语境敏感性，在不同的语境下使用，其含义存在或显或隐的差别，而在某些语境下使用，则是不合适的。“误用”或“滥用”的具体表面有很多，成因也比较复杂，在某些语境下使用是错误的，在某些语境下使用是迂腐的，在某些语境下使用是幼稚的。

性格缺陷是不值得原谅的，但它并不比道德冒犯更不值得原谅。纯粹恶的神话，基于一种恶的道德形而上学，或者恶的道德神学。作为一种意识形态，其有权力结构的背景。意志软弱的人，违背其最理智的判断和最真实的原则做错事情，深受其害的有时候是他人乃至整个社会，但在任何时候，首先是其自身。在亚里士多德那里，这种意志薄弱的性格严格来说不是心理学上的，而是实践理性上的一种缺陷。一个意志薄弱的人固然要对此承担一些不良后果，但这不是此性格缺陷的主要坏处。从责任伦理学上看，这乃是一个人对其自身的道德责任，而非“纯粹恶的神话”所宣扬的那种作恶者对于其受害者的主体—对象责任。至于那些邪恶之人，则是有意地带着信念做错事，这种做错事不是无意的，也不是偶然的，甚至也不是一种非理性行为，相反，它是一个人理智地、有意地、从理性角度看来乃是“自由”地做错一件事情，康德所说的根本恶，也就是那种基于准则的恶：“这种恶是根本的，因为它败坏了一切准则的根据，同时它作为自然倾向也是不能借助于人力铲除的，因为这只有借助于善的准则才会实现；而既然假定所有准则的所有主观根据都是败坏了的，也就无法实现的了。”①

恶没有原则，它不能通过可普遍化检验。关于恶的理性从来都不是一种公共理性。按照罗尔斯的说法，并不存在所谓的“私人理性”（private reason），但是存在理性的私人运用。那么，关于恶的理性则是理性的私人运用的结果，在根本恶的情形中尤其如此。无人有意作恶，这里的“恶”如果指的是对那些成文或不成文的“善”的规范的违背，那么这句格言是真的，假定了一种奇特的人的观念，而且它表达的不是一个对于事实的描述性判断，而是一个对于价值的规范性判断。意志和原则之间的一致性，要求一个人按照适用于全人类的普遍性要求行事，用康德的话说，就是“一个人将普遍原则当作自己的行为准则”来行事。那些有意作恶的人，也就是公然违背善恶规范的人，当然也是人，而非这里的“无人”（nobody）。

如果这句格言指的是一种给自己、他人或社会带来伤害或苦难的后果，那么这里的意图与恶行之间可能是不相关的：它们分属于不同的范畴系统。考虑到行为过程中的偶然性因素以及行为结束之后同样不受行为人自己控制的那些评价标准（从后果角度来看，这件事情是善是恶的标准虽然是抽象的，但这套标准所适用的那个场景是特殊的，对于哪些因素和参量以何种方式、占多大分量地影响对后果的评估，行为人自己心里未必有数），对行为后果的善恶评估与当事人事先有意或无意的意图性刻画之间并没有逻辑上的联系。它们都是描述，但是两种非常不同的描述方式。

那如果这里的“恶”是作为某种性格缺陷呢？无人想要具有一种积习难返的性格缺陷。一个愚蠢的人并非故意想要愚蠢，而那些装作愚蠢的人又不是真的愚蠢。愚蠢对他来说也许并不是一个偶然的结果，他却对之无能为力。况且，一个人愚蠢而不自知，字面上乃是蠢上加蠢，但实际上这是愚蠢的典型情况，因为一个自知愚蠢的蠢人算不得真正的愚蠢，至少他还有一点自知之明。愚蠢对于一个人来说也许不是必然的，但却又是自

① ［德］伊曼努尔·康德：《单纯理性限度内的宗教》，李秋零译，商务印书馆 2012 年版，第 33—34 页。

然而然的。并非必然，意味着理论上还可以有相反的可能性；自然而然，意味着现实中常常会走到这一步。愚蠢的人对自己缺乏准确的认知，所以即便他具有一定的改过自新的能力或勇气，他也不知道自己的“过”何在，更何况克服性格缺陷的能力和勇气，也不是凭空产生的，它们在或大或小的程度上反过来又依赖一个人具备的认知和自知能力。

缺乏正义也是一种性格缺陷。当然这里的“正义”既不是道德心理学上的那种“正义感”，也不是政治哲学上作为一种制度要求的正义。一个不正义的人，并非只是在后果上最终伤害其自身的名誉或利益，而是它不符合人追求“卓越”的内在目的。这种目的论具有某种形而上学色彩，因而那些违背正义美德的人实际上所具备的恶，是一种“目的论上的恶”。

然而在当代道德语境中，不正义不只是一种恶习（vice），它还可能是一种严重的恶（evil）。朱迪丝·施克莱分析了传统上所区分的不幸（misfortune）与不正义（injustice）：如果一场灾难是由上在的自然力量导致的，那它就是不幸之事，我们必须忍受这种苦难；假若它是居心不良的行动者——无论是人还是超自然的存在者——引发的，则它属于不正义之事，我们可以表达自己的愤慨与怒火。接着她指出，这种区分在实际生活中并没有太大意义。[①] 面对苦难，人们总是更容易在其中看到不幸，而非不正义。只有受害者有时能摆脱这种倾向。[②] 这意味着，人们对不幸的敏感超过不正义，除非这种不幸发生在自己身上，这时人们将自己当成是不正义而非单纯是苦难的受害者。不幸是直觉性的，不正义是反思性的。当一个人只是恶行的旁观者时，他宁愿选择置身事外，不愿承担任何反思性的判断负担，也不愿主动对那个不幸者贴上“受害者”的标签。而当这个人不幸成为恶行的受害者时，情况恰恰相反。“受害者”标签有助于将自己推到道德的制高点之上，这样就可能获得超过其实际应得的同情及其他待遇。

人们为了追求“卓越”需要多少目的性的善，对此恐怕不会有一个

---

① ［英］朱迪丝·施克莱：《不正义的多重面孔》，钱一栋译，上海人民出版社 2020 年版，第 3 页。

② 同上书，第 31 页。

具体数量的回答，在不同的自然、社会、文化、精神环境中，人们所需要的善在性质上、数量上和排序上都可能迥然有异。在希腊，勇敢、自制、正义和明智是四个最要紧的美德，但是在古代中国，则是仁、义、礼、智、信这样的“五常”。“希腊四德”和“儒家五常”并不是同一个层面上的东西，这是因为古希腊人和古代中国人对于人、人性以及人与自然、人与社会的理解存在巨大的差异。人只是一个有血有肉有思想的个体，还是就像卡尔·马克思（Karl Marx）所说的那样，“人的本质不是单个人所固有的抽象物，在其现实性上，它是一切社会关系的总和”[①]？

苏格拉底说，无人有意作恶，因为作恶不符合人之为人的内在目的。人应该按照其目的论地位来意欲和行事，这是一种广义的规范性观点。那些违背这个目的论地位的人，那些“德不配位”的人，严格来说不算是人，而是兽或者某种介于人与兽之间的东西。这些人并不构成一个过渡性物种，因为作为一种物种必须具备一个独立自主的内在目的，但他们没有这个东西。兽、人和神都有其内在目的，但是那些介于人与兽之间的东西并没一个内在目的。

行善与作恶之间不仅有性质上的分别，也有程度上的不同。人在神与兽之间，但它不是“过渡状态”，而是一种自足的独立状态。同样被称作行善的，有些人较为接近于神，有些人则较为接近于人；而同样被称为作恶的，有些人离人近一些，有些人离兽近一些。这意味着我们不必担心那些实际上做到了行善避恶的人，也就是符合人之内在目的性的人，与神混淆在一起：他们不是神，而只是就其行善避恶的内在目的性而言具备了某种程度上的神性。

古希腊神话中的神不是后来那个基督教意义上全知全能全善的上帝，而是有三头六臂、力量超强但仍然有七情六欲、有恩怨情仇的诸神，神性意味着一种强大的力量，但并不等于至善的美德。一个人为了能够成就美德当然需要具备一定的力量，但是仅仅具备这些力量仍然无法确保美德的实现。神性能够为人性带来强大的力量，而人性中的道德力量仍然要依赖人类自己，而在亚里士多德那里，人类依靠其内在目的性而具备了这些成就美德的力量。

---

① 《马克思恩格斯选集》第 1 卷，人民出版社 1995 年版，第 56 页。

阿伦特的一个颇具争议的观点是，艾希曼为获得个人晋升而兢兢业业地工作，除此之外他根本没有任何动机。这种勤奋本身不是犯罪，错就错在他从没有意识到他在做什么。[①] 艾希曼似乎在无意之中作恶。然而这是他逃脱罪责的适当托词吗？阿伦特并不试图为他开脱，而是提醒大家注意到艾希曼的恶真正体现在什么地方。这种恶具有一种深刻的平庸性特征。但这不只是艾希曼的性格问题，他可能“缺乏思想”（thoughtless），但并不愚蠢。退一步说，即便他确实很愚蠢，这也不只是个人性格的问题，更大程度上乃是体制问题。阿伦特指出，极权制度的本质，抑或每一种官僚（科层）体制的本性，在于把人完全变成职员，变成行政机器上的小齿轮，从而令他们丧失人性。[②] 相较于亚里士多德，这里的人性概念并不带有特别明显的目的论色彩，但它仍然可能具有某种规范性特征，因为它似乎在提醒人们注意，人之为人就应该在特定情境下做出特定的行为。显然艾希曼并没有这样做，他之所作所为乃是一种被平庸化了的、弥漫在整个极权或科层制社会中的恶行。

阿伦特提出了一种关于判断和责任的学说，作为对于这种平庸之恶的诊治之法。这是一套政治哲学而非单纯伦理学的解释方案。在她看来，人不可避免地是政治动物，需要集体行动，或者以集体的名义行动，为此承担的任何责任都是政治责任。然而在笔者看来，这仍然是一套形式化的判断和责任学说，因为阿伦特并没有告诉我们，在具体的政治情境中，一个人应该做出何种判断，承担起何种具体责任，更没有说那个特殊的个体如何做出这个判断，如何具体落实这个责任。判断和责任都是一种类似于康德对于人类知性和实践理性所提出的能力要求，具备这些能力是绝对必要的，但即便有了这些能力，在具体情境中如何运用它们，是一个经验层面的问题，对此我们不会有一劳永逸的普遍方案。在阿伦特那里，一方面，人之复数性或多样性被整合于同一的人类个体（one human individual）之中，即后来所说的“人性”。[③] 但另一方面，人之复数性而非单一性又给人们的政治判断及其责任提出了多样性的要求，因此在经验层面也不会有

① ［美］汉娜·阿伦特：《艾希曼在耶路撒冷》，安尼译，译林出版社2017年版，第306页。

② 同上书，第308页。

③ ［美］汉娜·阿伦特：《政治的应许》，张琳译，上海人民出版社2016年版，第94页。

实质性的普遍判断或普遍责任。

是什么将邪恶与普通的错误区分开的？仇恨必然是邪恶的吗？有些邪恶是不可原谅的吗？我们应该容忍邪恶吗？什么使邪恶难以辨认？邪恶是不可避免的吗？我们如何才能最好地回应和与邪恶共存？作为一种“道德冒犯”的恶，被认为是对于“善好原则”的无情冒犯；而作为一种“伤害”的恶，被认为是出于后果考虑的对于他人、作恶者自己乃至整个社会所带来的真实伤害、痛苦或苦难。

理查德·摩洛克（Richard Morrock）认为，种族灭绝不仅仅发生在独裁者或暴君的手中，而且发生在普通公民的手中，他们无法解决的痛苦和压迫迫使他们跟随一位领袖，而这个领袖的煽动最能表达他们自己长期发展的偏见、情绪和恐惧。①

克劳迪娅·卡德提供了一种世俗的邪恶理论以回答这些问题。根据她的理论，邪恶有两个基本组成部分。其中一个因素是可以合理预见的、不可容忍的伤害——使生活变得不雅和不可能的伤害，或使死亡变得不雅的伤害。另一个因素则是罪大恶极的暴行。种族屠杀、奴隶制、战争强奸、酷刑和严重虐待儿童等暴行都是卡德的典范，因为其中的这些关键因素是巨大的。②

卡德的理论代表了经典功利主义和斯多葛的选择（包括康德的“根本恶”理论）之间的妥协。功利主义者倾向于将邪恶化约为伤害；斯多葛主义者倾向于将邪恶还原为犯罪者的邪恶：卡德并不接受这两种关于恶的理论。③

三 从“恶”的形而上学到形而上学的恶

从“恶”的形而上学到形而上学的恶，这个过程其实是一项“去引号”的工作：从“恶”的形而上学到恶的形而上学。前者的“恶”被加上了引号，侧重于从形而上学的角度探讨“恶”，这里的“恶”包括对于“恶”的概念分析、经验反省和“一阶观念批判”的工作，前面各个章节

① Richard Morrock, *The Psychology of Genocide and Violent Oppression: A Study of Mass Cruelty from Nazi Germany to Rwanda*, McFarland, 2010.

② Claudia Card, *The Atrocity Paradigm: A Theory of Evil*, Oxford University Press, 2002.

③ Ibid..

基本上都在这些层面上探讨恶的概念和恶的现象。这里的“一阶观念批判”是相对于下面的“二阶观念批判”而言的：关于恶的形而上学，就像关于其他问题的形而上学一样，它本身也可能是恶的。形而上学作为人的学问，而做学问乃是人的行为，它本身也不能超越于善恶之外，因此不仅涉及“对错”的问题，还涉及“善恶”的问题。“对错”问题涉及康德所说的“形而上学的纷争不息的战场”①，学理论争乃是兵家常事，不管是质疑、驳斥，还是证成、抗辩都是正常的。“对错”问题是涉及形而上学之“真”的问题，这里不做更多讨论，我们更关心的是形而上学之“善”的问题。形而上学本身以善恶为研究对象，就像我们所做的“恶”的形而上学研究那样，但关于“恶”的形而上学本身也有“善恶”问题，换言之，它可能是善的，也可能是恶的。如何避免或缓解形而上学（这里集中于“恶”的形而上学）本身成为某种“恶”，亦即那些理解“恶”的尝试，或者为“恶”作出某种形而上学辩护这个行为本身就是作恶，而那些形而上学家本身就以某种方式成为“作恶者”呢？

形而上学可以为特定的意识形态辩护，也可以批判、拒斥某种特定的意识形态，或者干脆批判、拒斥一般意义上的意识形态。然而，即便某种形而上学所批判的意识形态是恶的，也并不等于这种形而上学本身就是善的。

颇为吊诡的一点是，“恶”的形而上学可能成为一种恶的形而上学。至于是存在某种恶的形而上学还是关于“恶”的形而上学，这一点目前并不清楚。比如，在形而上学上否认人类之恶的真实存在，或者主张字面上的“恶”实际上算不得恶，得其反甚至可以说是善，这可能是一种“恶”的形而上学，但这种形而上学本身是不是恶的，这一点并不清楚。历史上，不少哲学家就公开认为，平常所谓的“恶”并不是真正的恶，甚至真的恶是否存在这也是有问题的。约翰·凯克斯列举了对于“逃避邪恶”（否认通常所谓“恶”乃是真恶）的三种最具影响力的解释：首先是苏格拉底的观点，即无人有意作恶的观点；其次是斯多葛学派—斯宾诺莎主义的观点，认为邪恶是虚幻的；最后是莱布尼茨的观点，认为邪恶是

① Immanuel Kant, *Critique of Pure Reason*, trans. Norman Kemp Smith, The Macmillan Press, Ltd., 1933, A: viii.

大善（greater good）的副产品，大善若是缺了它就不可能存在。接着凯克斯指出，拒绝这些尝试都有明显和确凿的理由。[①] 如果凯克斯是对的，那么，看来老老实实地承认这点是必要的：日常语言所谓的“恶”就是真正的恶；问题不在于通常所谓的恶能否算作是“真正的恶”，而是这些真正的恶应该如何理解，毕竟“恶”这个概念已经足够模糊，形形色色的恶的现象甚至可以说是足够混乱了。

不少人敏锐地意识到，不能仅仅依据“善的反面”来理解恶，仿佛恶的问题只是善的问题所派生出来的一个“副产品”，因此不配得到像善那样的对待。从哲学以及其他多个角度看，“恶”是“善”（善好、美德）无法取代的，它与善的关系既不像“A”和“¬ A”的简单对立，也不像“一枚硬币的两面”那样简单统一。我们无法仅仅从“非善”推导出恶，也无法从“非恶”推导出善。也有不少哲学家认为，“假恶丑”，甚至要比“真善美”更具有思想穿透力，同时更不具备虚幻性和欺骗性。甚至有哲学家持有一种相当“激进”的看法，比如阿兰·巴迪欧（Alain Badiou）在《伦理学：关于恶的理解》一书中就曾经直言不讳地指出：“善从恶派生出来，而非相反。”[②] 诚然，这里的“善的派生性”问题，就像从善的角度来看的“恶的派生性”问题那样，都是相当艰难的。我们从这里得到的启发是，人类的目标不应是“做加法”，追求更多、更大的善，而是“做减法”，避免更多、更大的恶。前者容易导致乌托邦、宗教或世俗上的狂热。已有的东西里边有很多恶的因素，它不会自动被更多、更大的善所抵消，甚至可能相反，它会阻挠你追求真正的善，同时带来更多的伪善。巴迪欧也曾以人权为例，来表明“人权之善”的派生性特征，以及我们如何从“做减法”或者从消极角度来看待善的问题。他说，所谓人权，也就是实现“非恶”的权利：不冒犯或不虐待人的生命的权利，使人免于被谋杀和被迫害的恐惧；不冒犯或不虐待人的身体的权利，使人免于被折磨、遭受残酷和饥饿的恐惧；以及不冒犯和不虐待人的

① John Kekes, “The Moral Significance of Evil”, in Pedro A. Tabensky, *The Positive Function of Evil*, Palgrave Macmillan, 2009, p. 139.

② Alain Badiou, *Ethics: An Essay on Understanding of Evil*, New York and London: Verso, 2001, p. 9.

文化身份的权利，比如侮辱妇女、少数族裔这些的恶。[①]

邪恶是最难以被理解的，更是最难以被接受的。许多邪恶是匪夷所思的。哲学作为理性的代表，所能做的就是某种意义上的理解。这里的问题是如何理解“理解”这个概念。我们决不能接受邪恶，不会轻易地同意邪恶者在动机或因果链条上的任何一种借口或托词，更不能接受邪恶的行为及其后果，但仍然必须至少在最低限度上理解它。理解意味着呼唤正义、渴望真相，也意味着忏悔、原谅以及和解。我们不为邪恶者忏悔——邪恶者有时是罪大恶极的，不值得我们同情，甚至让每个正常人都觉得他死有余辜——而是为自己与邪恶者同属一种文化、同在的一个社群乃至同属一个物种而忏悔，反思我们的文化，审视我们的社群，为人性中的作恶倾向而忏悔。我们有条件地原谅邪恶者，即便那个邪恶者正是我们自己也是如此。我们彼此之间，我们与我们自身，以及与整个世界和解，这是一种无差别的、无条件的和解。

我们要理解人类邪恶背后的哲学机制，而不只是认知神经科学、解剖学或法学机制，这里的哲学机制不能被传统那种伦理学或宗教神学所替代。对邪恶行的解释一部分是合理化（rationalization）的工作。它可能是一种诉诸理由的解释，也可能是一种诉诸因果的解释。吃掉死去亲人的遗体，这种行为在特定的文化背景下可以获得解释。或者说，如果你采访一个当事人，他可能会为此给出理由。这个理由对你来说可能毫无说服力，但对于他的族人来说并非如此。

能够诉诸理由解释，至少表明当事人或多或少还是理性的。当然，由于合理性（rationality）与合情理性（reasonableness）这两个概念之间存在某些纠缠不清的联系，所以基于一个人自己的合情理性标准，他很有可能会认为某些所谓的合理性，根本上就是非理性。“虐猫是一件理性的行为”这种说法是不可理喻的。考虑到历史文化背景，在某些时空背景下，虐猫至少是一件不那么邪恶的行为。猎头族很邪恶，“易子相食”也是如此，因纽特人残忍地遗弃女婴也是如此，也许其中某些行为实在是极端残酷的生存条件下采取的无奈之举。可是，被逼无奈，就什么行为都可以被

---

① Alain Badiou, *Ethics: An Essay on Understanding of Evil*, New, York and London: Verso, 2001, p. 9.

理性化吗？一些人会提出这样的质疑。

因果解释无须假定其解释对象是理性的，更无须假定它是合情理的，它只需要假定解释者是理性的，换言之，它只要求一种“旁观者理性”。幼儿、智障人员、意识模糊的人、某些精神病患者，可能无法为自己的行为提供解释，因为他们可能缺失最基本的理性能力。因果解释具有很强的解释力，因为它不仅能解释不合情理的行为，也能解释“非理性”（irrational）的行为，此外，原则上它还能解释“无理性的”（non - rational）现象。[①] 如果说“非理性”仍然是人的非理性，任何个体都有可能遇到非理性的时候，任何社会都有非理性的人，那么，“无理性”的当事人在这种因果解释方案中，只是扮演着“单纯动物”（mere animal）的角色，甚至只是一个“单纯的物”。非理性意味着理性水平严重不足，而无理性意味着毫无理性可言，三岁孩童的理性水平较低，但并非全然没有，胎儿则完全没有理性能力，它与一个单纯胎生动物的胎儿并无理性水平上的差异。

合理性与合情理性的区别、“当事人理性”与“旁观者理性”的区别，以及非理性与无理性的区别，对于邪恶性的解释都是必要的。单纯从后果来说，甚至从行为本身来说，无理性的存在者也可能作恶。这种“无理性的恶”（non - rational evil）与单纯的过失之间存在某种联系，前者是一个无理性的人犯下的，后者是一个理性人或非理性的人在无意中犯下的；前者完全缺失相关的理性能力，后者并不具备相关的行为意图。然而相对来说，后者的邪恶在程度上要甚于前者，或多或少算是理性的人，即便在无意中犯错也需要承担相应的法律责任和道义责任。在美德伦理学中，这些无意犯错的人可能并不具备某些美德，比如细心、谨慎。无意间犯下的错，很多时候是当事人疏忽大意导致的，换言之，这些错误从当事人角度看来并非绝对不可避免。

由于人类至少在西方文明传统中常被视为“理性存在者”，所以这些无理性存在者通常并不是伦理学的讨论对象，它的当事人并不是一个典型

① 对行动的因果解释，参见 Donald Davidson，“Action，Reasons，and Causes”（1963），in Donald Davidson，*Essays on Actions and Events*，Oxford：Clarendon Press，2nd ed.，2001，p. 6. 关于“非理性”与“无理性”的区别，参见陈常燊《理解的准则——戴维森合理性理论研究》，中国社会科学出版社 2012 年版，第 169 页。

的人——典型的人通常具备或多或少的理性能力，尽管由于发育或病理原因有可能缺失这些能力。我们不禁要问，无理性的存在者也会作恶吗？至少从后果角度看，答案是肯定的。也许我们很难在伦理学和法理学上要求当事人为此承担法律责任或道义责任，但他（或“它”）在作恶者的光谱中仍然占据了某些（也许是相当微弱隐晦的）段位。对于这种类型的邪恶，完全无视或一笔带过未必是恰当的，我们有理由认为，它在我们的邪恶解释谱系中扮演了某些不为人知的角色。

旁观者理性也是一种有限理性，它不能解释一切。有些现象（包括邪恶现象）并非不能为之提供解释，而是难以给出一种有说服力的解释。针对同一种现象存在两种或两种以上相互冲突或彼此竞争的解释方案，是相当正常的，它们即便一时难分胜负，至少从各自立场上看，在很多时候可谓各有各的道理。问题在于，针对某些现象，哪怕是这种类型的解释都无法给出，或者即便勉为其难地给出了一些字面上算是解释的“解释”，实际上很难满足解释之为解释的最低要求。我们并非很清楚所谓的最低要求有哪些，但可以举一个例子来表明这种不能算是解释的“解释”：比如，“这种现象目前仍然无法解释”并不是对这种现象的一个解释。就好比是说，“这个问题过于复杂，一时难以解决”并不是对这个问题的一种有力的解释方案，即便说它实际上是在主张“取消”问题本身，也相当的勉为其难。

将解释学与本体论捆绑在一起，是当代解释学的思想精髓。如果对某些邪恶现象的某种类型的解释是最有力或最具代表性的解释，那么它就是相应类型的邪恶现象。比如，如果我们对某些邪恶现象所给出的诸种解释当中，政治学或政治哲学的解释是最有力的，那么它就是一种被我们称为“政治邪恶”的现象。对于形而上学来说也是如此，如果针对某种邪恶现象，与其他所有可能的解释方案相比，形而上学的解释方案更胜一筹，那么它就可以被称为“形而上学邪恶”。

对于旁观者理性水平难以驾驭的邪恶解释，我们只能寄希望于形而上学。这倒不是由于形而上学是万能的，而是它可能提供某种“二阶说明”，亦即就为何存在这种邪恶以及它为何得不到任何一种实质性的解释给出一种形式上的说明。形式上的说明并不是任何一种实质研究所必需的，但对于形而上学来说可以说是相当必要的。

形而上学并不等于不可知论，尽管它可能将后者包含在内。无法就某些邪恶现象给出解释，实际上就无法对它进行归类或定位，甚至也无法辨识出它来——我们无法断定确实存在这种类型的邪恶。这里就把哲学史上的不可知论重新召唤了回来，当然它不是知识论上的，而是解释学上的，为此也可以称之为“不可解论”。形而上学的一个非常有趣却又非常艰难的任务，就是在无法提出任何实质性解释的地方仍然要“捍卫理性的尊严”，强为之说地给出某些解释，哪怕这种解释只是初步的、尝试性的。

对于是否存在形而上学上的恶这个问题，不仅取决于我们如何理解邪恶，也取决于我们如何理解形而上学，它的性质、功能和限度，诸如此类。曾几何时，神学属于形而上学。但在我们这里，它们是两门不同的学问。所以神学上的邪恶现象，诸如为什么一个关心人类的上帝会创造出儿童白血病或疟疾，为什么这样的上帝会允许地震和海啸发生，不等于形而上学中的邪恶现象。实际上，西方历史上关于邪恶或者恶魔撒旦的想象，最早便发端于《圣经》和基督教神学。因此，神学解释曾经是对世间邪恶现象的最正统的解释。①

出于人性本身的恶，乃是一种“原始之恶”。但人性是什么呢？这是一个众说纷纭的话题。形而上学不能满足于传统上对人性问题的讨论。嫉妒作为一种原始邪恶，它是意识形态之恶吗？那它为什么不是心理学或神经科学之恶呢？显然，意识形态之恶，并非指这种类型的邪恶，尽管我们不否认两者可以相互作用。在对恶的态度问题上表现出来的恶，是形而上学的恶。形而上学必须照看其自身：关于恶的形而上学的恶，也是形而上学或“形而上上学”上的恶。恶的问题后面有形而上学问题，恶的形而上学后面或许还有更深层或更高阶的形而上学问题，后者被称为“恶的形而上上学”（meta - metaphysics of evil）

对“恶的张力”问题的回应可以是这样的：张力不能被无视，也无法被强力消除，但是可以通过某种方式得到缓解或调和。恶的形而上学基础是寂静主义的：寂静主义所隐含的反基础主义、反本质主义和反理智主义，有助于避免或缓解形而上学上的恶，这意味着承认某种意义上的不可

① Colin McGinn, *Ethics, Evil, and Fiction*, New York: Clarendon Press, 1997, p. 72.

理解性。作恶者有时主动选择沉默，有时被迫沉默。即便他们想要辩解，也未见得有人耐心去倾听；在他们的申辩权利得不到保障的地方，他们根本就没机会说什么。这些原本属于最佳的第一手的“恶的田野学调查”，不是为了满足人们的好奇心、窥私欲、揭开他们的伤疤，抑或成为人们茶余饭后的谈资佐料。受害者也不愿意多谈，他们可能不被理解，他们不需要那些廉价的、无济于事的同情。这个社会应该尊重他们保持沉默的权利，但是，恶并不只是一个伤疤。伤口可能愈合，前提找到了治疗的方法。恶的伤口并不会自行愈合，讳疾忌医，逃避治疗，是不理性的。掩盖恶行是对受害者、幸存者和大众的不公，真相不应该被埋没。时间是最好的创伤药，但时间不是全能灵丹。忘记一个人需要时间，但是在时间中，恶意（就施害方而言）或仇恨（就受害方而言）可能被长期郁结在心，得不到疏通排解，时间不可能自行选择哪些东西应该被遗忘，哪些东西不该被遗忘，选择权在人手上。

四　“时间殖民”作为形而上学的恶

在历史的维度上，我们对过去殖民，也对未来殖民。在“恶”的问题上，前者表现为用今天的观点套用到对过去事物的评价上，换言之，关于邪恶行的解释，存在一种“厚今薄古”的问题。我们习惯于用今天的标准来衡量古人，这对古人来说是极不公平的。今天的价值观之所以是今天这个样子，具有相当大的偶然性。用一套偶然性的标准来衡量那些早已成为现实性的东西，是有失公允的。

关于邪恶行的解释，也存在一种“厚此薄彼”的问题。我们习惯于用所谓主流社会的价值观（其中当然包括善恶观）的标准来衡量那些非主流社会的价值观，这对于非主流社会是极不公平的。主流的价值观之所以能成其为主流，也具有相当大的偶然性。用一套偶然性的标准凌驾于非主流社会的价值观之上，这也是有失公允的。

现代人比古代人更少诉诸暴力，亦即使用暴力或以暴力相威胁；主流社会的人比非主流社会的人更少使用暴力。但是，有些暴力并非邪恶，“我们要用暴力的方式来惩治邪恶”，有些邪恶并非暴力，所以无法仅仅依据暴力的数量和程度来直接代表邪恶的数量和程度。更加隐晦的邪恶，也是更加危险的邪恶，因为它不为所知，也不容易为人所反感。相反，那些指出这种隐晦邪恶的人极容易让人反感，人们会认为他在危言耸听。这样就更加容易形成一种“超稳定结构”，其中任何一个人要想做出一点儿的改变，都会感觉比登天还难。

暴力的减少固然是好事，但是将暴力的减少等同于邪恶的减少的做法过于简单轻率，如果不是说有一种“粉饰太平”嫌疑的话。很多时候，暴力也只是一种工具性的恶。如果不诉诸暴力而能实现目标，而诉诸暴力反而做不到这点，那么任何一个理智人将会考虑不诉诸暴力。即便人类身上有暴力本能，这种本能的发泄渠道也是多种多样的，不是非得使用实际的暴力才能解决问题。正如《暴力》一书所言，暴力被娱乐化、被仪式化。这些并不诉诸暴力的理智的人，不再是邪恶的人了吗？我看未必。暴力只是邪恶的手段，而不是邪恶本身。暴力不可能完全绝迹，即便在高度文明的现代社会，偶尔还有耸人听闻的暴力事件见诸媒体。这说明即便在现代社会仍然有某些人在某些情况下优先选择诉诸暴力达成自己的目标，也说明仍然会有人以暴力本身作为目标，在他们身上的邪恶就是暴力，没有更多的目的。

有人会说，暴力本身就很邪恶，而不管其动机是什么。也有人说，即便不诉诸暴力，转而使用其他办法，也可能很邪恶，同样不管其动机是什么。比如，欺骗不是一种硬暴力，但它本身就很邪恶，而不管其动机是什么。然而，这些说法本身可能会造成一些新的理论混乱，从而无助于我们理解邪恶。暴力是暴力（硬暴力），欺骗是欺骗（软暴力），邪恶是邪恶，三者并非一回事情，彼此之关系是复杂而微妙的，提出“暴力本身就是邪恶，而不管其动机如何”这样的命题，很有可能会忽视这种复杂性和微妙性。

暴力具有文化特征，有些种群的人可能比另一些种群的人更倾向于诉诸暴力。但不能因此就得出结论说，与那些不那么崇尚暴力的人群相比，这些人群更加邪恶。也许他们的生存环境更加严苛恶劣，只有频繁地诉诸暴力才能捍卫自己最起码的生存权利。也许这些群体中尚未形成较好的冲突协调机制，或者他们干脆发展出了一种“尚武”的文化，有血性、敢于硬碰硬在他们那里是勇敢和孔武有力的象征。反过来，有些群体从表面上看更爱好和平，尽管从来并不缺乏钩心斗角，阴谋算计，但就是不轻易诉诸暴力方式解决问题。我们能说后面这种群体与那些“尚武”的群体相比没有那么“邪恶”吗？答案并非是显而易见的。在同样诉诸暴力的人们之中，其残忍或邪恶程度也千差万别。中世纪的决斗是一种“野蛮”的风俗。

“对未来殖民”意味着邪恶可能是过去对现在犯下的，也可能是现在对未来犯下的，这两种类型的恶在性质上有同有异。这些恶可能是零星的、不成系统的，也可能是整片的、成系统的。任何一种社会系统都有其惯性，存在一种形而上学的恶，也就是惯性的恶。此外，随着技术水平的提高，殖民既是一个空间概念，也是一个时间概念。对未来的殖民就像对异族的殖民那样。未来并不像异族那样，被设想为本质上低于我们的东西，而是被设定为一种对现实来说存在某种张力的可能性。冲突可能发生在同一时空背景下的敌我之间，也可以发生在不同时空背景下的“敌我”之间。对未来的殖民是一种生命政治，它与我们更加熟悉的其他殖民形态一样，都是相当残酷的，其中也不乏暴力的影子。

尼采在《历史的用途与滥用》一书中就讨论过这样的问题：应当使人创造未来，而不是延续历史。在《道德的谱系》中，他说：“历史性概念没有定义，只有历史。”① 对于未来，现在就是历史。历史如果用来“创造”未来，那么这是对历史的滥用。这里的“创造”实际上毫无创造性，而只是源于现成之物的约束和建构。“善”就是这样一个历史性概念。基于当下对于善的理解而对未来的所谓规划，都难免被戴上一副“对未来殖民”的面孔。而这种做法本身就是恶。“恶”也是这样一种历史性概念。对恶的定义是什么呢？难道现在对恶的定义可以延伸到未来，并且事先地规定好未来对恶的理解吗？然而，并没有一成不变的理解。现在的理解只适合当下，至于未来如何，这个问题属于历史，而不属于定义。“属于历史”并不意味着对过往陈规的遵循，或者对既成事实的简单延续，而是一切都尚未完成，就像历史本身尚未完成一样。尼采的历史观是面向未来、面向未知、面向不确定性的历史观。那些属于历史的概念并没有一成不变的内涵。

---

① ［德］尼采：《道德的谱系》，梁锡江译，华东师范大学出版社 2015 年版。

第二节 “纯粹恶的神话”

恶行的性质与恶行中的角色密切相关，它们都涉及我们对恶行的解释。倘若存在某种“纯粹的恶”，与之相应，也就承认存在某种“纯粹的恶人”。许多学者实际上就是从否认存在“纯粹的恶人”着手，批判“纯粹恶的神话”。进一步，在他们看来，区分“恶”（evil）与“坏”（badness）仍然是必要的：后者是最一般意义的上“干坏事的人”（wrongdoers），它一方面不同于常人（normal people），另一方面也不同于那些特殊意义上的非人（inhuman）、恶魔（demonic）或怪物（monstrous）。[①] 接下来分析，我们在反对“纯粹恶（人）”的观念时，在何种意义上仍然承认其他形式的恶（人）：我们不承认有“纯粹的恶（人）”，并不等于我们无视某些罪大恶极的恶（人）的存在，因此概念区分很有必要。

一 两种“纯粹恶的神话”

在《全世界受苦的人》中，弗朗兹·法农分析了殖民地世界的“善恶二元论”特征。[②] 殖民者不仅借助警察和宪兵在肉体上“一分为二”，限制被殖民者的空间，并且殖民压迫的特点实际上还是通过将被殖民者称为“恶的精髓”体现出来的。被殖民社会不仅被描绘成一个毫无道德标准的社会，土著甚至被公然宣称抑制伦理学，他们是“道德的敌人”，因此也就是绝对的坏。他们是腐蚀分子，破坏一切接近他的东西；他们是歪曲分子，使一切与美学或道德有关的东西变了样。这种善恶二元论的逻辑一旦被推至极端，最终被殖民者变得失去了人性。殖民者在谈到他们时，使用的是一套动物学的语言，并没有把他们真正当人看。

这种贬低人性的压迫并没有消除反抗。因为那些被殖民者知道自己并非只是动物，相反，他的生命、呼吸、心跳与殖民者毫无区别，殖民者的一条命也不比自己的命更值钱。他发现了自己的人性，开始做好战斗准备，使自己的人性获胜。

---

① Philip Cole, *The Myth of Evil*, Edinburgh: Edinburgh University Press, 2006.

② ［法］弗朗兹·法农：《全世界受苦的人》，万冰译，译林出版社2005年版，第7—11页。

善恶的起源伴随着世界和人类的诞生，并且时刻对其存在构成致命的威胁。在许多远古神话和宗教中，创始神话实际上是关于善恶起源的神话。“纯粹恶的神话”至少有两个版本，其一是神学上的，其二是世俗上的，它们在态度上或解释上分别对应于恶的两大类型——“神圣之恶”和“世俗之恶”。神圣之恶具有深刻的纯粹性，此处之“神”包括古希腊神话中的诸神，正如我们在赫西俄德的《神谱》中所看到的，依照人类所受的“这个世界”之苦的原样反映了“那个世界”，也就是那个社会与政治之恶渗透着的神界，其中充斥着“悲剧的命运与死亡”“过失与痛苦的灾祸”。人间和神界所受的罪恶是纯粹的宇宙模式的反映。我们可以窥见宿命论的影子。恶是无限的，人是恶的无限承受者。我们不仅无法想象一个没有恶的世界，甚至也无法想象一个善恶相混的世界，因为我们无法为善良或良善找到任何神话—人类学根源。然而，从世俗层面看，我们实际上生活在一个善恶相混的世界，这不只是一个经验性事实，更是一个概念性真理：如果逻辑上没有善的存在，恶也就丧失了通过其反面来定位其自身从而被理解的可能性。

《旧约》所记载的古希伯来神话，为我们呈现了“纯粹恶的神话”的另一个神学版本。蛇是恶的象征，但人并不是无辜的：作为人类的祖先，夏娃抵御不了蛇的诱惑，此乃其“罪”；其自身原本就深藏着对诱惑的难以抗拒本性，此乃其“恶”。夏娃的内心深处有某种东西响应着蛇，因此并不能完全责怪那个动物导致了人的堕落。毋宁说，人自身中早就隐藏着罪恶的起源，外部的诱惑只是一个引子。恶是纯粹的，因为上帝创造了一切却未能创造恶，纯粹是人把恶带到世间的。上帝的绝对善与人的“根本恶”之间形成了一种深刻而持久的张力。人类是痛苦、悲惨和野蛮、残酷的矛盾统一体，深陷于“自作自受”“咎由自取”的泥潭而无法自拔：它既是其残酷的受害者，也是其苦难的施害者。在通往救赎的道路中，人必须承担起责任。这是一种纯粹的责任，没有任何搪塞敷衍的借口，也没有任何逃避隐遁的机会，这种责任指向神圣信仰，唯有如此，罪行才能被救赎，堕落者才能被拯救。

神学家和哲学家们殚精竭虑，在神学和世俗层面为人类提供自我救赎的路径。在卢梭那里，现实社会的罪恶的根源，就是地位的不平等。这样做并不要求我们回到霍布斯式的自然状态，相反，社会分工和私有财产所造成的不平等向我们揭示出，富人是如何给穷人强加一系列欺骗性契约的，政府又是如何通过欺诈和武力来操纵愚者和弱者的。

在《恶的象征》中，保罗·利科特别区分了“神圣之恶”的先天性、绝对性与“世俗（人类）之恶”的后天性、相对性特征。在他看来，像语言、工具、制度一样，恶是人类关系的一部分，它被遗传，形成了独立的传统，而不仅仅是某种碰巧发生的事情。这样，作为亚当沉沦于其中的自身欲望的象征，也是夏娃经受不起的外部诱惑的象征，蛇所代表的恶对于人类具有一种先天性，反之就是人对于恶的后天性：恶的先天性意味着，它是既给人类带来“起源”——人类诞生之初便带着“恶”的原罪——体验的恶，也是给人类带来“世代”——上一代的“恶”总会传递给下一代——体验的恶；而人的后天性意味着，人并不是绝对的恶人，而只是后天的恶人，因经受不住诱惑才变成的恶人，换言之，他并非作名词用的“恶魔”（devil），而是作形容词用的“恶的”（evil），因而人是可以得救的。[①]

对于“必要之恶”的考虑，有时候是“超自然”的。对于许多传统犹太人而言，大屠杀和以色列建国这二者（和其他所有的事情一样）都是上帝神圣计划的组成部分，也许这是以不同的方式预示着救赎日的到来。[②] 在某些宗教里，不存在“无辜的受害者”，今生遭的罪是前世造的孽，受害者所做的，就是吸取教训，深刻忏悔，而不是祈求世人的同情：他们咎由自取，不值得同情。这种所谓超自然的思路实际上是反自然的，那些真正咎由自取的人，严格说来不属于受害者，只能说玩火自焚。或者说，我们对他们的同情是一种“有限同情”，很多时候更可能是“哀其不幸，怒其不争”。从自然角度看，“受害者”这个词语本身就包含了“无辜者”的意思，如果某人应当对其自身损失或苦难而承担责任，我们至少不会单纯地说它是一个受害者。纯粹恶的神话具有一种自我中心性特征，它有目的性和他者性两个结构，分别涉及两种二元对立思维，一是目的—手段之对立，二是自我—他人之对立。尼采就曾揭示过这种“纯粹

---

① ［法］保罗·里克尔（利科）：《恶的象征》，公车译，上海人民出版社 2014 年版，第 224—226 页。

② ［美］彼得·诺维克：《大屠杀与集体记忆》，王志华译，译林出版社 2019 年版，第 93 页。

善人”形象的生成机制：“他臆想了‘凶恶的敌人’和‘恶人’，并把他当作基本概念。而在此出发点上，他继续设想了作为背后图景和对立面的‘善人’——这就是他自己。”[①] 自己一方被假定为正义和良善的代言人，对立一方自然是反动和邪恶的魔鬼了。你越把自己视作天使般圣洁，就越会把你的对立面——不管是真实的敌人，还是被虚构出来的假想敌——视为无以复加的恶人。

纯粹善不在此岸，而在彼岸，在神学版本中，有一个超越论的彼岸，而在世俗版本中，有一个经验论的彼岸。一旦那个被当作孜孜以求目标的纯粹善被阻碍，那些阻碍物自然就会被视为是恶。由于目标本身是无可置疑的崇高或正确，所以那些作为其阻碍物的东西自然就是其对立面了，后者代表龌龊和邪恶之物。目标的正确性足够为手段的正当性提供辩护，为了铲除那些“拦路虎”“绊脚石”所采取的一切手段都是无可厚非的，甚至应该大力提倡。

这种目的—手段的思维，一方面高估或滥用了目的的意义，另一方面又低估了恶的复杂性。我们也会用这种思维来理解某些恶行，但是即便在这些恶行中，目的—手段的关系仍是纠缠不清的。有时候，手段仅仅是手段，它们理应承担的责任也只是手段上的而非目的上的，如果把这种手段当作目的来对待，就容易犯本末倒置的错误。枪支、毒品、酒精，这些充其量是人作恶的手段，或者恶行的一个工具性原因，而非所谓的“根源”。根源在作恶者的人身上，而非在他们所使用的手段或其工具性原因上，不使用枪支照样能作恶，酒精也不是导致家庭暴力或其他恶行的根本性原因。但是新闻和娱乐媒体都喜欢拿这些字眼做文章，但它们告诉我们的无非是，毒品、酒精是作恶的简单而直接的原因。“万恶淫为首”，淫也就是原因，如果一个人被认为沾上了淫的毛病，他就与“恶”脱不了干系。淫是原罪，就像毒品和酒精一样，赌博的情形也类似。它们不仅增加了作恶的可能性，加重了伤害的程度，也在根本上规定了责任的分担。沾染了这些恶习的人应该负有全责，即便受害者可能是主动招惹了这些人。

---

① ［德］弗里德里希·尼采：《论道德的谱系》，谢地坤等译，漓江出版社 2007 年版，第 23 页。

传统道德观对于“淫”观念的认识就存在问题。淫不应该是一个被简单否定的对象。关键还不在这里。那些淫习难改的人之所以是恶的，并不是因为他做了那些直接与淫相关的恶，而是做了一些“延伸性”的恶。如果一个淫的人从事卖淫嫖娼乃至强奸妇女这种恶行在某种意义上可以理解的话，那么他贪污公款就不好理解了。仿佛一个人一旦染了淫的毛病就彻底完蛋了。再比如，酒精本身不是恶，嗜酒才是。酒精只是一种单纯的物理对象，嗜酒是一种具身性的生活习性。一个嗜酒如命的人，其最基本的人性是欠缺的。嗜酒而作恶者无法将自己的责任推卸给酒精，只能归罪于自己的嗜好。酒精是无辜的，但嗜酒者不是。

“纯粹恶的神话”中，他者性意味着每一种恶在根本上来自那些异己的、与自我处于绝对对立状态的他者。并且这个他者不是一个孤立的他者，而是以群体身份显现的他者，就像这个“自我”同样是以群体身份显现的。人是政治动物，而政治生活永远都是群体性的，不管是群体内部的合作，还是群体之间的对抗，因而每个人都生活在一种“党同伐异”的纵横捭阖之中。

> 它似乎特别适用于增加对立国家之间、种族集团之间和其他社会单位之间的敌意。人类一个最为强有力和广泛的倾向是认同于一个与自己相似的人群，并与对立团体抗争。而且，人们会自动并且不可避免地认为自己所属的团体是善的、好的。但是如果“我们”是善的，而“你们”是我们的对立方，由于恶是善的对立方，所以“你们”必须是邪恶的。在任何地方，划分成团体或集团的人们都会得出相同的结论，甚至同一冲突中的对立双方都会做如是想。视自己的团体为善的倾向越强烈——这种倾向常常极为强烈——就越有可能视对手或敌人为邪恶。这样的观点可能随即会被用来为残忍地对待敌人提供某种公正性，因为当你面临邪恶时，没有必要忍耐、宽容和善待它。①

世上之人被划分为“我们”与“他们”、“自己人”与“陌生人”。

① ［美］罗伊·鲍迈斯特尔：《恶——在人类暴力与残酷之中》，崔洪建等译，东方出版社1998年版，第95页。

实验表明，甚至连幼儿都有种族偏好。[①] 熟悉的人与陌生人之间，哪一个更加有可能互相伤害，或者对彼此作恶？一个不假思索的回答是，当然是陌生人之间。熟悉的人也就是那些与自己休戚与共的“自己人”，我们共享了相似的生活世界和价值体系，彼此了解，相互合作；而我与陌生人之间缺乏了解，相互提防，彼此间充斥着根深蒂固的傲慢与偏见，稍不留意就会擦枪走火，互为死敌。

然而这项“陌生人政治”考察只涉及事情的表象。一个社会建立了一整套共同抵御外敌的机制，其自身的实力越强大就越是如此；但是它总是缺乏一套如何防范内部冲突的机制，其对外的实力越强大，其对内部消耗的防范机制就越薄弱。一个社会只能在制度上将内部尽可能多的人捆绑在一个“自己人”的体制之内，才能取得对外的优势实力，但是这个被捆绑在“自己人”体制中的社会内部，其间的嫌隙、纠纷、怨恨、冲突只会越积越多。忽视内部分歧而一致对外通常会上升到“政治正确”的高度，“团结”的背后隐藏或掩盖的内部倾轧由于长期得不到应有的重视，最终所戕害的不仅是整个体制的健康运行，还是每个社会成员的福祉。

我们不信任陌生人，与之打交道的机会不如熟人之间频繁，对他们形成根深蒂固的刻板印象。在不得不信任陌生人的时候，我们建立起各种各样的防范措施。我们信任熟人，有时候甚至是无条件地信任，与熟人之间的关系纠葛是全方位的，正所谓剪不断理还乱，况且和熟人共处的这个体制就其防备性而言，主要是用来防范“他者”的，而不是互相防范的。一个反直觉的事实是，那些与我们关系最亲密的人，相较于陌生人，伤害我们的概率更大，而且伤害得更深。这是一种极难被辨识出来，并且也极难被纠正、被治愈的伤害，因为几乎所有关于邪恶和伤害的辨识、治疗机制几乎都是针对陌生人、敌人的，而非熟人和朋友的，可能有一部分原先的朋友后来与我们彼此为敌，但是只要我们仍然有熟人和朋友，这个困难就会一直纠缠着我们。

人类的亲密关系中隐藏着某种“互利—互害”的张力。这个观点打破了纯粹的恶神话中“自我—他者”抑或“朋友—敌人”的想象。这种

① ［美］保罗·布鲁姆：《善恶之源》，青涂译，浙江人民出版社 2015 年版，第 107—110 页。

亲密关系是广义的，它不仅涉及通常意义上的亲情、友情、爱情，还涉及经济、政治、文化以及社会生活方方面面的密切关系，所有这些关系可以放在一个更为广泛的社会系统之内得以理解。社会系统之恶并不是抽象的原因之一就在于，它借助一张张我们对之并不设防，当然也是防不胜防的“亲密面孔”来伤害我们。这个系统之恶同时也是一种难以被辨识，也难以被纠正的伪善系统，不管它对我们做什么，都会摆出一副“我是为你好”的面孔。而且通常还不得不承认，我们受惠于它的好处真的不算少，但是不管如何，都不能因此而忽视我们同时受害于它的种种坏处。善与恶是无法相互抵消的——我们享受的善无法抵消我们所遭受的恶，作恶者因为作恶而享受到的好处也无法抵消其给人带来的伤害——它们不像热水与凉水一样可以调和，因为它们不是同一种东西的两种不同状态，不管别人给了我多大好处，都不能为他对我的恶行乃至罪孽开脱；如果可以选择，与其让它给我一口糖吃再给我一个耳光，不如让我永远不要遇到它。

二 “纯粹恶”的抽象性

我问过一些朋友，当你想起“恶”这个词时，脑子里闪现的第一个画面是什么。我得到的一个常见回答是，杀人。如若稍加反思，我们可能发现，考虑到种种特殊情境，杀人并不必然是一种恶，至少并不必然是一种作为个人行为的恶。[①] 当我们想象一个杀人的画面时，细节上的“不忍直视”之处可能在于杀人者如何的面目狰狞恐怖，被杀者如何的凄惨和可怜，杀人的利刃又是如何的鲜血淋淋，诸如此类。但这些只是对杀人场面的物理学（就氛围和工具而言）、生物学（就被杀者的流血、疼痛、反抗、痉挛而言）和心理学（就杀人者的残忍和被杀者的恐惧而言）等层面上的描述，而不是对于杀人的社会学、伦理学和法学描述。在这幅闪现而过的残酷画面中，人们对杀人者与被杀者的社会关系做了最简化的抽象

① 以国家或体制的名义，在战场、刑场或社会公共认可的其他场合杀人，有时可被视为一种组织之恶或体制之恶。比如，在立法废除死刑的国家，即便以国家名义在刑场上杀人也未妥当；而根据国际法，即便在战场上，滥杀手无寸铁的敌方妇孺或俘虏也可能被追究法律责任。当然，体制上为了避免这种“恶”的指控，在修辞学上会使用其他委婉语替代直白的“杀人”说法。但不管如何，它与通常所说的个体之恶在性质上仍有所不同，尽管它通常仍须借助个体之手来实施。

化处理，法律责任问题仅仅通过“白刀子进红刀子出”这些物理学描述来判定。杀人的现实情境千差万别，而我们的这幅画面恰恰把它们都抽象掉了。从伦理学上看，战场上杀人不同于和平时期杀人。前者可能被认为是一种英雄气概；对此还有一个相当朴素的辩解：如果我不先下手，死的那个人就是我。

工具型的作恶，其残酷性要低于那些娱乐型的作恶。而在生存环境更加恶劣、生活资料更加匮乏的古代，人们迫于生存环境和生活资料而作恶的情形比今天的富裕社会应该更加普遍。今天发达社会的人们已然衣食无忧，可是他们仍然会作恶，其动机与匮乏年代的工具型作恶有较大不同，前者可能出于尊严，出于对理想社会的捍卫，甚至干脆出于“寻求刺激”。任何时代都存在出于这些动机的作恶者，但是在当代富裕生活里人们的生存环境和生活资料得到极大改善的情形下作恶，我们会觉得更加不可思议。要寻求作恶的动机并不难，困难的是对这些动机进行评价。从一种评价的标准看，富裕时期无生存之虞情况下的杀人与饥荒年代比如为了抢夺食物杀人，从生物学上看都存在蓄意剥夺他人生命的事实，但是两者的社会学、伦理学和法学意义有所不同，至少从直觉上看，前者更加可恶。我们说这些并不是要为匮乏年代的恶行开脱罪责，而只是想指出，即便是表面上看来同样的“作恶”，在具体的历史文化背景下仍然具有重要的情境差异。然而，“纯粹恶”的杀人图画把这些重要情境都抽象掉了，只留下一个“杀人——恶”的苍白无力的联想。

作为一种“文化动物”，人类行为往往具有相当复杂的文化特征，作恶的行为也是如此，离开了文化背景谈论善恶，也是“纯粹恶”神话得以产生的一个根源。为了强调恶的文化特征，我们其实不必陷入文化相对主义的泥潭。比如，活人祭祀的文化是不是恶，这不仅是一个“事实”问题，还是一个“概念”问题。当我问起一个朋友，关于“恶”，你所想到的第一句话是什么时，她说：“我希望随着社会的文明进步，邪恶现象会越来越少。”我非常理解朋友的这个朴素又美好的愿景，相信这是不少人的真实想法。但是也不妨想想，当我们将邪恶与文明的反面即野蛮联系在一起甚至画等号时，是否预设了一套对于“野蛮”的抽象理解。在不同的语境下，“野蛮”有时用来刻画个体或群体的行为，有时用来刻画一个社会本身的整体特征，前者意指一件野蛮的行为（行径），后者意指一个野蛮的社会。但问题在于，当用“野蛮”来描述或评价一件行为时，我们所依据的乃是自身的“社会标准”，而当用它来描述或评价一个社会的总体特征时，所依据的还是自身的“社会标准”，但麻烦在于，我们自身的社会与所评价的社会很多时候并不共享一套所谓的“社会标准”。对此的一个直观回应是，尽管我们不可避免地是在自己熟悉的文化氛围里学会使用以“恶”为代表的一系列家族相似式概念的，但这个事实并不意味着我们在使用它来进行跨文化谈论时是无须反思或不加限制的。

文明就是那些克服人之生物本能的东西。然而本能并没有促使其他哺乳动物达到与人类匹敌的杀戮以及自相残杀级别。黑格尔的一句名言是，人类从历史中学到的教训，就是没有学到任何教训。[①] 不少历史学家深刻地指出，20 世纪骇人听闻的两次世界大战、一系列大屠杀事件表明人类文明化的进程，如果有什么作用，那也只是增加而不是减少了人类的残酷和恶意。

活人祭祀践踏当事人的基本人权，少女缠足是泯灭人性的陋俗，这些大概是现代社会的主流观点。对此表示支持或反对，都不是最要紧的，更要紧的是，当我们说某些部落仪式是“践踏人权”，某些民族风俗“泯灭人性”时，不妨借此机会稍加反思，何谓“人权”、何谓“人性”，如果存在超时空、跨文化的所谓人权或人性，它们是什么，而如果不存在，又是为什么。再进一步追问，当我们基于自己的——也许我们乐意称之为“普世的”——人权标准和人性观念将另一个时代、另一种文化的某些方面评价为“恶”时，我们的这个评价行为本身是否存在某种“恶”的可能性。这个追问的潜台词似乎是，既然古人或异族的某些方面是“恶”的，我们自身的文化是否也在某些方面是“恶”的而自己却浑然不知，正所谓“后之视今，亦犹今之视昔”（王羲之《兰亭集序》）、“当你凝视深渊时，深渊也在凝视着你”[②]。在一种朴素的“文明进步”观念看来，

---

① 原文是“人们惯以历史上经验的教训，特别介绍给各君主、各政治家、各民族国家。但是经验和历史所昭示我们的，却是各民族和各政府没有从历史方面学到什么，也没有依据历史上演绎出来的法则行事”。［德］弗里德里希·黑格尔：《历史哲学》，王造时译，上海书店出版社 2001 年版，第 6 页。

② Friedrich Nietzsche, *Beyond Good and Evil*: *Prelude to a Philosophy of the Future*, trans. Judith Norman, Cambridge: Cambridge University Press, 2002, p. 69.

诸如远古时代抑或“野蛮部落”中常见的种种陋习，如今亦属罕见，而这就是一种实实在在的进步，因为它意味着文明对于野蛮的胜利，抑或“善”对于“恶”的克服。然而，这些断言是否足以支撑此种观念背后的一个预设，亦即我们的社会总体上比远古时代或“野蛮部落”更加良善，或者从消极一面看，邪恶之事更加罕见呢？当我们意识到自身的善恶观念具有难以克服的文化或时代特征时，这个反问不会像初看上去那么不自然。若稍加思索，我们对此问题的表态与其说是断然的肯定或否定，毋宁说是复杂的，毕竟我们不能如此简单抽象地看待人类之恶。

理查德·伯恩斯坦在《恶的滥用：“9·11”以来的政治和宗教腐败》中指出，自“9·11”事件以来，西方政治家、传教士、保守派和媒体都在谈论邪恶。但如今，对邪恶吸引力的探究正在从传统的宗教、哲学和文学探究转变为被用作一种政治工具，用以掩饰复杂的问题，阻碍严肃的思考，扼杀公众的讨论和辩论。[①] 我们现在面临的是精神上的冲突，而不是文明上的冲突。在伯恩斯坦看来，一种心态被吸引到绝对性、道德确定性和善恶的简单二分法上；另一种心态严肃地质疑政治上对绝对主义的诉求，并批评世界简单地划分为邪恶和善的力量。对此，托克维尔早就有所洞察：“人类永远和普遍需要制定出一套使任何人在任何地方和任何时代都不敢违反，害怕违反时会遭到斥责和耻笑的道德规范。违反道德规范的行为，被称为作恶；遵守道德规范的行为，被称为行善。”[②]

“纯粹恶的神话”用其所理解的恶人对待良善之人的那种方式来对待恶本身，这个策略类似于“以其人之道还治其人之身”。由于那种恶被看作是一种纯粹的恶，因而它对于恶的态度也是纯粹的。然而，并非我们不应该用这种“纯粹”的方式来对待人类之恶，而是根本就不存在它想要与之作斗争的“纯粹恶”。堂吉诃德的风车是他自己臆想出来的。这个神话当然不会自认为是恶的，相反，它自认为是一种纯粹之善，于是这里就存在一种纯粹的善恶对立关系，仿佛只有以“纯粹善”的方式来对待恶，“纯粹恶”方能克服。然而，这种带上“纯粹善”标记的“纯粹恶的神

---

① Richard J. Bernstein, *The Abuse of Evil. The Corruption of Politics and Religion since 9/11*, John Wiley & Sons; Wiley; Polity, 2013.

② ［法］夏尔·德·托克维尔：《论美国的民主》下卷，董果良译，商务印书馆1989年版，第843页。

话”固然不属于作为其批判对象的纯粹恶，但它仍然是一种恶，也就是一种“意识形态之恶”，这种恶源于对人类之恶的某种根本的、作为一种价值观乃至世界观的态度或理解。我们也不需要站在“形而上学之善”的角度来批判这种“意识形态之恶”，因为前者就像“纯粹善”这个概念一样值得被批判，而“恶的批判”与“纯粹恶的神话”之不同就在于，我们不会使用一套非此即彼的概念框架来看待人类之恶，比如我们不会认为，因为斗争对象是纯粹恶的，我们自身以及斗争过程也是纯粹善的。人类之恶不是纯粹的，作为其中一种的意识形态之恶自然也不是纯粹的，包括“纯粹恶的神话”。关于恶，既没有一种本体论上的“纯粹实在“，也没有一种解释学上的“纯粹理解”，有的只是对“纯粹恶神话”及其背后的形而上学预设进行的观念批判。

路克·拉塞尔（Luke Russell）对菲利普·柯勒所声称的现实中没有纯粹的恶人这一观点提出了批评。[①] 在他看来，虽然柯勒声称没有真正的邪恶怪物或超自然恶魔是对的，但是对方没有意识到所谓的“恶魔”“怪物”在很大程度上只是比喻性的而非字面上的。因此，没有真正的怪物并不意味着没有真正的坏人。准确地说，柯勒对邪恶的看法预设了一种不合适的二元论：一边是纯粹的恶人，另一边是普通人。拉塞尔认为，现实中有些人是极其坏的（extremely bad），有些甚至是不可救药的坏人（fixedly bad）。同时他做出了区分，认为很可能现实中没有哪个人是彻底坏的（thoroughly bad）或天生坏的（innately bad）。他与柯勒的分歧在于，前者认为，一个人只有在极其坏或不可救药地坏的时候才是邪恶的；但后者认为，一个人只有在他彻底地和天生地坏的时候才是邪恶的。

的确没有先天的坏人，包括那些理所当然的坏人，我们应该从这个角度来理解“彻底的坏人”和“天生的坏人”，在恶的问题上不存在普遍、必然和先验的检验标准，只存在特殊、偶然和后天的判别方法。就其特殊性而言，一个人可能是“极端的坏人”，或者就其后天形成而言，他就是一个“不可救药的坏蛋”。但是没有什么先验的原则可以证明这一点。倘若据此而认为它“必然”是坏人，杜绝任何偶然性因素的存在，那么这

① Luke Russell, “Evil, Monsters and Dualism”, in *Ethical Theory and Moral Practice*, Vol. 13 (2010), No. 1, pp. 45 – 58.

种对于恶的看法仍然是纯粹的、抽象的。

三　单纯以恶为敌是否可能？

政治上最关键的区分是朋友与敌人之间的区分，敌友问题的核心是：谁是我们的敌人，何时算是敌人。我们在这里关注的是一个更具体的问题，它之所以重要是因为同时联系到了政治与道德。

《伊利亚特》中的某个时刻，阿喀琉斯把某人视为敌人，仅仅是因为那人是个说谎者。“这个人比地狱的大门更令人憎恨，因为他把一件事情藏在心中，却把另一件事情说出来。”[①] 是否有人将他人视为敌人仅仅是因为他是一个不道德的人或他做了不道德的事，比如说谎，这里的敌人是政治意义上的。一个人可以有某些敌人，但他之所以与他们为敌，或者反过来说，他们之所以与他为敌，往往并不出于善恶等道德上的原因，而是出于权力或利益等政治原因。一个有正义感的人，会厌恶那些不正义的人和事。当然这并不意味着他准备与这些人和事为敌。厌恶完全可能只是一种道德感，就像羞耻一样。与一个人为敌，意味着必须对或者准备对这个人采取某种行动。这种行动不是道德上的，比如道德谴责或使之承受舆论压力，而是政治上的，比如以非道德的方式对待他。这有点类似于古人讲的“你不仁我不义”“以其人之道，还治其人之身”策略。我向对方说谎，一个理由是对方对我说谎在先。这里似乎存有一个原则问题：我只不对那些不对我说谎的人说谎。

问题是，以恶为敌如何可能？疾恶如仇的人在生活中并不罕见，但当事人之所以这样做，并不主要或至少并不完全出于道德上的考虑。换言之，疾恶如仇的动机并非单纯是道德上的。在很多时候，我们之所以仇恨某个人，乃是由于他伤害了我们。即便他是一个道德的人，只要他对我们造成严重伤害，我们仍然可能对他“疾恶如仇”。当然这可能不是这个成语的字面用法，而是一种修辞策略。道德的人也可能对他人造成伤害，在某种情况下甚至可能被人当成恶人。在很多时候，说一个人是恶人往往只是因为对方伤害了自己的权力或利益，自己站在道德的制高点上，试图粉饰自己的真实动机，将政治上的权力斗争轻易地转换为

① ［古希腊］荷马：《伊利亚特》，陈中梅译，译林出版社2000年版，第312—313页。

道德上的善恶问题。道德上存在一种“共通感”，在这一点上康德说道德律令是并且必须是普遍的。指责一个人是恶人或者他做了恶事，比指责他伤害了我的权力或利益，更能激发他人的同情，因为公共舆论和行动支持都是有用的。

以恶为敌，意味着将那些作恶者驱逐出与人为善的范围，当事人不再像对待好人那样对待恶人。好人是他的朋友，恶人成了他的敌人。以德报怨的人是仁爱主义的，至于这里的“怨”是指权力或利益被伤害，还是指道德准则被违背，仍然是不清楚的。不过仁爱主义者似乎并不需要这种区分。以德报德，以直报怨的人，我们称之为正义主义者。这里的“直”首先是一种政治态度，其次才是一种道德态度，因为我们不仅以怨（情绪上怨恨）报怨，而且对“怨”采取某些被我们称为“直”的行动，比如惩罚，甚至在某些情况下杀死一个恶人仍可能被认为是“直”的善举。如果这里的“怨”只是一种道德上受到伤害而不是政治上受到损害的情况，那么这里的以直报怨更为接近我们说的以恶为敌。真正的恶人并不专门以恶为敌，因为他们在很多情况下其实是以善为敌。对方在道德上的善恶对于恶人来说并不需要特别考虑。这意味着以恶为敌的人首先自己是一个善人，其次为了一个“善”的目标（比如惩恶扬善、惩前毖后），对那些恶人恶事采取“恶”的手段。

一个仁爱主义者不会以恶为敌，因为他完全可能做到以恶为友。而且只有能够做到以恶为友的人才是严格意义上的仁爱主义者。一个正义主义者可能会以恶为敌，但他的真实动机更可能是以那些损害了他的政治权力或利益的人为敌，而非单纯以违背了道德准则的人为敌，尽管这两种敌人可能是同一个人。

阿喀琉斯并不单纯因为某人说谎而以某人为敌，某人说谎只是他以某人为敌的一个契机或者摆得上台面的理由，然而这只是一个次要的甚至微不足道的真实原因。当然，如果这里的某人说谎并非理解为违背了某些勿说谎的道德准则，而是理解为损害了阿喀琉斯的政治权力或利益，这就不是“以恶为敌”的典型案例了。

综上所述，没有人仅仅因为道德上的恶而被视为政治上的敌人，所以单纯以恶为敌是不可能的。从某种角度看，道德和政治分属于人类自身对于利益和欲望的两种不同的调节机制。道德作为一种社会文化制度，当然有其客观性的一面，不少理论家们甚至将之上升到一种抽象的概念、理念层面。但不管怎么说，我们仍然倾向于认为，道德至少就其心理学层面而言，正如写作《道德情操论》的亚当·斯密所指出的那样，首先乃是人们处理或调节对于利益和欲望的某些心理倾向和评价态度。心理倾向指一个人自己对于他所关心的利益和自身欲望的倾向，类型有很多，渴望、贪婪、欺骗、厌恶等；评价态度是一个人自己对于他人所关心的利益和欲望所采取的心理倾向的态度，类型也有很多，比如赞扬、惋惜、义愤、同情等。这些道德词汇之间的语义学差别是相对的，考虑到个体差异和文化差异，很多时候甚至是含混不清的。但不管如何，我们的道德情感必须从这些词汇开始。

常常说道德是个规范性概念，但是我们从上述心理倾向和评价态度中似乎未能直接地看出规范性的痕迹。一个人什么时候应当对哪些利益产生渴望的心理倾向呢？他在什么情况下对于他人的哪些欲望的满足产生义愤的评价态度才算是正当的？这些都涉及规范性问题。在亚当·斯密（某种意义上也包括大卫·休谟、肯·宾默尔等思想家）那里，如果关于道德的“描述”是从人们对于利益和欲望的心理倾向，以及围绕这些心理倾向而在彼此之间产生的评价态度开始的，那么关于道德的“规范”则是从“共情”（empathy）开始的。这个观点得到了越来越多的现代伦理学家、演化博弈论专家、文化人类学家、社会心理学家以及精神病理学家们的支持。他们可以被视为广义上的休谟主义者或达尔文主义者。譬如，临床心理学家、剑桥大学精神病理学教授西蒙·巴伦－科恩（Simon Baron－Cohen）在《恶的科学：论共情与残酷行为的起源》一书中，就明确提出要用共情来重新定义“恶”，并探讨为什么有些人的共情比别人更多或更少，以及人一旦失去了共情会有什么样的行为后果。在他看来，共情是一种能力，它使我们理解别人的想法或感受，并用恰当的情绪来回应这些想法和感受，为此他将“恶”替换成“共情腐蚀”（empathy erosion）。他认为，造成共情腐蚀的一个原因是人产生了激烈的情绪，比如强烈的愤恨、复仇的欲望、盲目的仇恨或是保护的冲动。[①]

---

① ［英］西蒙·巴伦－科恩：《恶的科学：论共情与残酷行为的起源》，高天羽译，广西师范大学出版社 2018 年版，第 11 页。

这里所说的“共情”严格来说包括“同理心”（empathy）和“同情心”（sympathy）两个方面，分别对当事人的理智水平和情感能力都提出了要求，比如认知水平、理解能力、想象力和道德敏感性。道德的规范性不同于其他社会领域的规范性，因其首先在描述性层面上就有自己特有的侧重点：它涉及一个人在“自处（是否正确对待自己）—相处（与他人相处是否融洽）—共处（能否与整个社群融为一体）”这三者之间如何维持心理倾向和评价态度上的平衡。道德与社会风俗和个人习惯密切相关，它们之间的区别很多时候是心理学、人类学与社会学之间在视角上的区别。宗教教义需要依赖神学信仰的力量，内化为一个人的行动指南。法律和政策则需要依托于外部的强制力和特定的政治文化背景。

下面我们可以举一个例子来说明道德的特征。这个例子通过借助同情心这个概念来讨论道德与政治之间的关系。道德感要求我们同情那些比我们更不幸的人，羡慕那些比我们更加幸运的人，这种同情检验既提升了我们的道德感，同时也促进了整个社群的道德状况。但这里的不幸者，不同于政治活动中的受害者或失败者。朱迪丝·施克莱认为两者之间存在根本区别：

> 将政治受害者理想化不仅显得愚蠢，而且十足危险。政治折磨和不正义行为的受害者往往不见得比迫害他们的施虐者更好，这就是政治世界的现实，受害者只是在等待和施虐者互换位置而已。对于视残忍为首恶的人来说只要是受害者都想成为施虐者，那么眼下谁是受害者、谁是施虐者自然都无关紧要。受害者是得体的绅士还是纯粹的恶棍完全不重要，没有谁应该遭受骇人听闻的残忍处置。①

没有人在政治上值得同情。有些失败者在道德上值得同情，并非由于他们的失败，因为即便是成功者在道德上也可能值得同情。这样的政治状况和权力结构置他们于糟糕的道德状况之中，美德与权力之张力愈发明显。

---

① ［英］朱迪丝·施克莱：《平常的恶》，钱一栋译，上海人民出版社 2018 年版，第 29 页。

权力的游戏，也就是力量的博弈，在博弈的纳什均衡点或演化均衡点上，我们可以看到那个至少是暂定稳定的也有可能是“超稳定”的权力结构：在这个结构中，没有人可以单纯地通过改变自己的策略而改善自身的政治处境。政治的规范性并非出于对失败者的同情或对成功者的嫉妒，而是有其自身的价值追求，它往往是一种全新或者更高的力量均衡，当我们说某种权力是不道德的时候，意指它本应在一种更新或更高的均衡中得以运用。这种新的均衡中也有失败者，失败者的人数甚至还有可能更多，程度也可能更严重。我们不单纯同情失败者，但我们同情不幸者，他们的糟糕处境并不是他们在道德上应得的。成功者也可能不幸。我们并非站在成功者立场上对弱者施舍同情，我们同情别人，在客观上只是因为比他们幸运，而在主观上我们没有丧失基本的人性——同情心。道德关注态度，事情最终做了或者没做，不是道德的核心内容，但政治强调事实，政治上的动机只是出于对结果的寻求才值得被关注，道德上我们会憎恨和妒忌，我们妒忌不应得的好运，坏人得好报。而所谓坏人，也就是丧失同情心的邪恶之人，他们的所作所为只是平常的恶。我们并非单纯痛恨那些丧失同情心的人，而是痛恨那些丧失同情心却没有遭到报应的人。特定的政治处境可能给予他们庇护所，让他们逃脱道德制裁。同情那些遭受厄运的和我们一样有同情心的人，痛恨那些没有遭到报应的丧失同情心的人。如果我丧失了同情心，我不会痛恨自己，因为有同情心才有痛恨。坏人当然也会仇恨别人，但那不是道德上的义愤。如果没有运气，道德都是不必要的。

四　恶之反动性：在人类互动及其复数性之中

应该如何理解作为一种“人之境况”（human condition）的恶，这确实是一个问题。阿伦特在《人的境况》一书中也语焉未详。她在人类事务的脆弱性议题上，看到了行动与苦难（suffering）之间的联系。行动后果的无限性本身也具有两面性，我们不知道行动从哪里来，也不知道它将去往何处，唯一确切知道的是，每个行动一旦做出，就自动进入了一个这样的渠道：它必定会造成某种“反动”（reaction），因为每个行动都会有连锁反应，而且每个过程都是新过程的原因。这种连锁性不仅是时间上的先后相继性，更是逻辑上的普遍关联性：一个行动，甚至一句话，都足以改变整个局面。[①]

无限性的消极一面意味着人类事务的脆弱性。“人类体制和法律的脆弱性，以及一般而言的，所有与人们共同生活有关的事务的脆弱性，都来自于诞生性（natality）的人之境况，而完全无关乎人类本性的脆弱性。”[②] 人类社会的体制和法律，寄托着人们对于善的追求，如果不是这样，它们的脆弱性就根本无人在意。恶只是一种“遭受”（suffering），后者是苦难的代名词。一种顽固性的恶，并不是遭受者任何行动的结果，因为它本身就是一种反动。遭受人也就是通常所说的受害者，之所以是无辜的，在于他们什么也没做。也许是别人对他做了什么，也许是大自然给予人类的境况，那些偶然性、天灾和厄运之类的东西。借助阿伦特的术语，严格来说，遭受邪恶或苦难本来就不是一种“积极生活”（vita activa）。

然而，作为一种“反动”的恶并不是无缘无故、完全不可理喻的。我们对于恶之荒谬性的定位必须有所限定：在哪种特殊意义上，它是荒谬的；在其他的意义上，它不是荒谬的，换言之，它是可以理解的。从分析哲学角度看，这种可理解性首先依赖于概念上的关联性：如果我们无法找到“恶”与被视为其反面的东西之间存在任何概念联系，它就是不可理喻的。对于那些作为遭受者的个体来说，其所遭受的苦难很多时候的确是荒谬的，既无法为此提供任何一种合乎情理的“理由解释”，也无法为之提供某种可观察、可重复验证乃至可被数学建模——就像科学所做的那样——的“因果解释”，总之，不管是规范性概念还是描述性概念，在这里都面临着英雄无用武之地的尴尬。

实际上，阿伦特并没有草率地割裂行动与“反动”之间的概念联系。行动与遭受是一枚硬币的两面。人所遭受的乃是某种“反动”的力量，它可能来自大自然本身的残酷性，也可能来自人类社会的残酷性。前者固然有其不可理喻的荒谬性特征，但是就后者而言，它无法与那些脆弱的人类体制和法律摆脱干系。美好之物总是脆弱的，它们不可避免地受到其反动即顽固性的恶的残酷打击，如果事关人类体制和法律的行动是个体的行

① ［美］汉娜·阿伦特：《人的境况》，王寅丽译，上海人民出版社 2017 年版，第 149 页。

② 同上书，第 151 页。

动，因而其脆弱性也必然影响到个体的命运，那么这种脆弱性背后的恶之顽固性也就不可能与个体性全然无关。后面这种相关性不仅是因果上的，换言之，个体只是恶之顽固性之反动的单纯受害者，还是辩证性的，亦即每一种苦难都反过来能够在个体的行动中找到或强或弱的联系。这样一来，一个人所遭受的恶乃是他对于其自身的“反动”。

人类的行动和遭受都源于其诞生性和有死性（mortality）。在发生学上，生在前，死在后；但是在形而上学上，死在先，生在后：无死之物——如果存在的话——就没有生命延续问题，有性繁殖或无性繁殖都是不必要的，于是就没有诞生性问题。行动与人的诞生性的关系最为密切，但是诞生性仍然是一种遭受：每个人都不是因为其自身的行动而诞生于世的，他的诞生是其所遭受的他人（父母）行动的结果。如果一个人的生命都是他人行动的结果，那么生命纵然是积极的，其行动也只是他人行动的结果。他人的行动创造善好之物，而它们又总是脆弱的，这就意味着人之诞生性也是脆弱的——它无限地趋向于他人和我的有死性。当我们意识到，死亡作为恶的隐喻，乃是源于他人以及那个作为他人的他人眼中的我的行动，这里的所谓“反动”实际上成为人与人之间的“互动”（interacition）：从诞生性上看，首先是亲子之间的代际互动；从有死性上看，乃是最普遍意义上的人际互动。最终，恶之反动性被溶解于人之互动性之中，这意味着，每一种可能存在的恶，都源于我与他人之间的互动，一只碗敲不响，对于所遭受的苦难，除了源于单纯自然灾难和厄运的那一部分，我都脱不了干系。

作为政治动物抑或社会动物的人，其面临的一个根本境况就是其复数性（plurarity），但它既不能挽救人类事务的脆弱性，更不能消除人类事务的“反动性”——也就是反映或折射在复数的个体行动中的那些顽固性的恶。“复数性”是个政治哲学概念，“人类事务”也是如此，后者特指人类体制和法律事务。如果人不是复数的，其本性就像其他任何东西一样，那么所有人都只不过对于任何一个人的简单复制，诞生性和有死性都缺乏意义。复数性的行动中，社会体制和法律事务最能见出人与人的互动性，这种显著的互动性中所蕴藏的反动性也是最为突出的。

第二节　“纯粹善”？

恶被视为一种对善的“否定”，但这不是一种简单的否定。不过需要说明的是，这种非简单的性质不是辩证法上的，而是概念论上的。也许单纯从字面上看，善与恶的二元对立是毋庸置疑的，甚至直观上看也是如此，以至于玛丽·米奇利认为我们无法从其自身来理解“恶”的概念，而必须依赖于一个在先的“善”的概念：

> 如果你没有领会吝啬的危险性，那么你就很难更好地理解慷慨。一种拥有天堂般构造而不受所有诱惑影响的造物，将不会带有罪恶。不过它不会拥有也不需要美德。在一般意义上，它也不会拥有自由意志。事实上，罪恶本质上是善的缺席，而不能就其自身来理解。①

不过，玛丽·米奇利仍然反对，我们可以基于某种纯粹善的概念来理解纯粹恶的概念，因为不存在这两种纯粹性。她说得很清楚，这种概念上的依赖性并不等于事实上的隔离性，尽管她也承认，这种将罪恶视为完全与善相分离的“纯粹否定力量”的观念在意识形态上是非常诱人的，但这种二元论的摩尼教方式容易导致疯狂的悖论和对生命的憎恨：我们在苏格拉底“无人有意作恶”格言中看到了前者的影子，后者若隐若现地体现在基督教关于“原罪”的宿命论观念中。②

一　“纯粹善的神话”

这里“纯粹善”的主体大致有三个类型：一是道德圣人（Moral Saints），二是恶行的受害者，三是恶的旁观者。受害者所引来的同情也是纯粹的，没有半点杂质。对于他们除了表达慰问，给予帮助，对伤害他们的恶人加以谴责并伺机加以清算之外——我不是法庭，无权进行惩罚，但有权乃至应当进行人道谴责——没有什么好说的。受害者的身份本身就足

① ［英］玛丽·米奇利：《邪恶》，陆月宏译，江苏人民出版社2012年版，第13页。

② 同上书，第17—50页。

以说明问题，至于他们是如何成为受害者的，那些人为什么要施害于他，除了引起人们对施害者的愤慨以及对受害者的同情，不容许有其他的动机。

苏珊·沃尔夫（Susan Wolf）在《道德圣人》一书中设想了两种不同模式的道德圣人，她将它们分别命名为仁爱圣人（Loving Saint）与理性圣人（Rational Saint）。据沃尔夫描述，仁爱圣人总是快快乐乐地做出最符合道德的事：这样的人生并非没有乐趣，但道德考量是其绝无错误也不可动摇的核心。[①] 艾希曼不是纯粹的恶，“平庸之恶”反对“纯粹恶”的想象。犹太人的“普遍抵抗神话”，驯服于暴君的统治被认为是羞耻的，所有那些曾生活于（有死于）希特勒统治下的欧洲民族都配得上他们抵抗的荣耀，犹太人是如此，法国也是如此。[②] 不管那些被屠杀者的受害者身份是否配得上“纯粹的同情”，犹太发言人嘲讽那些“像绵羊一样走向屠宰场”的人都显得过于不厚道。英雄主义这种被建构起来的意识形态，在这里被当作批判挞伐的武器。邪恶意味着双方的道德崩溃，受害方贪生怕死，助长了作恶方的有恃无恐，受害方甚至助纣为虐，直接协助作恶者伤害自己的同类甚至他们自己，乃是由于他们的懦弱、愚蠢、麻木，这些可大致归入“平常之恶”。

在最严酷的环境中，旁观者对于眼前发生的一切感到无能为力，他们的懦弱是人性的一部分。“正直的非犹太人”的资格条件是，为了营救另外一个人，展现最高尚、最珍贵的自我牺牲的英雄主义，会把本人的生命以及通常情况下也会牵连其家族成员，将其置于危险之中。[③] 这当然是一种分外之举，相较而言，其余的旁观者则是“冷漠的大多数”，他们对犹太人命运的漠视也备受指责，仿佛他们理应被推上正义的审判台。他们的冷漠作为一种消极的敌意，使得犹太人的悲惨处境雪上加霜，变得更加的不堪一击和孤立无援。

对于人群的幼稚病，大众传媒理应承担部分责任。以某些电影为例，人们恨不得每个角色一出场就直接在他额头上烙上“善”“恶”的标签，

---

① Susan Wolf, “Moral Saints”, in *Journal of Philosophy* 79 (8): 419 – 439 (1982).

② ［美］彼得·诺维克：《大屠杀与集体记忆》，王志华译，译林出版社 2019 年版，第 201 页。

③ 同上书，第 263 页。

儿童看的动画片是这样（这在某种意义上符合幼童心理），成人看的剧情片还是这样（这在另一种意义上符合观众心理）。譬如，在很多粗制滥造的抗战片中，好人坏人永远黑白分明，敌人朋友总是一目了然，坏人坏得十恶不赦、天怒人怨，好人好得惊天地泣鬼神，中间容不得一丝一毫的人性缓冲和灰色地带。你若要指出，坏人说不定并非一无是处，有人会翻脸，指责你是何居心，居然帮坏人说话；你若是说，好人被设定得如此高大全，不觉得很假吗？有人会反唇相讥，你就是见不得人好，嫉妒，心理阴暗……当然，传媒也有其“无辜”的一面，可以这么辩解：我们也是上有政策导向，下有市场压力；再者，观众不也好这口吗？讨好他们何错之有？

在《走出伊甸园》一书中，保罗·卡恩聚（Paul W. Kahn）聚焦于“恶”的存在论根源而非它出现的场合：它源于人类对死亡的反抗。作者促使我们相信，恶的对立面不是善，而是爱：恶能主宰死亡，爱却能超越死亡。[①] 然而，“纯粹恶的神话”诸多来源之一便是直接基于对善的理解来建立对恶的理解的。不可否认，对善的理解确实有助于我们理解恶，但不能直接从善的观念中推出恶的观念，就像从 A 中推出非 A 一样。善与恶之间的确存在字面上的非此即彼关系，但是，我们不能用同样的非此即彼的思维方式来理解它们的关系，不能直接从善的内容推出恶的内容。一个最直觉上的原因是，我们探究恶的方式，与我们探究善的方式有所不同，而使用那些不同的善的探究方式来探究的恶，是我们无法从善的观念中直接分析出来的。总之，恶的概念内容不像字面上看到的那样从善的概念内容中推理出来的。

在某些情形下，“好人”也会成为“恶人”吗？如果这里的“恶人”指的是邪恶行为的主体、邪恶现象的当事人，或者说是为他人、为自己、为社会带来恶的后果的人，那我们的回答倾向于是肯定的。[②] 一个善良的人可能不是一个良善的人：“邪恶”的对立面不是“善良”，而是“良善”，一个善良的人可能会无心作恶，在某些大环境下，他甚至可能因为

---

① Paul W. Kahn, *Out of Eden: Adam and Eve and the Problem of Evil*, Princeton: Princeton University Press, 2006.

② Arthur G. Miller, *The Social Psychology of Good and Evil*, The Guilford Press, 2004.

诸多“恶的因素”而助纣为虐，不管是形势所逼也好，随大流也罢。他没有助纣为虐的主观意图，但是我们从某些邪恶现象的归因分析中可以发现，他的确在客观上为邪恶现象的产生或持续产生过因果性的影响。他不是唯一应该负责任的人，甚至也不是主要的责任的人，但我们不能仅仅因为他是无意的，就直接推出他是无辜的。何况，“无辜的”这个词指的是不应该为某些邪恶现象承担责任，而非不应该为所有可能的邪恶现象承担责任，因为一个人可能在这件事情（作为邪恶现象的事情）上是无辜的，但同时在另外一件事情上是理应承担责任的，即便在同一件事情上，他也可能扮演双重角色，既是无辜的，又不是无辜的。当一个人伤害自己时，他同时扮演了施害者和受害者角色，就其受害者身份而言，他是无辜的，但就其施害者身份而言，他不是无辜的，理应承担某种道德责任。

有些人仅仅因为愚蠢就会有意无意地干出罪大恶极之事。愚蠢可能是智力上的缺陷，智力低但是品行善良的人是存在的，他所作的恶也就是一个品行善良的人犯下的恶。当然，智力低的人并非总会作恶，但不管如何的确存在作恶的可能性。也许他不是故意的，甚至他自己都是受害者，但是，非故意的恶，也是一种恶；即便是作恶者自己作为唯一受害者的恶，同样也是一种恶。最多只能说，我们在对此作出道德评价时，应当将其与其他形态的恶有所区别，比如说，它们与故意为之的恶、对他人作出的恶并不完全相同。通常来说，故意为之的恶，比无意为之的恶，理应受到的道德谴责要多得多。而对他人所作的恶，比对自己所作的恶，更加不值得同情，举个例子，多数情况下，杀人比自杀更不值得同情：自杀者很多时候有其悲惨遭遇或心理疾病（比如抑郁症），而杀人者即便被证明是无意犯下或者由精神病人所犯下，受到同情的往往是被杀者，而非杀人者。

托马斯·内格尔在《利他主义的可能性》一书中，最后总结道：

> 根据某些人性的根本来谈论利他主义和道德性是可能的，并不是说人在根本上是善的。人在根本上是复杂的；他们善的程度，依靠某些观念和思考方式是否已经占优势，这优势在任何情形中都是不确定的。迄今为止人类自己已经做出的行为，没有助长关于物种的道德未

来的乐观主义。①

内格尔表达了相互联系的几层意思：人性的复杂性；人性善的不确定性；道德未来的不乐观性。他还特别谈到人性的善恶依赖一些观念上的转变和思维方式的突破。所有的观念背后还有一种“元观念”，也就是对善之为善以及恶之为恶本身在观念和思维方式上的突破：我们并不是先形成一套一成不变的善恶观念，然后再考察哪些相关的观念或思维方式的突破有助于扬善避恶，而是我们只能在善恶的基本观念与着眼于善恶的其他特别判断之间寻求某种罗尔斯所说的“反思平衡”（reflective equilibrium）状态：特殊的道德判断有助于检验或修正我们关于善恶的道德直觉，反过来，我们的这些道德直觉又能对特殊的道德判断进行检验或修正，这是一种来回校正、循环往复的过程，这个过程没有单纯的起点，也没有单纯的终点。

自摩尔（G. E. Moore）以来，当代伦理学中存在着一个“绝对善”（absolute goodness）概念，其反面则是“绝对坏”（absolute badness）或“绝对恶”（absolute evil）。我们是否应该重视某些事物，因为它们是绝对善的，它是内在的善、客观的善，抑或是一种“非个人的善”（impersonal goodness）。在《反对绝对善》一书中，理查德·克劳特（Richard Kraut）对这种“绝对善”观念展开了针锋相对的批判。② 关键在于这里的“绝对的”是一个误导人的表达式。若说它是非个人的，那么这种善就不再是由特定的人做出并且针对特定的人而言的善了；若说它是非关系性的，就意味着它具有一种普遍必然的抽象本质，以至于无须受到任何经验条件的约束，那么它到底是一种人性本身的善，还是个体化的善呢？进一步，它究竟是作为一种事实描述的善，还是作为一种价值判断的善呢？无论如何，“绝对善”的观念因为足够抽象，所以它是非常混乱的。由于“绝对善”的概念坠入了一片虚空之中，我们也就很难理解其反面——“绝对恶”了。

① ［美］托马斯·内格尔：《利他主义的可能性》，应奇等译，上海译文出版社 2015 年版，第 156 页。

② Richard Kraut, *Against Absolute Goodness*, New York: Oxford University Press , 2011, pp. 19 – 21.

二　“恶”的流行偏见

“纯粹恶的神话”符合人们对于“恶”的流行观念。受害者是完全无辜的，作恶者是恶毒残忍的、虐待成性的，他们来自我们的生活氛围之外，我们就是那些受害者。但实际上可能是，我们与作恶者的距离比当初想象的要近，而与受害者的距离比当初想象的要远。当我们声称自己总是站在受害者一边时，实际上将那些与我们立场不同的人看作是恶的。如果不与受害者站在一起，你就是恶人的同伙，不存在中间状态。某些事件确实符合这一神话所描述的形象，但更多的暴力事件是相互的、逐渐升级的恶意的、积怨的产物。①

我们关于恶人的描述与我们的偏见密切相关。“恶”这个标签会被轻而易举地贴在那些“异己”“异端”身上。流行的、根深蒂固的神话倾向于将这个标签贴在与自己具有不同信仰、民族、种族、区域、身份乃至性别的人身上，仿佛他们是天然的敌人，“非我族类，其心必异”。媒体、传言、目击者乃至受害者本人的陈述要么受到这种偏见的误导，要么有意无意地迎合那些同样受到偏见误导的人们。他们受到“一般原则”的误导，那些被贴上标签的人基本上非蠢即坏。刺激那些一般原则产生作用的事情，很多时候都是那些鸡毛蒜皮的琐事。这些原则不是在理性支配下产生的，相反他们来自情绪和积怨，在逻辑面前，时间占据了上风。如果属于某个群体的人曾经伤害过我，那么今天伤害过我的人，十之八九来自同一个群体。对此我不需要多少事实证据，也不需要多少逻辑保证我的判断是理性的。作为群体的受害者，面对的是作为群体的施害者，个人问题由此就变成了群体性问题，偶然事件变成了必然事件。维持那个群体自身稳固性和内部团结的权力结构、意识形态，反过来又进一步助长了这种身份意识和敌对意识。“恶行能使一个组织更加团结，而团结的后果则又助长了更严重的恶行。”② 组织从实现目标的手段，变成了目标本身。那些违背组织“团结”准则的叛变者，比这个组织固有的敌人更加可恨，为了

① ［美］罗伊·鲍迈斯特尔：《恶——在人类暴力与残酷之中》，崔洪建等译，东方出版社1998年版，第32页。

② 同上书，第261页。

维护这种“团结”，务必除之而后快。

第一，恶包括对他人蓄意地施加伤害，如果恶行是在无意之间或者完全潜意识中犯下的，或者是被逼无奈犯下的，这种恶的纯粹性就要大打折扣了。从行动哲学上看，实施一件行为通常需要来自行为主体的信念、意愿、能力以及来自客观方面的机会这四个条件。一件典型的行为要求这四者缺一不可，一个具有完全民事行为能力和刑事责任能力的人，应该在这四个方面承担起相应的责任。对于一个在大街上持枪抢劫的人来说，他首先具备和常人一样多的相关信念。比如，他必须相信，通过抢劫某些人可以获得一定数量的财物，而非一无所获；这些人为了保命通常会乖乖掏出钱包，而非以死相拼，等等。最终可能真的一无所获，也可能真的遇到以死相拼的人，但这些事实不足以推翻抢劫者事先的信念：如果当初他就相信自己将一无所获，或者相信那人必定会以死相拼，那么他可能会换个人下手，还必须考虑自己抢劫杀人的可能性，诸如此类。

常人和抢劫者持有一样多的信念，但是常人并未持有抢劫者那样的意愿，如“我想要抢劫”“我打算从那人身上弄点钱花花”，诸如此类。在法理学上，犯罪主观要件主要包括犯罪故意、犯罪过失、意外事件。犯罪故意是具有社会危害性的特定内容，具体表现为行为人对自己实施的危害行为及其危害结果所持的心理态度，根据认识因素和意志因素的不同，主要分为直接故意和间接故意。如果只是在争执过程中或其他情况下意外失手将对方伤害，则是过失伤害。有的犯罪是过失性质的，如失火罪，犯罪人就具有疏忽大意的心理状态。过失经常与疏忽大意、过于自信联系在一起，这可能源于某些信念缺陷或性格缺陷。

行为能力会受到主体的身心状态以及外部状态的限制。纯粹恶的神话假定作恶者具有完全民事行为能力和刑事责任能力。比如在“审判艾希曼”的案件中，那些心理学家、神职人员、记者和大众，都倾向于认为艾希曼既没有在法律上可能被免于或减轻处罚的神经错乱，也没有信念论上的认知缺陷；此外，在他身上没有任何的道德错乱，并且他具备完全民事行为能力和刑事责任能力。道德错乱也是一种能力缺失，也就是一个人无法像常人那样在特定的情境下做出适当的道德判断的能力。对道德和法律的无知固然未必能为作恶者减轻道德责任和法律责任，“无知者无罪”也不是一个好的借口，但是它确实能够在某种程度上减轻作恶者自身的自责、悔恨心理。在不考虑欺骗和自欺的情况下，由于这种无知状态本身可能并非全是作恶者自身的错，因此也为人们同情、谅解他提供了某种可能性。不过，“纯粹恶的神话”倾向于杜绝这种可能性，它给我们讲的是另外一个故事：由于作恶者具备完全的道德判断能力和法律责任能力，对他的任何同情或谅解的企图都是极其错误的，它可能使作恶者逃脱应有的惩罚，这对于受害者及其家属是严重不公正的。

论及作恶者的精神状态假定时，可以看到“纯粹恶的神话”中一些颇不自洽之处。一方面，在情感上，为了渲染施害者的邪恶和人们的恐惧，这个神话不惜使用“变态狂”“疯子”这样的词汇；另一方面，在理智上，为了避免施害者以“精神病”为由逃脱法律惩罚和道德谴责，这个神话又不愿意看到这些人真的是“变态狂”和“疯子”。也许这些词汇只是一种“恶的隐喻”：他们就像变态狂和疯子一样令人不寒而栗，即便在精神病理学上他们与常人毫无差别。

作恶者的“机会”问题，与某种广义的“道德运气”（包括法律运气、政治运气）概念联系在一起。从刑法学上看，犯罪预备、犯罪未遂、犯罪中止都是直接故意犯罪的未完成形态，而且未完成形态只存在于直接故意犯罪中，因为在过失犯罪、间接故意犯罪中都没有未完成形态一说，他们只有是否成立犯罪的问题，成立了既遂就是犯罪，没有成立既遂就不构成犯罪。犯罪预备的一个特征是，行为人未能着手犯罪的原因必须是行为人意志之外的原因。犯罪未遂的一个特征是，已经着手实行犯罪，由于犯罪分子意志以外的原因而未得逞的。它们区别于犯罪中止的一点就是，后者乃是由于行为人在犯罪过程中，由于其意志以内的原因自动放弃犯罪或者自动有效地防止犯罪结果发生。

犯罪准备和犯罪未遂，相对于犯罪者的主观意志来说，属于“意料之外”，换言之，这是犯罪者当初不愿看到或未曾料到的。假设张三为了投毒，在商店购买了“毒鼠强”，在去往投毒的路上不巧天空突然刮起大风，将张三手中的“毒鼠强”吹散了，导致其犯罪行为未能既遂。在这个简单的犯罪预备案件中，张三运气不佳——犯罪者之“不幸”乃是受害者之“大幸”——一个策划已久的作案机会就这样被一阵风刮跑了。

再假设这是一个犯罪未遂的案件。张三给受害人李四的饮料里添加“毒鼠强”之后，恰巧李四的朋友王五进来，拉着他去踢球，等他踢球回来时发现自己的饮料已被清洁工当垃圾清理掉了。在这个案件中，李四幸免于难，张三投毒未遂。尽管并非所有的犯罪未遂都源于偶然因素，但不可否认运气和机会在其中发挥了关键作用：对于投毒者张三来说，机会最终未能掌握在自己手中，尽管他有可能比照既遂犯接受从轻或者减轻处罚。

颇为耐人寻味的是，“纯粹恶的神话”对于作恶机会的态度采取的是一套“双重标准”：在事后证明是既遂犯罪案件的，它会刻意低估偶然因素的影响：一方面，犯罪者的犯罪意志是如此的坚决，其犯罪信念和犯罪能力也正常得近乎完美，以至于能轻易克服任何一种可能存在的偶然因素；另一方面，在犯罪预备、犯罪未遂的案件中，它又会刻意高估偶然因素的影响。这是一个法理学上常讲的“反事实条件句”，如果不是那一阵大风，如果不是碰巧有第三人出现干扰了投毒的顺利实施，那么受害者几乎必死无疑了，由此足见投毒者之十恶不赦。再如在强奸未遂案件中，受害者的剧烈反抗或者犯罪者临阵发现自身不举，这些偶然状况都可能出乎犯罪者意料之外，但它们在“纯粹恶的神话”中通常会被高估，这时如果犯罪者声称自己良心发现主动中止侵犯行为，容易被视为鬼话连篇，仿佛这样才有助于我们认清犯罪者丧心病狂的“庐山真面目”。

实际上还可能存在诸如投毒者的“信念缺陷”情况，当事人误以为所购买的剂量足以杀死受害者，而实际上剂量不足以致命。这种信念缺陷并不是（或不完全是）偶然因素导致的，而是内在于其信念状态中的一个缺陷，但它容易被“纯粹恶的神话”所忽略，因为这种缺陷的存在无助于维持一个“纯粹的邪恶者”形象。这个邪恶者即便未必总是如愿以偿地作恶，至少他们总有足够认知能力、道德能力和法律能力作恶。这个“纯粹的邪恶者”形象已将幼儿、智障、精神病患者排除在外，源于他们并不具备这些能力，并且在现实中往往能引来公众某种程度上的同情，而“纯粹的邪恶者”是无论如何都不值得同情的。

如果张三在去往投毒的路上突然心生悔意，于是将“毒鼠强”倒入下水道，导致犯罪行为没有着手，对于这样的犯罪中止案件，“纯粹恶的神话”会如此回应：犯罪中止对于邪恶之人是不可能的，除非中止一次犯罪是为了更好地实施一个更大的犯罪，或者暂时逃避法律的惩罚，而这些中止原因绝非由于他们心慈手软，只能证明他们比我们想象的还要更加邪恶和狡猾。

第二，恶主要是受从伤害行为中获得的乐趣所驱使，暴力不是“迫不得已”的，而是蓄意追求或乐见其成的。恶魔没有诸如攫取金钱、权力这样的明显动机，即便有，也只是为了更好地继续作恶，总之，恶本身及其所带来的乐趣（虐待欲、满足感）就足以成为作恶的目的。人们不愿意努力去理解作恶者之所以作恶的表面理由及其深层次原因。伤害者剥夺作恶者身上的人性，其所作所为丧失人性，与其说是不敢，毋宁说是不愿与作恶者进行沟通，拒绝和解，拒绝接受道歉。

第三，受害者总是无辜、清白、善良的，与这种良善的纯粹性形成对比的是邪恶的纯粹性，受害者的苦难和悲惨经历是纯粹的，完全是施害者所带来的，伤害的过程是纯粹的作恶过程，伤害的后果也是纯粹的恶，每一个良心未泯的人都应该旗帜鲜明地站在受害者一边，给予其无限的同情，而对于其反面，则应该给予其无限的谴责和愤恨。

第四，邪恶不是偶然的，也不是个人的，它主要是“我们”与“他们”之间的群体性对抗。影片《一九八四》中，党内成员奥布莱恩折磨温斯顿·史密斯的时候说，我们不是要消灭异端，只是在杀死他之前把他变成我们中的一员。[①] 只要一个人是恶人，他所属的那个群体也会被贴上“恶”的标签，他的邪恶必定使人对他所在的那个民族、种族、地域、宗教、性别、职业都成为恶的群体。“纯粹恶的神话强调邪恶的异在性，来自不同种族的人们更容易被对方看作一个代表着邪恶的异在。”[②] 群体之间的“纯粹敌对”不仅比群体之间的“纯粹友好”（如果有的话）多得多，而且要比个体之间的“纯粹敌对”多得多。

第五，恶并没有时间性的变化，它让人感到绝望。除了置之于死地而后生，没有任何改造的可能性。指望让恶人改过自新，这是一种完全错误的看法。这些恶人不仅没有从恶到善之过渡的可能性，甚至也没有从善到恶的现实性：他们先天性的就是恶，因此不存在一个好人怎么变坏的问题。

第六，恶人除了缺乏理性，还缺乏社会性，总之他们缺乏人性。缺乏

---

① ［英］克里斯托弗·法尔宗：《电影院里的哲学课》，汪强等译，新华出版社 2016 年版，第 164 页。

② ［美］罗伊·鲍迈斯特尔：《恶——在人类暴力与残酷之中》，崔洪建等译，东方出版社 1998 年版，第 108 页。

理性意味着容易狂躁，缺乏周密布置，甚至连工具理性也缺乏，他们要么根本不知道为何要作恶，要么各种理由之间是混乱的、彼此冲突的。缺乏社会性意味着他们根本不懂得如何团结，或者说他们无须像善良的人们那样说事做事情至少必须考虑群体中的其他成员的感受，正是因为彻底丧失了社会性才走到恶魔道路上的。而对于如此缺乏社会性的人为什么还能够勾结在一起作恶，“纯粹恶的神话”没有给出更多解释。

作恶的行为本身被抽离掉了现实的社会环境。作恶者离开他自己的环境，到了一个完全陌生的环境中作恶，或者反过来，受害者在完全陌生的环境里遇到一个或一群完全陌生的人。彼此熟悉的环境在对方看来都是陌生的，站在受害者一方的人们既无法结合施害者自己的环境来理解他们的行为，也无法结合受害者的社会环境来理解他们。他们为什么要作恶，这个问题就成了一个伪问题。

恶人不可理喻，但是恶行并非如此。情况甚至相反，“纯粹恶的神话”为人们描绘了一个最为简洁明了的恶的图景，其中没有模棱两可之处，也没有令人困惑的地方。你要给别人讲清楚，什么叫“不白不黑”“黑白斑驳”相当困难，但是讲清楚什么是“非白即黑”就容易多了。这种简单化的二元操作，在理论上容易被理解接受，在实践上则容易被推广践行，它也许无助于实现不同群体间的和平，但是有助于实现一个群体内部的“团结”，特别是在特定权力结构和意识形态控制下的“团结”。现实的政治斗争需要非白即黑，必要时甚至不惜颠倒黑白。由于权力结构和意识形态的出现年代与一个社会的历史几乎同样久远，因此就很难想象一个尚未被权力化或意识形态化的群体是什么样子，一个群体即便没有专门统治的国王和官僚体系，至少也有自己的祭祀仪式或原始宗教。

三　善的脆弱性与恶的顽固性

我们无法直接从“善的脆弱性”中获得“恶的顽固性”的启发，尽管这两个表达式在字面上相互对应。这里的顽固性被理解为一种不可根除性。在亚里士多德那里，善是一种品格或者生活状态，或者更准确地说，善是好的品格与好的生活状态的结合物。好的品格，通俗地说也就是“做得好”，而好的生活状态，也就是“活得好”。幸福不仅意味着“做得好”，还意味着“活得好”：“无论是普通大众还是那些出众的人……都相信生活得好和行动得好就等同于幸福。”①

善是一种活动性的品格。如果没有活动，人们就可以避免遭受某些外部条件的影响，就像一棵植物那样。植物也有自己的境遇，那是一种消极境况（negative condition），但它缺乏一种动物性活动境况（active condition），只要是动物就会要面对这种活动的境遇，而人的行动就是这样一种容易受到外部境遇影响的动物性存在。也只有在活动中，人才能成其为人，才能培养和运用自己的美德。一种好的生活首先必须是一种活动的生活，“活动”（*energeia*）的概念在亚里士多德伦理学中非常关键。

善的脆弱性归根结底是人的脆弱性。一个脆弱的人容易受到伤害，他终将会变老乃至死去，他生活在一群与自己差不多脆弱的人之间。一群脆弱的人形成的社会，并不是一个简单的积少成多、积弱成强的过程，因为它有其消极的一面：这仍然是一个脆弱的社会，不仅是由于其成员存在某些脆弱的共性以及脆弱性上的个体差异，还在于那些脆弱的人所受到的伤害很多时候正是来自另一些与他们差不多脆弱的人，或者直接或间接地来自那个脆弱的社会。这意味着，就一个人、一群人还是整个社会而言，其脆弱性的一面不仅意味着其极其容易受到伤害，还意味着极其容易伤害他人，这样一个脆弱的社会实际上成了一个“相互伤害型的社会”。

一个人被伤害，是因为其脆弱，这点容易理解；但是一个脆弱的人怎么会有足够能力伤害他人呢？这个反问假定了有害性是脆弱性的对立面，仿佛只有一个足够强大的人，才有能力伤害他人。“强大”是一个相对的概念，一个弱者相对于更弱者仍然显得“强大”，一个强者相对于更强者则要显得脆弱。但“脆弱”这个概念具有某种绝对性特征，因为一个人不可能无限强大，但可能无限脆弱。“无限脆弱”可能是个虚妄的概念，但那些脆弱的人需要它。这个概念使得任何一个人不管遇到更强者还是更弱者都习惯于扮演受害者角色，给人一种楚楚可怜的脆弱者形象，其背后的欺骗或自欺也算是人性之恶的一个心理根源。再者，有没有伤害能力是一回事，有没有伤害意愿是另一回事。一个有伤害能力但没有伤害意愿的人，总体上比一个没有伤害能力但有伤害意愿的人更加安全，因为即便是

① ［古希腊］亚里士多德：《尼各马可伦理学》，廖申白译注，商务印书馆 2003 年版，1095a19－20.

一个弱者，也仍然有能力伤害一个同样的弱者或者更弱者。有时候，伤害的意愿作为一种敌意或恶意而被人感受到，这本身也足以构成一种伤害。

将“善好”当作“利益”理解时，善的脆弱性意指利益的脆弱性。典型地对于工具型作恶者来说，其作恶具有较为明显的利益目标，如果作恶者是明智的，他不可能不将作恶手段与获利目标联系起来。他们获得了利益，满足了欲望（有时特指性欲），赢得了面子，建立了统治，除掉了对手，解决了领土争端，压制了不同的声音，或者实现了很多不去作恶就难以实现的目标。但是这种所谓的“明智”或工具理性思维，与他们自身在生存上和理性上的一个脆弱性或曰有限性密切相关，这种有限性决定了他们在理智上的短视性。“只有一个大的、长远的视角，我们才能断言恶的手段总是无效的。如果一个人只看重当时的结果和利益，而不管它们可能是多么微小或者琐碎，那么恶的手段的得分就要高得多。”[①] 有些作恶动机具有“超功利”色彩，作恶者并不在意一时的得失，而是在意作恶本身，或者作恶——他们并不自认为是作恶——的“高尚目标”，亦即那些被称为“社会理想”或“人格尊严”之类的东西，有时候，为了实现它们，即便搭上身家性命都在所不惜，因此他们怎么会看得上眼前那点蝇头小利呢？

而这只能证明，不仅现实利益是脆弱的，正所谓“祸兮福所倚，福兮祸所伏”，利害关系不是谁都能看明白，而且那些所谓的崇高愿景或人格尊严，很多时候也是虚幻的、脆弱的。“大同社会”真有看上去那么美好？睚眦必报就很有面子？前者可能是虚幻的镜中花水中月，可能被证明是一场系统的骗局，可能给人带来一阵血雨腥风的暴政；后者可能陷入人与人之间敌意的无限循环和伤害的无穷倒退。如果存在一个乌托邦能够一劳永逸地解决人世间所有假恶丑，而只要大家稍稍齐心协力必能实现它，那么那些心有疑虑、出力不够的人就容易被推到“阻碍历史进步”的对立面，即便被挫骨扬灰也是其咎由自取了。不难想象，这是一幅典型的恐怖画面。

善的脆弱性，其根基乃是人性的脆弱性。后面这种脆弱性的存在，使

---

① ［美］罗伊·鲍迈斯特尔：《恶——在人类暴力与残酷之中》，崔洪建等译，东方出版社1998年版，第160页。

得我们不管作出人性善或人性恶的论断，都缺乏足够的确定性，因为脆弱的东西是经不起施压，也经不起诱惑的。人类夹在“兽”与“神”之间，既有动物性的一面，在康德那里，也有纯粹理性的一面。[①] 人的自然倾向是坚定的，有时候甚至是顽固的，但被用来约束这些自然倾向的禀赋或能力是脆弱的。人们在现实生活中的行事动机往往是不纯粹的，而相比之下，他们身上的趋恶倾向则要“纯粹”得多，以至于有人认为人类天生就是恶的——甚至在以讲“性善论”闻名的文化传统中，实际所行的仍然是性恶论那一套。[②]

恶是一种复杂的人类生活现象。恶的顽固性，首先乃是恶的现象的顽固性。当我们说“恶的品质的顽固性”时，指的可能是另一种东西。从个人角度看，恶的品质的确具有某些根深蒂固的性质，但只有善的品质能让一个人长久地过上一种幸福的生活，甚至进一步说，只有善的品质才能让一个人长久地生活下去，因为恶的品质首先不能保障一个人的幸福生活；其次，当恶的品质遭遇到糟糕的外部环境时，活下去都会成为问题。在厄运中唯一靠得住的是诸如勇敢、坚毅、智慧这样的美德，而不是胆怯、懦弱、愚蠢之类的恶德。一个勇敢而智慧的人即便在厄运中也会千方百计地活下去，甚至还能活得有尊严，但是一个软弱而愚蠢的人一旦遭遇厄运几乎就是灭顶之灾了。这样，他的幸福只能交给运气，而运气是相当不确定的。如果一个人身上没有美德，甚至连最基本的工具性的善（比如明智、机灵）都没有，那么他身上仅存的那些恶德无法维持他的生存，即便是再顽固的恶都会失去具身化的支撑，“顽固”也就成了一个空谈。

恶也是一种品质。恶的品质并不是因为一个人被糟糕的运气所击垮，虽然那的确是一种“坏的生活”“不幸的生活”，但与恶仍有区别。一个人的不幸可能是由他人或他自己的恶所带来的，但并非总是如此。古希腊特洛伊战争中的普里阿摩斯大概已经培养起了卓越的品格，但是在他不幸的一生中，被战争夺走了家庭、儿女、权力、资源和自由。他的糟糕的生活状态是由战争的“恶”，或者挑起战端的那些人的恶所导致的，但这种

---

① ［德］伊曼努尔·康德：《单纯理性限度内的宗教》，李秋零译，商务印书馆 2012 年版，第 20—21 页。

② 秦晖：《传统十论——本土社会的制度、文化及其变革》，山西人民出版社 2019 年版，第 152 页。

生活本身不是恶的，而只是糟糕的。所以恶不是一种生活状态。通过与“善”概念进行比较，有助于我们厘清“恶”概念的内涵，其中就包括将那些并非严格属于恶的内容排除出去，比如单纯只是一种糟糕的生活状态。这种状态不是“善”的，但它也不属于我们这里讨论的“恶”，准确地说，它只是一种“糟糕生活”（bad life）。

邪恶的品质的确与良善的品质之间存在对立关系。越是能够检验一个人的良善品质的地方，恶的问题就越是有争议，比如战场。一方面，如果一个人宁愿在战场上牺牲一切，都要选择好的东西，或者说他愿意为好的东西以命相争，那么他就拥有勇敢的美德。但是人们在战场上诡计多端、滥杀无辜，这已经超出了日常所谓恶的范畴。再者，战争不是个人的恶，而是有组织的、群体的恶。在战争之外，群体之恶也并不罕见。一项对私刑长达 47 年的分析发现，当私刑团伙的规模越大，发生的暴行也就越残忍，而其中每个人可能都会因为自己的“匿名状态”而缺乏必要的罪恶感。① 借助统一着装和行动步骤等“去个性化”（deindividuation）操作，人们对自身行为丧失清醒意识，无须顾及他人看法，残忍的攻击便会更加肆无忌惮。

恶并不是制约一个人过上好生活的那些因素本身。善的品格也并非只是对恶的克服。恶在宗教中被用作道德的反面教材，但恶并非单纯只是善的反面教材。恶具有关系性、顽固性和多变性特征，我们对恶的理解路径也逐步地从单向转到了双向乃至多向，最终倾向于同意没有终极的解释模式，也没有终极的解决模式，如果有，也许这些模式本身就是我们要批判的“意识形态之恶”。“善恶的关系性”这个话题涉及三个彼此联系的子话题：一是如何理解“关系性的善”；二是如何理解与之相应的“关系性的恶”；三是基于上述理解，如何看待“关系性的善”与“关系性的恶”这两者之关系。

存在两种意义上的关系性的善。狭义的关系性的善，比如爱。广义的关系性的善，除了狭义的关系性的善，范围还要更广。当我们说爱是关系性的善时，指的是爱这种善本身具有关系性的特征，这是对“关系性的

① ［美］本杰明·莱希：《心理学导论》，吴庆麟等译，上海人民出版社 2017 年版，第 675—676 页。

善”这个表达式的外延式理解：存在某些关系性的善，比如爱。但这并不意味着所有的善都是关系性的。如果一个人想要指出所有善都是关系性的，那么就不能满足于这种枚举式或例示式的外延式探讨，而应当转而关注善的内涵。广义的善就是这样一种对于“善”本身的理解：它认为所有的善，依其本性都是关系性的。这个结论并非来自于简单的枚举归纳，而是基于对“善”概念的理解，或者说，依其定义，善就是关系性的。与之相应，恶也存在关系性特征。关系性的恶也包括狭义和广义两个层面。狭义地看，比如欺骗就是一种关系性的恶。欺骗总是对某个人的欺骗，欺骗本身也是一种社会关系的微观呈现。广义地看，恶本身就具有关系性特征，不管是哪种类型的恶。也许存在以下情况：有些恶，从表面上看，并不直接就是关系性的。但如果我们要仍然将之视为一种恶，并且将之与其他类型的恶连在一起，以便形成某种融贯一致的理解，那么“关系性”这个概念对于恶的理解就是必不可少的。换言之，那些表面上看关系性并不明显的恶，只是那些关系性相当明显之恶的一种折射、一种延伸，或者是一种特例，诸如此类。

四　正义与恶的时间之维

人间善恶必须在世界之中借空间之维得以展开，也必须在历史之中借时间之维得以呈现。亚里士多德将公正（justice）视作所有美德的概括。[①] 他特别服膺一句据称出自赫西俄德之口的格言：“一个人做了什么就会得到什么回报，这才最公正”，这意味着一个公正的人总是能够在具体情境下做好自己的分内之事。譬如说，欠债还钱，天经地义。借钱不还就违背了公正原则，因为负债人违背了其作为负债人的义务。当然，养成行事公道的品格需要时间，同其他的品格一样，一个人甚至需要一辈子的时间来加以磨炼砥砺这种美好的品格，所以亚里士多德才会说，一个人只要仍然活着就难言幸福，因为任何一种美德都会受到善之脆弱性的考验，而恶习的顽固性虽然不会随着生命的消失而消弭，但它已然不再是一种单纯的个体之恶，而是演变成一种社会之疾，这可以帮助我们理解，正义为何同时

① ［古希腊］亚里士多德：《尼各马可伦理学》，廖申白译注，商务印书馆 2003 年版，1129b30.

也是一项占据主导地位的制度性质。

时间是正义的试金石。一个人成为一个恶人，犯下一件恶事，都在时间之流中进行。作为一项对个体行为产生约束力的社会制度，正义也必须在时间维度上展开，不管是它的形成、嬗变还是它最终产生了或好或坏的影响。正义本身也是一个历史性概念。每个时代对正义的理解是不同的，没有脱离时间维度的正义概念。正义的相对性在很大程度上是时间上的相对性。佛家讲的善恶报应和基督教讲的末日审判，都寄托了人们终极性的正义信仰：正义终将战胜邪恶。这些作为愿望是朴素的，刻薄的人可能会说它是一厢情愿的；但是它们一旦上升到信仰的高度，就具有某种“绝对的必要性”：一个人如果连这都不信，那么就好比陀思妥耶夫斯基所言，倘若没有上帝，没有什么是不可以做的。举头三尺有神明，否则正邪之分就失去了意义。

“善恶终有报”就是这样的实质正义，这句格言里的“终”字就很好地将正义建立于时间维度之上，亦即此刻的不义，必定会在未来的彼刻得到公正对待。实质正义的时间相对性，表现为两点，一是不同历史阶段对于正义的理解是不同的，这个和时间（不同历史时期）有关；二是一个人所能遭受的正义对待也是时间性的，年轻时犯的罪，年轻时受惩罚和年老了才受惩罚，含义是不同的。但不管是哪一种形态的实质正义，最终仍然寄托了这句格言对于正义的那个基本预设。

正义不仅是存在的，还必须看得见。所谓“看得见的正义”所体现的程序性要求，就是指裁判过程相对于裁判结果而言的公平，法律程序相对于实体结论而言的正义。电影里，假如坏人到剧终没有得到恶报，会让人难以接受，因为这不符合观众心中的实质正义标准。但是一部好电影也必须讲清楚坏人怎么就有恶报了，剧情发展必须合情合理，不然稀里糊涂、毫无交代坏人就死光光，就证明这是部烂片，因为它不符合观众心中的程序正义。程序正义的时间相对性，同样表现为两点，一是不同历史阶段对于程序的理解是不同的，比如同样遇到当街杀人事件，除了正当防卫、见义勇为等少数几种情况，现代的普通民众是不能自行将杀人者杀死的，必须报警处理，甚至非经法院审判不能宣布其有罪，诸如此类，而要是在古代，应对措施会有所不同；二是发生在时间中的程序，其本身具有独立的意义，比如有些犯罪错过追诉时效就不再审理了，坏人仍然会逍遥法外。

特别是从程序上讲，正义具有时效性，超过时效的正义，必将大打折扣，正所谓“迟来的正义非正义”（justice delayed is justice denied）。任何一种法律程序所面临的一个突出问题，就是时间的紧迫性，没有人拥有无限的时间，不管是原告还是被告、法官还是律师。切萨雷·贝卡利亚（Casare Beccaria）在论及刑罚的及时性时指出，诉讼本身应该在尽可能短的时间内结束。[①] 但是，时间的有限性不能为一件仓促草率的法庭判决做挡箭牌。与此同时，即便法官有无限的时间，案件也必须在一定期限内完结。

一个社会惩恶扬善需要时间，一个人改邪归正也需要时间，没有耐心是不行的，它对于正义的实现是十分必要的。事实证明，在多种形式的博弈中，富有耐心的一方更有可能成为最后的赢家。就此而言，“正义博弈”（game of justice）也可被视作某种特殊形式的“耐心博弈”（game of patience）。姗姗来迟的正义不是正义，仓促草率的正义同样也不是正义，正义应当在该来的时候来，当然也没有人能够准确地预测它哪天会来。从容不迫、富有耐心是人的一个重要美德，程序正义必然要求一个人具有这样的美德。时间是稀缺的，但正义必须拿时间来换。为了实现正义，我们愿意付出相当的代价，但这种代价仍然是有限的，特别是时间上的限制，毋宁说，用过多的时间换来的所谓“正义”不再是正义，而是对正义的某种讽刺。每个案件都有追诉时限，任何判决也必须在一定时限内作出，而不能无限期拖延。

与正义相关的时间性美德，除了耐心，还有惜时，前者强调时间必须足够多，少一刻不行，后者相反，强调时间必须足够省，多一刻不行，它们合在一起就形成了正义在时间上的“中庸之道”：不多不少刚刚好。珍惜时间的品格表现在多个方面，在对待时间的态度上，也许没有比“珍惜”更要紧的，因为它太容易从一个人身上悄悄溜走而不留痕迹了，它带走的不是别的，正是一个人的生命。因此不难理解，作为其反面，虚度光阴是一种恶习，正如约会不守时也是一种恶习，“拖延症”同样如此：做事、赴约乃至整个人生都有一条“死线”亦即最后期限（deadline），

① ［意］切萨雷·贝卡里亚：《论犯罪与刑罚》，黄风译，中国法制出版社 2002 年版。

时间的残酷性正在于其有限性以及易逝性（perishability）。一个人持之以恒的品格，也只有在时间中得以培养和表现。对仁人志士的一个带有盖棺定论意味的极高评价是“久经考验”，一个不畏艰险、持之以恒、矢志不渝的人，各种形式的阻力、诱惑、危险乃至恐怖都会在某个时刻考验着他，不管他是否觉察到它们的存在。

正义的时效性的确为权宜之计（expediency）[①] 打开了一道口子，权宜之计的确就像仓促草率一样吞噬着时效性带来的便利，它帮助人们实现短期的目标，或者维持局部的平衡，为此人们常常刻意地忽视了短期目标与长期目标、局部平衡与整体和谐之间可能存在的紧张关系。权宜之计回避了问题的实质方面，转而寻求某种效率或便宜方面的考虑。权宜之计所关注的重点并不在时间快慢上，“慢”或者久拖不决、不了了之，在许多情况下同样是权宜之计。正义的及时性讲求的是一种典型的“中庸之道”，是在过于迟缓和过于急速之间确定的一种中间状态。在司法裁判过程中，过慢和过快构成了与程序正义直接背离的两种极端。但权宜之计不是这样的“中庸之道”。孔子痛陈“乡愿，德之贼也”（《论语·阳货》），所谓的“老好人”所秉持的恰恰不是中庸之道，中庸在实践智慧的意义上仍然涉及原则问题，权宜之计后面的原则考虑要么是一片虚无，要么是根本无法公开示人的。中庸之道或实践智慧的寂静主义特征是语义上的，换言之，行动者确实无法形成命题性的处世原则，而权宜之计或“老好人”的寂静主义是语用上的，行动者有自己的考虑，但它秘不示人，其公开性与其有效性是背道而驰的。善于权宜之道者，多为精于世故之人，而在蒙田、施克莱等人看来，世故无疑是一种恶习。

权宜之计并不简单是目标导向的，相反，它与其反面——随机应变或者“实践智慧”——共享了某种“变通性”。同样作为其反面的正义，与他的区别不在于手段上，而是目的或价值上。如果没有目的设定或价值标准，一件事情在最好的情况下也只能是权宜的。权宜之计同样遵循时间相对性法则，不过它只是利用了时间相对性，而不像正义那样无奈地接受这种相对性。权宜之人不仅缺乏必要的正义感，也缺乏必要的耐心，实际上

① 关于正义与权宜之计之关系，详见拙著《美德、规则与实践智慧》，上海三联书店出版社 2015 年版，第 238—241 页。

他对于正义的时间性的态度是有问题的，要么无视了它，要么亵渎了它。实践智慧绝非等于所谓“生存智慧”，因为严格来说，生存没有智慧，只有权宜；只图生存，那是苟活。正义的目标并非仅仅在于维持一个人或一个社会的生存，而是要实现有尊严的生存或者有秩序的维持。

关于正义与邪恶的时间之维，最后一个问题是运气。可资利用的机会可能是盼来的，可能是创造的，运气严格来说既不是盼来的，也不是创造的，因为它不像机会那么醒目，发挥主观能动性的余地也要小得多，却又无时无刻不在影响着人类事务的是非成败，或者塑造着一个人的命运。我们将运气看作是存在本身的不确定性与人类的有限性、善的脆弱性之间的一个交汇点。运气与人类之善的张力是显而易见的：一方面，正如玛莎·纳斯鲍姆（Martha Nussbaum）所言，人性的卓越最美之处，正是在于它的脆弱性；另一方面，运气并非指事件的发生都是随机或无缘由的，而是指它不是主动促成的，不是人造或人为的，而是碰巧发生的，这意味着生活中最重要的东西往往并不掌握在我们自己手中。[①]

知道自己要什么是一回事，是否有能力得到它们是另一回事，这不全是努力的事——努力能够改变的不是厄运，它只是促成了好运。懒惰或懈怠当然都是恶习，但还有一些恶习是在面对命运无常的残酷性中表现出来的，比如懦弱。古希腊人在运气问题上的态度是勇敢地同命运作抗争，这种不妥协精神先后催生了不怕死的英雄主义，以及寻求秩序或确定性的理性主义，它们分别代表了人性中的血气之勇和智性之勇。古希腊的科学和哲学等理性主义的重大成就，脱胎于人们对于不确定性的抗争之中。在亚里士多德看来，学习伦理学是有助于成就个体卓越的，其中包括培养某些正确地看待运气和命运的美德，比如公正和勇敢。

运气和命运的关系类似于天气和气候的关系，运气是“殊型”，命运是“类型”。“命运”这个词更多地带有古典时代宿命论的影子，俄狄浦斯的悲剧就在于在面对残酷无情的命运捉弄时，人为努力往往无力回天。中世纪的人们认为凡人无力掌控自己命运，唯有将其交给上帝，那些不信神的骄傲自负之人终究无法摆脱命运的困境。那个时候，人们对待命运的

---

① ［美］玛莎·纳斯鲍姆：《善的脆弱性——古希腊悲剧和哲学中的运气与伦理》，徐向东、陆萌译，译林出版社 2007 年版，第 2—5 页。

态度已经由“勇（敢）”转向了“（虔）诚”，当一个人必须对之真诚相待的对象，从一个外在的造物主，转向内在的理性和自主性时，近代哲学的“主体性转向”就完成了。一个很好的例子是，近代的康德不再推崇对神的虔诚，转而倡导意志的真诚。他把真诚当作首要善，将伪善视为根本恶。在他看来，人们对运气或偶然性的屈服，为伪善大开方便之门，只有将人自身当作目的而不是实现其他目标的手段，才能克服历史的偶然性，才能克服人性中的虚伪。

第五章　恶的象征

作为一种“原始思维”，“象征”（symbol）的基本意思是用具体事物代表某些抽象意义，或者用可见的标记代表某种不可见的事物，比如玫瑰象征爱情，十字架象征殉道和神圣。这里的“原始”有时是指时间上的“起源”，比如，先人们最初是根据这世界、根据这世界上的某些要素或方面，根据上天，根据太阳和月亮，根据水和植物来构建他们的神祇形象的。[①] 有时是指逻辑上的“根本”，比如人们借助可见的标记或其他形象之物（象征体）所表征的，不是那个作为“本体”的普通特征，而是其本质规定性。比如，当人们将钻戒当作婚姻的象征时，它表征的不是婚姻的普通特征，而是坚贞不渝、纯洁无瑕、地久天长这些对于婚姻而言“本质规定性”的东西，因而从某种意义上看，这种表征不仅是一种“描述”，还是一种“建构”，因而象征体所传达的意义具有很强的规范性色彩。

当我们谈到“恶的象征”时，实际上涉及关于人类之恶的一系列“原始思维”，这些象征在时间上足够远古，在逻辑上也具有相当的本质规定性。这意味着人们不管就恶的“历史”还是就恶的“本质”而言，都习惯于从形象化、转喻化和体系化的方式来理解人类之恶。形象化指的是人们习惯于借助一系列形象生动的图画和故事来代表关于恶的抽象思考；转喻化指的是人们习惯于将纷繁复杂、形态各异的人类之恶转喻为少数几种乃至唯一一种最具有“代表性”的人类之恶——当然这种代表性仍然通过形象的方式呈现；体系化也是我们相当熟悉的，正如古希腊的俄狄浦斯神话、《旧约》中的亚当神话，分别意指远古时代关于“命运”的

① ［法］保罗·里克尔（利科）：《恶的象征》，公车译，上海人民出版社2014年版，第10页。

残酷性、“原罪”之恶的系统性理解。

接下来要讨论的正是经过形象化、转喻化和体系化过程而巩固的人们对于人类之恶的“原始思维”亦即“恶的象征”。保罗·利科的“恶的象征”聚焦于基督宗教神话，而我们则侧重于现代社会中的“世俗神话”，也就是那些通过象征或转喻的方式形成的关于人类之恶的形象化理解。而之所以称之为“世俗神话”，一方面便于与“宗教神话”相对照，另一方面也便于将其纳入“纯粹恶的神话”的大框架中来。在这个背景下，“恶的象征”包括四个方面：恶的娱乐化、恶的仪式化、恶的艺术化及恶的形式化，它们分别对应于现代世俗生活，当然也部分地涉及宗教生活的不同层面。

第一节　恶的仪式化与娱乐化

在《恶的神话》一书中，菲利普·柯勒直言不讳地指出，人们对区别于常人的“非人”（inhuman）、恶魔和怪物的想象，乃是虚构的产物，广泛存在于神话和文学作品之中，然而现实生活中并不存在如此黑白分明的恶人。[①] 这表明，神话和文学在形成“恶的象征”的过程中扮演了关键性角色。但是从文化人类学角度看，神话更多地与仪式或宗教联系在一起，甚至现代的娱乐项目中出现的“恶魔”也是更多地受到仪式思维的影响，它与恶的艺术化是截然不同的两种现象。

一　两种不同的仪式化

希罗多德在《历史》中讲了一个人们耳熟能详的故事：大流士担任国王的时候，召见统治下的一些希腊人，问付给他们多少钱，他们才愿意去吃掉他们父亲的遗体。他们回答说，无论给多少钱，都不可能诱使他们去做这种事情。于是，他又把所谓的卡拉提亚人（他们愿意吃掉自己的双亲）的那些印度人召来，问付给他们多少钱，他们才愿意焚烧自己已故的父亲。同时，希腊人站在一旁，他们借助翻译而知道了谈话的全部内容。这些印度人大叫起来，他们认为大流士不应该提起这种可怕的行径。

① Philip Cole, *The Myth of Evil*, Edinburgh: Edinburgh University Press, 2006.

人们的风俗习惯就是这样。因此，我认为诗人品达说得对：“习俗乃是万事之主。”①

由此我们不仅能联想到文化差异这个老生常谈的话题，还能联想到各种文化所共享的那种我们称之为仪式的东西，以及与之密切联系的一整套高度社会化的指向“太初有行”（in the beginning was the deed）的行为方式：习俗、祭祀、礼节、禁忌、图腾、宗教以及政治。社会不能缺少仪式，生活也不能没有仪式感，它们与生活品质乃至人生意义密切相关。仪式感实际上对一个人提出的德性上的独特要求，毕竟并非人人都能做到，比如在葬礼上既庄重又不失轻松，既伤感又不失幽默。然而，不同的社会所共享的只是围绕“仪式”的一套家族相似概念，而非具体形态，不同的人眼中的仪式也有不同的含义，人类学家们对此也是莫衷一是。

佩吉·桑迪（Peggy Sanday）对大洋洲新几内亚岛部落骇人听闻的食人俗进行人类学田野调查后指出，食人俗是人的社会化过程中的一种恶的象征。② 对这种“恶的象征”存在多种解释，它可能用来克服灾难，控制灾祸的本领会被认为是从恶的化身中发源的，或者表达对敌人的愤怒；无论如何，食人俗与饥饿有关联，但饥饿并不必然与食人俗有关联。礼仪式食人俗无论是作为恶的象征还是实际上被实施，都是有关生命和死亡之缘由的一种陈述，并显示这些缘由是如何在社会生活和生物生命的恒久性中被人类所控制和支配的。③

仪式本身具有独特的象征意味。对于婚姻而言，钻戒是物品上的象征，婚礼则是行为上的象征。这种仪式性行为不仅加深了乃至固化了人们对于某些较为抽象事物的理解，更是为这些事物增加了规范性意味。我们看不见婚姻，但是能看见婚礼，它几乎就是人们所理解的婚姻的理想状态。新人不能一辈子都像婚礼那样过日子，但是婚礼不仅维系了所有人对于婚姻的美好想象，也承载了来自社会规范的严肃期待，因为它不仅象征着浪漫，更意味着责任。葬礼就像婚礼一样，将人们密切地联系在一起。葬礼上无须庄严宣誓，但是人们对于逝者的缅怀和追思加深了人们对于某

① ［古希腊］希罗多德：《历史》，徐松岩译，上海三联书店 2008 年版，第 160 页。

② ［美］佩吉·桑迪：《神圣的饥饿——作为文化系统的食人俗》，郑元者译，中央编译出版社 2004 年版，第 45 页。

③ 同上书，第 54 页。

些抽象之物的理解，比如死亡。死亡这种现象是相当直观的，但是我们对于死亡的理解，以及人们对于亲人去世的责任，并不那么直观。这种仪式感将那些原本稀松平常之事，比如婚配和死亡，变得严肃乃至神圣了起来。人们在对死者的追思之中，寄托了对生命本身的敬畏，以及对于珍惜自己和他人生命的使命感。不难设想，如果必须为每个逝者举行相当正式的葬礼或追悼仪式，那么谋杀案件将会得到极大的遏制，仪式本身不是对于作恶者的惩罚，但是它能够将那些仪式参与者团结起来，激发他们的正义感。

人们出于各种各样的目的，举行各种各样的仪式，它既能为好人服务，也能为恶人张目，端赖于行为的目的及其本身的性质。不过这不等于说，仪式本身是价值中立的。的确存在某些“恶”的仪式，生活并不缺乏过于繁文缛节的仪式，也不少见过于劳民伤财的仪式。一个能够附着在仪式上的意义即便再大，它也是有限的，而不能取代事情本身。比如，一场体面的婚礼固然必不可少，但婚姻生活、两口子过日子毕竟是一辈子的事情，对于仪式的过分重视最终可能本末倒置，使人们忽视仪式本身的初衷。因此也就不难理解，对于仪式的过度重视容易让人联想到形式主义，因此仪式本质上就是形式，不能说它不重要，但不能只有形式没有实质。相比于传统社会，当代的人们不再那么重视仪式感，这不能不说是人性的一次解放，因为在传统社会中，被繁文缛节所维系或巩固的有相当一部分是在当代社会已然不合时宜的制度体系或意识形态。我们现在的问题并非单纯的是仪式过少或者仪式感过于淡薄，而是在摒弃掉某些陈旧的仪式后，未能代之以更加符合时代特征的新仪式。

作为一种生活方式，仪式思维早已渗透到社会的方方面面，古代典型仪式如宗教和祭祀仪式，现代典型仪式如政治或军事仪式。贾雷德·戴蒙（Jared Diamond）的政治人类学考察表明，盗贼统治者为了得到公众支持而使用的一个至关重要的办法，就是制造一种为盗贼统治辩护的意识形态或宗教。[①] 族群和部落本来就有原始的鬼神信仰，但这不能被用来为中央权威辩护和为财富的转移辩护，也不能被用来对内维持没有亲属关系的人

① ［美］贾雷德·戴蒙德：《枪炮、病菌与钢铁》，谢延光译，上海译文出版社 2016 年版，第 283 页。

们之间的和平，对外团结应对外敌入侵，于是他们就将这些鬼神崇拜进行制度化，变成我们说的宗教或其他意识形态。并非只有他们才会如此，他们和现代国家里的英明政治家的区别、强盗贵族和公益赞助人的区别，只是程度上的不同而已：这只是一个从生产者那里榨取来的财物有多少被上层人物截留下来的问题，是平民对把重新分配的财物用于公共事业的接受程度高低的问题。[①]

敌对的意识形态之间往往存在不可调和的矛盾，这在极大程度上激发了彼此的冲突，暴力的破坏性也得到了几何级数的增长。与国际战争相比，部落战争中少见不惜生命危险而采取的行动，相反，进行袭击都是采用埋伏、诱敌或优势兵力的办法，千方百计地将自己村庄牺牲性命的风险减少到最低程度。尽管部落内部的谋杀比现代国家更为常见，但是部落之间的战争往往具有更强的象征性和仪式化意味：在正式开战之前，双方虚张声势[②]，不会贸然进攻；战斗出现伤亡后双方更多地不是组织更大规模进攻，而是撤退保存实力。

兰德尔·柯林斯（Randall Collins）在分析展现新几内亚高地的部落战争的人类学电影《死鸟》（*Dead Birds*）时指出：

> 只要有一个人死亡，战斗就会停止；尸体会被带回村庄安葬，另一方则会举行庆祝仪式。这段用于庆祝的时间其实是一种潜在的休战；前线无需有人把守，所有人都在参与双方各自的仪式。此外还有其他方法来限制战斗；倘若天气糟糕，或者雨水会破坏他们的战斗装饰，战士们便会同意暂停战斗；他们也会在战斗中暂停，用来进食和讨论各自的表现——通常都是自吹自擂，夸大其词。[③]

---

① ［美］贾雷德·戴蒙德：《枪炮、病菌与钢铁》，谢延光译，上海译文出版社 2016 年版，第 281 页。

② 虚张声势要求满足一定的条件：它是一种势均力敌的仪式，而不是不断升级、试图压倒对方。当虚张声势反复进行下去就会变得无聊，潜在的冲突也会随之解决，这正是冲突各方乐意看到的。（［美］兰德尔·柯林斯：《暴力：一种微观社会学理论》，刘冉译，北京大学出版社 2016 年版，第 479 页）如果双方实力悬殊，而弱势一方有自知之明的话，很可能会演化出一种"鹦鸽博弈"的策略均衡。

③ ［美］兰德尔·柯林斯：《暴力：一种微观社会学理论》，刘冉译，北京大学出版社 2016 年版，第 43 页。

柯林斯对此所做的乃是微观社会分析，因此并没有强调其宏观的一面实属正常。统治者的意识形态就是这样一种宏大叙事，这直接导致国际战争与原始部落冲突之间有根本区别：战斗之前，同仇敌忾的怒火、为国捐躯的激情会被快速点燃；战斗即便处于非常不利的局面，也往往被激励战到最后一兵一卒；军纪更加严厉整饬，譬如，不少国家的刑法里至今仍保留有战时临阵脱逃罪、投降罪等军人违反职责方面的罪名。战斗的组织性、纪律性和杀伤力得以极大提升的同时，战争合法性和复仇动机也得以极大渲染，“下场战争务必拿对方的鲜血洗刷罪恶”。个人、帮派和部落冲突中演化出来的那种仪式性、象征性打斗，被国家理性所取代。

当然，国家理性并不排斥政治仪式的存在。政治斗争在某种意义上乃是仪式之争，诚如人类学家大卫·科泽（David Kertzer）所言：“政治精英借助仪式来合法化他们的权威，反对者则用去合法化的仪式予以反击。仪式或许是保守者的命之所系，但它也是革命的活力源泉。”① 早在一个世纪以前，涂尔干就在《宗教生活的基本形式》中指出，仪式在政治制度和政治权力合法化的过程中发挥着重要作用，进一步，仪式会对任何偶然存在的政治制度简单地起到强化作用。这种不可思议的做法与一个部落的图腾崇拜一样，包含了一种非常典型的神秘主义基质。② 对此，大卫·科泽批评道，前者可以理解，但后者不能接受：“实际上，如果接受了后者，那么就意味着仪式只能（以及错误地）被当作一种天性保守的政治力量，对政治冲突或政治变化毫无作用。”③

涂尔干对政治仪式之社会功能的描述性刻画是对的，科泽对政治仪式的规范性批评也有其道理，这是两种不同类型的思维方式。仪式可以为个体理性和部落理性服务，也可以为国家理性服务，就此而言，它本身的确是价值中立的。但是，它也可能为一些天性保守的政治力量服务，权力通过仪式加以呈现，仪式反过来巩固了既得的权力和既有的意识形态，不管这些权力和意识形态的正当性如何。

① ［美］大卫·科泽：《仪式、政治与权力》，王海洲译，江苏人民出版社2015年版，第3页。

② ［法］爱弥尔·涂尔干：《宗教生活的基本形式》，渠敬东、汲喆译，商务印书馆2011年版，第463页。

③ ［美］大卫·科泽：《仪式、政治与权力》，王海洲译，江苏人民出版社2015年版，第47页。

二　商业电影中的恐怖与暴力：“恶”的娱乐化

娱乐活动与仪式化关系不大，但仍有理由称之为“现代神话”。譬如，今天世俗时代的人们是从影视节目或游戏项目而非宗教神话中频繁地接触各种各样的邪恶形象的。实际上，罗伊·鲍迈斯特尔对“纯粹恶的神话”的批判就建立在商业影视剧、儿童卡通和大众传媒中的恐怖、战争、暴力叙事之上的，传统宗教中的恶魔形象之所以如此深入人心也同样有赖于现代传媒和大众文化的发达。[①]

恐怖片和动作片中的邪恶、犯罪、暴力镜头所塑造的邪恶形象就像这些影片本身一样，具有高度类型化特征，“恐怖”“残忍”“邪恶”“暴力”本身就是它们的“脸谱”。通常这些恶棍是受对财富和权力的贪欲所驱使，并且这些动机是毫无遮掩的，虐待狂和自私自利是其最为常见的两种形式；尽管他们有时表面上显得阴险狡猾，实际上足够愚蠢和自负，这些致命弱点最终葬送了他们自身。[②] 因此不管正面人物起初受到多种非人折磨和挫折苦难，胜利必定属于他们或他们中的某人。由于恶魔是不值得信任的，所以那些轻信他们的人也要付出代价。当然还包括从恶魔那里分享了自私、愚蠢和自负的人。不过，这些人本质上仍然是值得同情的，他们的肉身或至少灵魂最终得到了救赎，而给他们带来苦难的恶魔则是十恶不赦的，完全没有得到救赎的可能性。

西方式的恶魔、东方式的鬼魂之所以在商业电影和大众娱乐中受到欢迎，正是因为人们需要它们，“它们以某种重要的方式与人们对世界的看法相联系……表明了人们试图以特定的方式理解邪恶的一种根深蒂固的倾向”[③]。表面上看，这是一种无害倾向，不仅因为娱乐化的恶魔形象是无害的，人们能够在虚拟场景或足够的安全距离内尽情地欣赏“丑恶之美”“暴力之美”，更重要的是，这种“恶的娱乐化”本身折射出来的普通人性深处或潜意识中的毁灭欲、破坏欲、死亡欲也是无害的，相反，它在精神分析学上乃是一种必要的“恶的治疗”。

---

① ［美］罗伊·鲍迈斯特尔：《恶——在人类暴力与残酷之中》，崔洪建等译，东方出版社1998年版，第88—100页。

② 同上书，第92页。

③ 同上书，第90页。

人们能够从中得到压力的释放、情绪的宣泄，在美学上甚至可能获得某种“灵魂的升华”。

然而，至少从哲学上看，上面这些都只是表象，因为我们能够表明，这种借助娱乐化而被表征出来的东西，恰恰源于人们关于恶的一种根深蒂固的成见，也就是那套“纯粹恶的神话”。故事是假的，稍有理智的人都能将虚拟的恶与现实的恶区别开来。但问题在于，人们在不知不觉之间仍然认为，尽管故事是虚构的，但据娱乐化的方式传达的道理是真实的。然而我们深刻怀疑“恶的理论”的真实性。有人认为，一个恐怖故事的价值恰恰不在于恐惧自身，相反，在于恐惧、血腥、暴力等“邪恶元素”被剥离之后还能剩下什么有意思的东西。观众们稍经反思之后会说，至少还剩下那些“恶的教训”，也就是导演或编剧透过恐惧镜头向我们传达的东西，比如，我们对于普通人性之恶的理解，这种人性之恶，也许包括美好事物的脆弱性，那些原本相当温情脉脉、充满希望的画面，就被某些人的无心之失或自负、粗鲁、愚蠢、轻信之类的“恶习”所毁坏了。

现实生活深受体制约束，但是电影不受此限，就好比人们在梦中可以大快朵颐而不必担心长胖。电影是虚拟的，但折射了人们的真实想法，其中不仅有无数匪夷所思的情节铺陈，还有无比畅快淋漓的情绪宣泄。作为一部由迈尔·扎奇（Meir Zarchi）执导的富有争议的强奸复仇类影片，《我唾弃你的坟墓》讲述了作家珍尼去一个河边小镇度假，在夜晚被几个男人施暴，宛如从地狱复活的复仇，珍尼展开了对地痞们的报仇故事。这里没有程序正义，公共权力在这里不再奏效，要么完全鞭长莫及，要么与地痞流氓们一丘之貉。确实没有比来一场痛痛快快、一网打尽的私人复仇更加扣人心弦的桥段了，折磨、杀戮不再与我们的正义感冲突，“主角光环”这样的老套设定也不会给人以丝毫不适感。

在《男人、女人和电锯》一书中，卡罗尔·克洛弗（Carol J. Clover）特别考察了《电锯惊魂》《我唾弃你的坟墓》这类低成本恐怖电影的受欢迎程度。他认为，尽管这类电影在传统上被理解为只为大多数男性观众提供虐待狂般的快乐，但它们并没有让观众与男性折磨者结盟，而是相反，让观众与被折磨的女性结盟——尤其是“幸存的女孩们”——因为她们在起身拯救自己之前忍受着恐惧和折磨。[①] 克洛弗试图告诉人们，恐怖电影的价值观取向是没有问题的，拍摄技巧也在不断提升，其低成本小制作更让投资人有利可图。

然而，这不应该是故事的全部。在此不禁追问，电影通过恐怖或暴力所渲染的东西是什么？通过恶的娱乐化所获得情绪宣泄或压力释放的同时，是否也付出了某些被长期忽视的代价？也许它们就像一些垃圾食品，虽然短期内能为我们减压，但它们仍能让我们的肌体更加虚弱，诚然那都是些虚拟的游戏或扮演的场景，正常人不会愚蠢到将它们代入真实的生活，然而我们要追问的本来就无关现实真实，而是关乎艺术真实。也许从艺术上要求它们太过苛刻了，因为它们原本就不是纯粹的艺术。是的，它们只是娱乐产品，不管在心理学上还是经济学上都能获得令人满意的辩护。我们对恐怖、暴力和色情游戏的沉迷，在心理学上已然涉及弗洛伊德所说的“本我”层面，毕竟在现实生活的重压之下，性本能和死亡本能也必须寻求某种“放风”的机会。无论这些算不算人性中的阴暗面，都无法掩盖另外一个事实，那就是这些娱乐项目得到了市场机制的大肆利用，有些人发现有利可图，他们消费了人性的某些本能，而不管人性是善是恶，这种“消费人性”的市场机制是恶无疑。

“法律正义的存在目的，是驯化、平抑、控制一切形式的复仇，以维护社会和平与公正。”[②] 然而，程序正义的复杂性，使得人们在惩恶扬善的现实生活中很难体会到畅快淋漓的感觉。在实质正义严重欠缺的环境下，这部电影还可能暗示了一种令人尴尬的隐喻：女主角珍尼的处境，就是每个人的现实处境，以暴制暴在其中是一个最为简单朴素的行为逻辑——这在客观上阻碍了法治社会的建立。至于那些被形式化的娱乐型之恶，不会受到这种复杂性的约束，尽管披着实质正义的外衣，仍然着眼于从作恶或者以恶制恶中获得快感，包括好奇心、窥私欲、性本能以及死亡本能的宣泄。那些正面反映程序正义的故事给人们带来的，是另外一番审美体验，它接近于人们在纯粹艺术中所体验到的愉悦感。至于想象力和创

① Carol J. Clover, Men, *women*, *and chain saws* : *gender in the modern horror film*, Princeton: Princeton University Press, 2015.

② ［美］朱迪丝·施克莱：《不正义的多重面孔》，钱一栋译，上海人民出版社 2020 年版，第 23 页。

造力的培养，完全可以借助纯粹艺术的媒介来实现，同时还能避免这种形式化的娱乐型之恶。

第二节　恶的艺术化与形式化

艺术有时与仪式类似，“异化”了人们对于恶的理解，但是从根本上看情况并非如此：存在一种字面上看起来有点怪异的“恶的美学”，它提醒我们注意到，文学艺术有助于人们深化和拓展对于恶的理解：“恶的美学纲领的目的在于，在非道德的、怪癖的、令人恶心的、丑陋的、变态的和病态的空间里，确定迄今为止人们尚不熟悉的（或者可以给予高期望的）美的飞地。”[①] 恶可以作为审美的对象，我们不是从恶自身而是从艺术家对待恶的态度当中获得审美愉悦的，它像所有以真善美为主题的艺术作品那样，陶冶我们的情操，净化我们的灵魂。

一　绘画与小说：“恶”的艺术化

席勒宣称，人只有在游戏时，才是真正的人；游戏让人了解世界，学会做人，学会创造，还能像苏格拉底眼中的哲学那样让人学习死亡。艺术就是这样的游戏，但是这种游戏经常遭受恶意的诋毁，然而艺术有自我辩护的权利。吕迪格尔·萨弗兰斯基（Rudiger Safranski）据此认为，倘若艺术在一个充满罪恶的世界里好歹必须证明它的生存权利，从被告的角色转入原告的角色表现其“社会批判”的潜能的诱惑力就不难理解了；它以这样的思想为自己辩护，艺术同世上的罪恶在以下条件下可共存：首先是这些罪恶将明确成为主题，其次是人们无须做出似乎仅通过艺术就能取消罪恶的样子，最后是对软弱无力的、脆弱无能的同情的责任，而艺术那微弱的声音应该成为弱者的声音。[②]

人是终有一死的造物，有死性是其必然命运。人不仅无法避免作恶，甚至也无法避免犯错。大量生活教训告诫人们，哪怕是微不足道的无心之

---

① ［德］彼得－安德雷·阿尔特：《恶的美学》，宁瑛等译，中央编译出版社2015年版，前言第2页。

② ［德］吕迪格尔·萨弗兰斯基：《恶，或自由的戏剧》，卫茂平译，生活·读书·新知三联书店2018年版，第224页。

失，仍有可能铸成终生大错。对于这种“易错性”（fallibility），古人们往往手足无措，不得不求助于神祇。不唯如此，在《恶的象征》中，保罗·利科认为，在任何文化和任何时期，过错的肇因似乎总是被追溯到神祇，并且这些神祇最初利用人的弱点，对于人的“不信神”的自负给予惩罚。这样，作为一种命运不公的人类之恶成了神考验人类信仰的一个必要手段，因为恶的本质和善的本质具有同样的“神圣起源”，因而，“神与恶魔的无差别就是悲剧的神学与人类学的固有主题”①。

格尔尼卡原本是一个西班牙的小城镇，在“二战”中，纳粹德国的空军轰炸了该镇。巴勃罗·毕加索（Pablo Picasso）以轰炸之后的格尔尼卡为蓝本，创作了油画《格尔尼卡》。该画采用了写实的象征性手法和单纯的黑、白、灰三色营造出低沉悲凉的氛围，渲染了悲剧性色彩，表现了法西斯战争给人类造成的灾难。尽管这幅作品在风格上的立体主义、超现实主义让许多人略显陌生，但丝毫并不影响每个人都能深切感受到画家喷薄而出的强烈情绪，表达对战争罪犯的强烈控诉和对这次事件中逝者的沉痛哀悼，如果用一个字来刻画其主题，那就是“恶”，的确再也没有比它更能表现痛苦、受难和兽性的字眼了。

也许在某种程度上，艺术是一个小小的例外。相比于技术、仪式和大众娱乐，艺术特别是其中的纯粹艺术，作为意识形态的一种，也具有与技术或政治仪式同样的功能，为实质上的恶辩护，而不是去削弱它。从表面上看，意识形态的“宏大叙事”往往并不缺乏想象力。这些故事的讲述者可以是专业的小说家，他们完全有能力将故事编造得非常离奇、引人入胜。他们认为，故事被编造得越有吸引力，它传播的那套理论就越有生命力。

在艺术上，通过讲述和阅读“虚构的故事”，构造独特的生活场景，可以促进想象力、敏感性和判断力的培养，而这些能力在相当程度上有助于缓解来自“纯粹恶的神话”的观念束缚。在艺术中，恶被升华成为一种审美对象。距离产生美，审美无利害，这些观念可谓老生常谈。但我能从恐怖小说中体验某种美的愉悦——惊险刺激也是一种放松——并不单纯

① ［法］保罗·里克尔（利科）：《恶的象征》，公车译，上海人民出版社2014年版，第189页。

因为这些恐怖故事离我很遥远，必然还有其他原因。艺术作品对于暴力和恶行的描写，可以宣泄我们的暴力本能，满足我们的毁灭欲和生死爱欲，而不用承担现实的后果。

纳斯鲍姆在《诗性正义》一书中所倡导的就是后面这种自然能力，也就是通过讲故事而能够使人行使正义的能力。施克莱在《平常之恶》中同样非常强调讲故事的作用。讲故事应当只是描述，而不是诠释。描述的对象是自然事实，或者是另一个故事，而诠释的对象是某一套理论或某一个教条。由于诠释具有很强的目的性，所以那些用来诠释的故事究竟是虚构的还是被建构的已经不太重要了。这里的建构可以被理解为一种挑选，也就是基于一定的标准从大量已然发生的事实当中挑选那个“最能说明问题”与“最具有解释力”的，至于是否原原本本地将故事讲出来还是对它进行任意裁剪加工，可以丝毫不必在意，因为它们只是手段。

想象力是一柄双刃剑。柯林·麦金（Colin McGinn）在《伦理、邪恶与虚构》一书中有一个深刻洞见，即我们关于邪恶的概念是基本虚构的事件。[①] 虚构有时候被当成是一种建构，它不是以理论建构或“讲道理”的方式进行的，但并不影响其对社会现实的影响力，在迷惑性上甚至更胜一筹。同样是讲故事，可以“主题先行”，而那些后来被杜撰好或者被挑选出来的故事，只是对那先行的主题或抽象的指导原则的形象化解读，也可以无须这种理论先行的套路，只是发挥每个人身上的自然能力。这两种虚构之间的区别往往被人忽视。

虚构的故事无须承担“现实真相”（real truth）的责任，与媒体报道、历史叙事有所不同。而在涉及“现实真相”的地方，来自社会系统和权力结构的管控有时候会非常严格。若以“媒体报道”名义虚构一件事情，可能被公权力以“造谣滋事”进行处理。但若以艺术之名，即便讲述一个荒诞离奇千倍的故事通常也安然无事，这就是对现实进行“艺术加工”的一个便利之处，不能说艺术叙事与现实真相完全无关——某些艺术创作可能被指责“影射现实”——但至少可以说艺术加工的幅度和弹性仍然是足够大的。艺术并不受到来自“字面真理”（literal truth）的限制，这个特点有助于彰显艺术家身上以及艺术本身的那种被称作

① Colin McGinn, *Ethics*, *Evil*, *and Fiction*, New York: Clarendon Press, 1997.

"本真性"（authenticity）的东西，而对于本真性的孜孜以求，正是艺术永恒魅力之所在。

不受现实真相或字面真理制约，并不意味着艺术对现实漠不关心，相反，它同媒体报道和历史叙事一样关心现实。此外，考虑到现实本身的局限性，艺术甚至要更加关心那些超越现实的东西：与现实的"此岸"特征相比，艺术更加关心代表价值追求的"彼岸"世界；与现实的"表层"特征相比，艺术更加关心代表终极本质的"深层"世界。我们在"诗性正义"理论中所看到的，就是艺术家们对于正义理想的一种艺术化努力，而我们在古希腊悲剧中所看到的，正是悲剧作家们对于人类命运痛彻肺腑的反思。这些东西扎根于现实，但同时又达到了对现实之局限的反省和克服。

讲故事是必要的，但讲故事不是一切。在所有关于"恶"的故事——就其反面而言，也包括所有"善"的故事——中，必须首先将那些真实的事件与虚构的故事区别开来。真实的事件并等于历史学家笔下的故事，因为历史学有一整套带有其自身学科特点的叙事方式；虚构的事件则在很大程度上等于文学作品或艺术创作中的"叙事"。当然这里的"文学"和"艺术"都不能被狭隘化地理解，比如说，如果谁规定只有反映某种特定题材或以某种特定风格创作的文字才算文学，那么这种文学概念不要也罢。艺术同样有其无限性：一种通向"真实性"（真理）的无限性。亚里士多德的名言对此做出了极好的诠释："诗比历史更真实。"[①] 这里的"诗"狭义上指古希腊悲剧诗，中义上指各类诗歌，广义上乃是文学艺术的通称。

那么，在艺术与现实之间是否存在一种单纯的"有限性—无限性"关系呢？我们认为并非如此。现实中仍然蕴含某些深刻的无限性，而它是无法被艺术所取代的。当然这里的"现实"概念不仅有其过去—现在—未来的历史维度，还包括可能性—现实性的（模态）逻辑维度：与作家艺术家为我们打开的艺术空间相比，现实为我们打开的空间容许过去、未来的存在和逻辑上的可能世界。艺术当然也有属于其自身的可能世界，但它仍然在一个方向上与现实性相连：艺术家、受众和媒介是现实

① ［古希腊］亚里士多德：《诗学》，陈中梅译注，商务印书馆 1996 年版，第 81 页。

的，并且很多时候，艺术创作的理念也只是现实的折射，就此而言，艺术仍有其受制于现实有限性的一面。相反，在另一个方向上，现实自身也有其无限性的一面，只是很多时候被其有限性遮蔽了，于是人们转而寻求一种艺术的无限性，但实际上，艺术的无限性不能取代现实的无限怀，因为它们是两种截然不同的无限性，相较而言，现实的有限性与艺术的有限性之间则具有颇多相通之处。

在恶的故事与恶的理论之间，恶不能仅仅凭借故事得以呈现，尽管这种呈现有其不可替代的形象化特征；在恶的故事内部，恶不能仅仅凭借虚构的故事（可称之为“恶的艺术”）得以呈现，尽管这种呈现同样有其不可替代的艺术化特征。纯粹恶的神话可能会误导我们简单地排斥“恶的理论”，它可能不会在“恶的现实”与“恶的艺术”之间做出区分，然而这种区分是相当必要的。在不同的历史阶段，艺术仍然具有意识形态色彩，除了来自艺术家、受众和媒介方面的现实局限性，还不应该忽视其观念上的局限性。艺术只是现实的艺术，而不是“艺术的艺术”，离开了现实的土壤，艺术无法被现实中的人所创造、所理解。

许多人相信自己的直觉。直觉有时是错的，有时候又相当准确，尤其在很难甚至根本不可能掌握可靠的事情真相时，诉诸直觉成为一项必要的生存技能。这里的问题在于，在某些特别的事情上，人们往往缺乏可靠的方法来判断自己的直觉是否准确。每当这个时候，如果你非常信任自己的直觉，可以通过艺术化的方式表达出来，而不能假装自己是目击证人、新闻记者或历史学家。人们希望目击证人、新闻记者和历史学家呈现的是字面意思上的“现实真理”，而艺术家们通过自己的艺术虚构、风格化处理所呈现的是一种“艺术真理”。后者能更加准确地表达你对现实的直觉，而不用承担在现实中捕风捉影甚至信口开河所产生的现实责任。

艺术创作并非没有边界。艺术世界不是现实世界的一部分，但是艺术活动的参与者是现实世界的一部分，他们的所作所为同样受到现实世界的制约。但不管怎样，艺术活动所受到的限制，与现实活动所受到的限制不可同日而语。艺术活动所受到的制约很多时候来自于艺术家本人的能力局限，比如他的想象力有限（可能由于他生活阅历不够或其他原因）或者创作能力有限（可能由于他缺乏必要的创作技巧或天赋）。想象力是创作能力的一种，但这里之所以将两者并列，有一种权宜的考虑：从一种相当传统的观点看，想象力通常负责艺术作品的“思想内容”部分，而创作能力通常涉及“艺术形式”部分。自不必说，这种区别是勉为其难的。总而言之，如果艺术家缺乏必要的天赋，就无法创造出有助于丰富、深化我们对于邪恶之理解的作品。

二　“优越性”之恶：从暴虐到形式化

从实质之恶（substantive evil）转向形式之恶（formal evil），这与后人类时代所追求的“形式优越性”密切相关，因而是人类的“优越性本能”在恶方面的反应。形式上的恶，减少了娱乐型之恶的发生频率。此外，由于自尊型的恶在很大程度上涉及卓越性问题，因此如果存在一种将这种卓越性进行形式化的方式，也可以促使实质之恶的减少。

形式优越不是实质优越，相反，形式优越维持甚至加重了原来优越性上的不平等。与此类似，形式上的恶也加重了原来就意味着不公平的实质上的恶，特别是其中的社会系统之恶，以及权力结构之恶。科学技术的发达，包括人工智能的发展，以及“后人类”时代的到来，并没有削弱实质性优越以及实质之恶产生的土壤，甚至反过来进一步夯实了它。

人们有时候不仅无法避免作恶，甚至无法从凌乱的生活事件中辨识出恶来，其中的一个主要原因是判断力的匮乏。古希腊众神之一的利库尔戈斯（Lycurgue）告诫人类：“当愤怒的恶魔要攻击人时，首先夺去他的理解力，并使他的判断力每况愈下，所以他并没有意识到自己的错误。”①

实质优越是社会残酷的一个结果，追求优越感是人性的自然倾向。在精神分析学家们看来，自卑感因婴幼儿时期的无能和对别人的依赖而引起，人试图对它进行补偿，由此自卑感成为人的行为的动力。优越感是自卑感的补偿机制。优越感可能是形式上的，可以称之为形式优越。追求优越是人之活动性和互动性的集中体现，但如果不对追求优越的过程中加以引导，它可能会走向“反动”，引导它的一种方式是追求形式优越。有些优越感是虚张声势，真正短兵相接时可能不堪一击。那些有自知之明的人，懂得虚张声势的好处，而且也知道它的局限在何处。邪恶并不直接来

① 转引自［法］保罗·里克尔（利科）《恶的象征》，公车译，上海人民出版社 2014 年版，第 199 页。

自于力量的差距以及由此带来的优越感。那些比你优越太多的人，很多时候并不在你面前表现出来，并不是因为他缺乏优越感，而是他觉得你不配让他在你面前表现出优越感。

如果只靠自己，个体之间的优越性差异往往不够大，但是个体背后的家族势力、宗教势力，会把个体之间的实力差距拉大到另外一个数量级。进一步，如果一个人的背后是国家暴力机器作为支撑的，他与那些无此支撑的人之间，尤其是那些社会底层人员之间的实力差距会大到令人难以置信。几乎每增加一个政治地位层级，他相对于他们的实力优越性就会增长一个几何级数。那些处于权力金字塔顶端的人所拥有的优越性，与社会底层之间的差距是天文数字般的。一个国家越大，它需要的管理层级就越多，所需要的叠床架屋式的官僚机构也随之增加。这实际上在管理层与被管理层之间，以及各个管理层级之间的实力差距会比那些管理层级小的国家更为悬殊。

按照笔者的理解，阿伦特在《论暴力》中指出了官僚体制权力运作中的悖谬性特征。一方面，国家越大，官僚层级越多，管理性事务就越多，管理者“匿名的权力”也就越大；另一方面，在一个完全成熟的官僚体制中，人们甚至找不到可以与之交锋的与人们迥然有别的那些对人们施加权力的人，因为在官僚体制中，每个人都被剥夺了政治自由和行动的权利，但是“无人统治”（没有一个明确的、唯一的统治者）并非“无一统治”（没有人实施统治），而在所有人都同样无权的地方，我们就有了一个“没有暴君的暴政”。[①] 官僚体制内部，人人可以肆意滥用权力，又无须出来负责，仿佛在这里需要负责的是那个体制本身，而不是其中任何一个人，然而体制不是人，人们不知道如何让那种我们称之为“体制”的东西，像人一样站出来承担责任。

国家可以为民众提供公共福利，但是国家也必须处于被良好治理的状态。权力的潘多拉魔盒一旦打开，如果不善加使用，其危害更甚于无政府状态。对此，保罗·利科如是说道：“不是因为权力是恶，而是作为杰出人物的威严的权力受恶的支配；也许，在历史中，权力是恶的是主要原

① ［美］汉娜·阿伦特：《共和的危机》，郑辟瑞译，上海人民出版社 2013 年版，第 133—134 页。

因，是恶的最主要证明。因为权力是一种非常重要的东西，它是国家的历史合理性的工具。任何时代都不应该放纵这种反常现象。”[①] 权力意味着实力上的优越性，因为权力的逻辑同样适用于后者。优越感本身并不是一种邪恶的心理状态，相反，它在某种意义上乃是“人之常情”，但是它就像一座蓄水量超级巨大的水坝一样，总是蕴藏着令人震惊的恶的可能性。优越感可能以一种反动的、被扭曲的方式表现出来，它可以使拥有它的人在那些卑微者面前获得一种常人难以切身体会到的“施虐感”，正如我们从某些单纯为了取乐而虐待小动物的人身上所看到的那样。

有人能从性虐待中享受到这种容易上瘾的刺激或满足，这种暴虐的快感在某种意义上成了性和权力的隐喻。官本位国家里的“官大一级压死人”现象所折射出来的暴虐式快感，很多时候并不发生在地位过于悬殊的人们之间——除了一些作秀式的权力表演，最上层与最底层在现实中发生实质性接触的机会本来就不多——更多地表现在那些其自身地位不高但相对于那些卑微者又具有直接碾压式优势的人身上。这种优越之恶的危害性具有极大的隐蔽性，因为当事人的权力不算大、地位不算高，难以引起上层的足够重视，但是他们在那些卑微者面前就像挥之不去的梦魇，受刁难者或被压迫者对此深恶痛绝，却又无处可逃：这种优越感宣泄在“点”上是那么简单粗暴，在“面”上又是那么无孔不入。人们对此无可奈何，只得忍气吞声，并非畏惧优越者手中的直接权力，而是畏惧其身后利维坦式的靠山：作为国家这个无比庞大的权力机器中的一分子，出于他们那追求实质优越的人之本性，除非迫不得已，否则决不愿意放弃几乎快意恩仇的那“狐假虎威”式的暴虐性优越感。

何谓形式优越？对此，弗朗西斯·福山（Francis Fukuyama）较为集中地论述如下：

> 除了经济领域和政治生活外，优越意识日益在纯粹形式的活动中找到了发疏渠道，比如体育、登山、赛车等。一场体育竞赛，除了让某些人成为胜利者另一些人成为失败者之外，并没有其他“要旨”或目标——换句话说，优育竞赛满足了被承认为比别人更优越的欲

① ［法］保罗·利科：《历史与真理》，姜志辉译，上海译文出版社2015年版，第257页。

> 望……登山运动员为自己重现了历史斗争的全部情境：危险、疾病、艰苦，最后还有暴死的危险。不过，目标不再是一个历史的目标，而是一种纯粹形式的目标……对于绝大多数后历史的欧洲国家而言，世界杯已经取代军备竞赛成了民族主义者竞逐第一的渠道。①

简而言之，一个人的实质优越是被自己所珍视（必要时加以炫耀），同时被同类所承认（有时伴随着嫉妒）的较高的社会地位及伴随而来的政治、经济、文化特权。这种特权有时候表现为阶级差异，比如在资本主义社会里，资本家相对于无产阶级的特权。有时候表现为物种差异，比如人类相对于动物的特权。诸如此类。而后人类内部的差异，很有可能介于这两类差异之间。举动物与人的例子可以表明两种优越之间的区别。许多动物都有优越于人类之处，比如非洲豹子擅长短跑、鹰隼还能驰骋天空，但这些优势不影响人类相对于它们的实质性优越——相对于人类对地球的绝对控制而言，它们的这些优势特长只不过是“形式优越”。

形式化本身是想象力的产物。试想，如果游戏开发人员缺乏足够的想象力，玩家就很难满足于游戏带来的形式化的优越之感。但这种通过艺术想象或者虚拟技术所获得的优越感，往往是快餐化的、扁平化的，它缺乏精神上的营养价值，也缺乏足够的切身性，比如，暴力游戏、色情文化给人们带来的刺激也存在这些问题。我们在虚拟的暴力游戏中很难切身体会到什么叫血肉横飞，也很难在一个人时刻面对伤痛、残疾甚至死亡的环境中体会到不可或缺的那种血气之勇。血气之勇未必值得提倡，但几乎没有其他美德能够在对这种形式化优越的追求中被培养起来。人们不再需要传统的美德，同时也无法培养起新型的美德。

形式化的色情游戏同样有别于实质性的色情游戏，在《堂璜》或《金瓶梅》中能够找到这些色情游戏的艺术化版本。凭借技术手段，在虚拟的色情中所能获得的色情体验可能会超过传统的读者从《金瓶梅》中获得的那种体验。但这些体验终究离现实更遥远，也许它更加刺激，更加让人欲罢不能，除此之外呢？它是形式化的，而现实中的色情游戏则是实

① ［美］弗朗西斯·福山：《历史的终结与最后的人》，陈高华译，广西师范大学出版社2014年版，第327—328页。

质上的。后者是生活的一部分，是人间情愁爱恨的源泉，也是想象力的源泉。它不是一种被形式化的情愁爱恨，也不是一种被模式化、套路化的想象力。在技术上开发色情游戏的人并不是真正的色情玩家，他们所能提供的游戏体验同样是粗糙的、同质化的，同时也是缺乏生命力的。在现实的色情游戏中，生命力的确可能创造恶，但也能给人们带来关于恶的反思。反思的土壤一旦被污染，人们追求善、克服恶的途径实际上就少了一条。如果说，现实的色情游戏是一种有意义的“恶”，那么技术化的色情游戏就有可能是无意义的“双重之恶”。

三　人工智能与后人类时代的“恶”

人工智能的高速发展为我们反思人类之恶提出了新的问题，也带来了新的挑战，包括技术上的、制度上的以至于形而上学上的挑战。人工智能技术所带来的问题并没有像传统的社会伦理问题那样带有极强的文化相对性，但它在一点上不能不让人刮目相看，也就是它能通过改造人本身，或者诞生一个新的物种，比如通过对人类个体进行部分的人工设计、人工改造、人工美化、技术模拟及技术建构，使“赛博人”（cyberman）从科幻走进现实，这意味着“后人类”（posthuman）时代终将到来。而这一切在观念上的颠覆之处在于，它基本上可能掀起一场前所未有的“人类学革命”。

人类在三个层面上与人工智能打交道，因此会形成不同层面的问题。首先是人类以人工智能技术作为工具或手段，来达到传统意义上的行为目标，这就好比传统打字机能打字，电脑也能打字，就打字这个行为目标来说，电脑的效率比传统打字机更高，字体也更美观，诸如此类。人工智能的功能当然不只是打字，而几乎是全方位的，从家庭的扫地机器人到战场上的机器人士兵。况且人们也不会满足于仅仅将它当作一种便利而高效的工具，而是涉及第二点，也就是它本身也可以作为人类行为的结果或对象。如果说作为工具的人工智能只是人类与传统行为结果之间的媒介或桥梁，那么作为对象的人工智能就已经不再是传统的行为结果。比如，借助人工智能或网络神经系统来作画，其行为结果就可能是一幅严格意义上的艺术作品，这意味着一种全新的艺术门类的诞生，其对艺术史的影响可能会超过雕塑在米开朗琪罗手上成为一门严格的艺术，以及摄影作为光影成像技术后来终于取得主流艺术界的承认，因为人工智能不仅能成为艺术对象，甚至可能成为严格意义上的艺术主体。这就涉及人类与人工智能打交道的第三个层面，也就是作为认知主体、道德主体、政治主体乃至艺术主体的人工智能。

人工智能并不是孤立发展的东西，它从单纯作为人类工具经过作为行为对象最终作为行为主体的过程，实际上也是它与传统人类即所谓“肉人”（fleshman）在技术上的界限日趋模糊的过程，当然这还有赖于生命工程、仿生工程等技术领域的关键突破。人与机器之界限日趋模糊，这显然是人为选择的结果，不是机器把人类搞成那个样子，是人类将机器做成这个样子，让他们掌握强大的自主学习能力、人工神经网络系统、一定程度上的情感水平乃至自由意志水平。与此同时，传统人类也会借助生命工程、仿生工程等技术手段向机器靠拢，使其自身克服“肉人”的传统缺陷而取得机器的优势，比如超强的计算能力以及对环境的超强适应能力，而这些不仅意味着“后人类”在“配置”上的更新换代，也意味着拥有更加长寿的生命，因此它将在很大程度上改变人类学的基本图景和历史的发展轨迹。

根据实际需要，机器人可以被做成各种形状，其中最值得关注的一种形状，就是“人形机器人”。我们不仅对一种机器是否拥有人类如此强大的认知、情感和意志能力深感兴趣，还会对这种机器即便在外貌上也能通过图灵测试而感到好奇，这意味着它们可以在最大程度上参与乃至改变整个人类生活，它们是我们的朋友或者配偶。人形机器人会像传统“肉人”一样作恶多端吗？许多人对此深表忧虑。好在在功能和外貌上通过双重图灵测试的人形机器人在技术上不可能是一蹴而就之事，所以任何一种伦理学反思或法制规范都具有前瞻意义。譬如对此的一个伦理学困惑是，与非人形机器人相比，我们对人形机器人作恶会感到更加恐惧吗？

假设存在三种可能行善也可能作恶的道德行为主体：

（1）传统人类或“肉人”；

（2）人形人工智能：外形像人，并且具有与人类相似的行善能力；

（3）非人形人工智能：外形不像人，但具有与人类相似的行善能力。

若将后两者进行比较，我们在直觉上倾向于认为，在行善能力相同的情况下，外形像人的人工智能与外形不像人的人工智能相比，我们能够从前者那里获得更良好的善的体验。但是在作恶方面的表现，后两者的表现与此不同：

（1）传统人类或“肉人”；

（2）人形人工智能：外形像人，并且具有与人类相似的作恶能力；

（3）非人形人工智能：外形不像人，但具有与人类相似的作恶能力。

我们在直觉上倾向于认为，在作恶能力相同的情况下，外形像人的人工智能与外形不像人的人工智能相比，我们能够从前者那里获得更糟糕的恶的体验，譬如更让人恐惧（当它对人的危险性足够大时），或者更让人厌恶（当它对人的危险性不够大时）。

这个比较在很大程度上提示我们要重视一个问题，亦即对“善”的技术展望，以及对“恶”的技术治疗是否可能？换言之，我们是否有理由期待通过人工智能特别是人形机器人的充分发展，帮助人类实现更大更多的善，抑或从消极一面看，将我们从传统人类之恶中拯救出来，从而改写人性中的“恶”的基因？这当然不只是技术问题，而且是道德问题、法律问题，以及在很大程度还是一个政治问题。作为技术问题，它可能是前所未有的，但是作为道德问题、法律问题或政治问题，它在本质上还是传统上的老问题，这意味着，如果传统上关于恶的老问题未能解决，技术手段不可自动地帮助我们解决它们，而只会以一种技术化的方式重复呈现。

我们容易觉得我们与外形像人的人工智能之间共享了更多的东西，尽管外形像人或者不像人，对于作恶或行善的能力并没有直接影响，在技术上也没有什么本质区别。我们把某些原本会在“人性”当中发现的东西归结于它，尽管明明知道它只是外形像人而已，它在本质上与那些外形不像人的人工智能没有多大区别。

心理学中的“恐怖谷”（The uncanny valley）理论也表明了这一点。人形玩具或机器人的仿真度越高，人们对其就越有好感，但当超过一个临界点时，这种好感度会突然降低，越像人越反感恐惧，直至谷底，被称为恐怖谷。但是，假如在机器人从外形不像人到外形像人的变化过程中，它的所作所为都是善意的，我们对它们的过往评价是良好的，那么这种“恐怖谷”理论如何解释在我们意识到它外表几乎完全像人的一刹那就会对它产生恐惧心理呢？生物技术和基因研究的最新进展正在引发有关基因干预的合法范围和限制的复杂伦理问题。当我们开始考虑干预人类基因组以预防疾病的可能性时，我们不禁感到人类很快就能掌握其生物进化了。“扮演上帝”是这个物种自我转变的常用隐喻，它似乎很快就会被我们所掌握。在《人性的未来》一书中，当今德国最具影响力的哲学家和社会思想家尤尔根·哈贝马斯（Jürgen Habermas）提出了基因工程及其伦理含义的问题，并对其进行了仔细的哲学审查。他的分析是以这样一种观点为指导的：基因操纵与物种的身份和自我理解紧密相连。我们不能排除这样一种可能性，即对自己遗传因素的了解可能会对选择一个人的生活方式产生限制，并可能破坏自由人和平等人之间的对称关系。①

第三节　恶的无声化：寂静主义

诚如苏珊·尼曼（Susan Neiman）所言，无论是用神学还是世俗的术语来表达，邪恶都会对世界的可理解性提出一个基本的哲学问题：在一个无辜者受苦的世界里，生命仍会有意义吗？② 这个问题仿佛使这个世界蒙上了一层“不可理喻”的神秘阴影。任何不愿意向邪恶妥协的人，在通过澄清某些引人误导的概念——比如“纯粹恶”的概念——从而获得对于邪恶的某种理解的同时，也要提防自己陷入另外一种恶之中，也就是由于无法正视人类自身的局限性而过于狂妄自负。如果说本书前面的内容旨

① Jurgen Habermas, *The Future of Human Nature*, Cambridge: Polity Press, 2003.

② Susan Neiman, *Evil in Modern Thought: An Alternative History of Philosophy*, Princeton: Princeton University Press, 2002.

在提供某种实质性的“积极观点”，那么本节的目标则是相反的：笔者打算提出某种“消极观点”（negative view），——因此本书并无惯常的“结论”，而代之以对于人类之恶的某种寂静主义描述。

一　哲学上的寂静主义

思想史上存在不同版本的寂静主义，其间有同有异，这里只提及我们相对熟悉的一种——“分析的寂静主义”（analytical quietism）。它源于克里斯平·赖特（Crispin Wright）对维特根斯坦后期思想的解读，亦被称为“维特根斯坦式寂静主义”（Wittgensteinian quietism）。[①] 赖特将这种寂静主义刻画为一种“非形而上学”（non－metaphysics），它主张有意义的形而上学论辩是不可能的。[②] 寂静主义者怀疑关于恶的形而上学，它是一种“消极观点”，重视语言游戏的多样性，坚持在字面上看待现象，对于哲学上的理论化工作保持警惕。但无论如何，我们仍然能够玩关于“恶”的语言游戏，这个字眼仍然能够被有意义地使用。就此而言，寂静主义者坚持一种“最小主义”（minimalism）观点，并不支持关于“恶”的彻底沉默（radical silence），也不否认我们可以在最低限度内对“恶”有所观察或言说，特别是概念考察、经验反省以及观念批判。在“恶”的议题上，寂静主义并不是为了“解构”什么，借用维特根斯坦的话，而是要“让一切如其所是”[③]。

“彻底沉默”要求一个人不仅不能谈及“恶”，甚至也不能谈及“不能谈及恶”这件事情。但寂静主义并不满足第二个要求。它并不一概反对谈论恶，但必须坚持用自己特有的方式，也就是兼具“消极观点”和“最小主义”特征的方式来谈及“恶”。我们对那些理论上可能说出但现实中无法说的东西保持“彻底沉默”，而对诸如“恶”这样的东西坚持

① 此处“维特根斯式寂静主义”不同于“维特根斯坦的寂静主义”（Wittgenstein’s quietism）。维特根斯坦从未明确使用“寂静主义”一词刻画自己的哲学，许多后世学者从其著述学说中读出的寂静主义思想，显然是经过诠释的，正如我们在这里所做的一样。详见陈常燊《维特根斯坦与寂静主义》，科学出版社 2020 年版。

② Crispin Wright, *Truth and Objectivity* , Cambridge: Harvard University Press, 1994, p. 202.

③ Ludwig Wittgenstein, *Philosophical Investigations*, 4th edition, eds. P. M. S. Hacker and J. Schulte, trans. G. E. M. Anscombe, Oxford: Blackwell, 2009, p. 124.

“有限沉默”，前者是认知问题，后者是态度问题。这种“有限沉默”意味着“有限言说”，其要旨关乎“言说的限度”：首先，在“说什么”这个问题上，它主张我们“能说”的比我们“想说”的要少得多，如果我们无法保证“说”比“不说”更有意义，那最好保持沉默；其次，在“怎么说”这个问题上，它主张我们限于“在字面上说话”（take phenomenon at face value），反对对语词作过度概括、过度诠释和过度引申，反对超级概念和本质主义命题，对论证和理论化的有效性亦持怀疑态度。

寂静主义者通常采取一种实质性观点上的最小主义，他们尽可能少地、充分谨慎地得出任何哲学上的实质性观点。西蒙·布莱克本（Simon Blackburn）认为寂静主义与最小主义密切相关：

> 最小主义是关于一个术语或概念的最小理论，它拒斥了那种被当作是理论的实质性焦点的观点……它与人们对“第一哲学”的怀疑相一致，也与我们对围绕人类活动的某些方面所假定的那种作为“超越”或“总括”的观点的可能性的怀疑相一致，基于这些超越的或总括的概念，人们可以对这些活动进行考察和描述。最小主义经常与维特根斯坦后期著作中的反理论方面联系在一起，同时也被指控为哲学破产或厌食症的遮羞布。①

社会学、心理学、犯罪学、人类学乃至神经科学等领域的研究人员，提出了形形色色的实质性理论以帮助我们理解人类之恶的诸多现象。但是在哲学上关于“恶”的言说则谨慎得多，寂静主义者有理由怀疑是否真的存在一种普遍化的世界观可以帮助我们揭示“恶”的本质，抑或将之与某些现象的“本质”联系在一起。恶的复杂性并不影响我们承认恶的广泛存在，我们从宏观角度识别出某些恶，然后在上述实质性学科之中分析它们。“恶”与“艺术”一样，都是生成性的概念，只要人类历史尚未终结，其内涵也就不可能完备。未来的恶不只是为过去以及现在的恶添加一些新的案例或细节，而是可能一遍一遍地改写我们对“恶”的整体理

① Simon Blackburn, *The Oxford Dictionary of Philosophy* , Oxford: Oxford University Press, 2008, pp. 235 - 236.

解。寂静主义者反对站在人类历史的终结处来对任何事情做盖棺定论的工作，他们充分意识到了理智能力的局限性和研究对象的无限可能性，在“恶”的形而上学问题上，宁愿做出最低限度内的言说，而不是用一套新的理论来取代传统理论。

为了便于区分先验的与经验的寂静主义，我们将在寂静主义背景下所能做出的此类“二阶描述”称为“寂静之音”（the sounds of silence）——它就像“寂静主义”本身一样具有某种“佯谬”色彩。[①]“寂静之音”大致包括两类，一类是在语义学上不可能被说出或被听到的话语，另一类是在语义学上可能被说出或被听到，但由于某些客观原因或者出于某些主观考虑，在语用学上或在实际的语言使用中未能被说出或被听到的话语。对于第二类寂静之音，存在一个“说话机会”的问题，换言之，现实中未被说或未被听到的话语，可能是由于没有机会说出或被听到。在这种机会得到满足的情况下，说话者仍然会选择说或者不说出某些话语：针对某件事情，他们可能选择放弃说话的机会，宁愿保持沉默，也可能选择说出一些字面上可以得到理解的话语，而将真实意图或言外之意隐藏起来。

关于“恶”的哲学着眼于对人类之恶进行概念考察、经验反省和观念批判，它们是寂静主义观点下对于“恶”的最低限度内的言说，彼此各有侧重，又密切相关。此处“恶”的概念特指“恶”的日常概念，也就是百姓日用语言中形形色色的“恶”的语言游戏，而对它们进行考察，类似于维特根斯坦后期哲学中“综观”或“语法研究”。固然，“恶”还是一个源远流长的思想史话题。对于思想史上的“恶”，我们将其称之为“恶之观念”，以便与日常用法中的“恶之概念”稍作区分。与概念相比，观念更具有针对性、理论性、系统性，它们通常由特定的人或组织在特定的语境下发展起来或传承下来，不断地为之给出论证或反驳，形成一套系统的理论，通常最终会上升到意识形态（观念学）层面，我们对于“纯

---

① 这种佯谬在《逻辑哲学论》中并不罕见。譬如，如果寂静主义是对的，即真正重要之物（what really matters）不可说，那么它就是不重要的，因为它做出了如此这般的声称；寂静主义者坚持认为“实质性的论证是不可能的”，那么他就无法为自己的观点提供论证，因此它是没有说服力的。而之所以称之为“佯谬”，正是因为其悖论色彩只是表面上的，通过澄清寂静主义的实质，可以消除这些佯谬。

粹恶的神话”所作的批判，部分地着眼于这种“恶之意识形态”。观念批判关键在于批判，批判并不等于一味地否定或无谓地怀疑，而是悬置、分析和划界，观念的是非对错不是最重要的，况且抽离了特定历史背景的是非判断对于观念来说也是不公平的，而分析和划界的工作都只是为了指出任何一种特定的“恶之观念”，其可能性和限度何在。

介于概念与观念之间的是经验，也就是那些被日常概念所把握的以及曾被思想史观念把握过的“恶”的经验杂多。关于经验反省的工作，在概念层面上属于“做加法”，因为只有通过对个体切身经验的敏锐把握和深刻反省，才能完成对于浓缩在概念中的现象进行考察的工作；反过来，它在观念层面上属于“做减法”，因为只有对在特定历史背景下得以提出和传承的“恶之观念”以特定的方式进行“疏离”，才能从形形色色的“恶之意识形态”中抽身出来，始终坚持自己的思想独立性和现实关怀。我们对“纯粹恶的神话”所做的批判，就是对历史上和现成的各种恶的观念都保持一定的距离，不急着服膺于任何一种意识形态。这种观念批判的概念资源来自于“恶”的语言游戏，生活资源则来自于个人对于社会上层出不穷的各种“恶”的经验现象，在对这些语言游戏和经验现象做出充分的考察和反省之前，我们并不急于下结论，万变不离其宗，即便是那些前所未有的“恶之经验”背后，同样隐藏着某种历史上被证明过的本质性把握。

观念批判乃是对观念在人类经验和文化中的起源、发展和影响的研究。为了有效地批判观念，一个人必须既有思想史的知识，又有一个深思熟虑、批判性的头脑，愿意并且能够在不把历史当作教条的情况下把历史观念应用到今天的问题上。换句话说，优秀的哲学家理解就其可能性而言，历史对于理解今天的人类状况是必不可少的，但就其限度而言，历史还没有结束。离开思想史上思想家们提出或发展起来的“恶”的历史观念，所有讨论都将由于缺乏现象性，所以是空洞的；反过来，离开了平常百姓借助日常语言围绕种种“恶之经验”所玩的各种语言游戏，所有的讨论都将由于缺乏针对性，所以是盲目的。换言之，在恶以及在许多其他问题上，历史观念无日常概念则“空”，日常概念无历史观念则“盲”。

关于“恶”经验性工作可以做很多，比如大量社会学、心理学、人类学的工作，观念性工作也可以做不少，比如仅就康德的“根本恶”观念就足以支撑一部长篇大论，然而可做的概念性工作则要少很多，远不只是搬出几本辞典对“恶”作个定义那么简单，因为实情恰恰相反：“恶”的标准理解或权威定义，很有可能并不存在。一本讨论“恶”的专书最终却要断言它在某种意义上是“不可说的”，从而不得不过渡到“恶的寂静主义”议题，看起来有点讽刺，但这恰恰接近于“恶的实情”。

二　恶的寂静主义：两种形态

人类学家马歇尔·萨林斯（Marshall Sahlins）说，人类之恶源于人性的局限性：人在欠缺和需求方面都远非完美。① 在“形而上之恶”的解释问题上，我们还面临另一种局限性，即人类语言的局限性。对于维特根斯坦来说，无论他用何种语言来表达这种局限性，他的思想还是要受限于这种语言的局限性。② 语言与思想的关系在《逻辑哲学论》中得到了阐明：语言乃是思想的表达。③ 存在某些关于语言局限性的思想，而当我们试图借助语言表达它们时，这种表达不得不受到其自身局限性的影响。在前期维特根斯坦那里，语言能够表达思想的可能性和局限性，但无法表达其自身的可能性和局限性。到了后期的《哲学研究》中，他反对将思想与语言进行如此清晰的区分，所谓“思想”只不过是一种用法上受到误导的“超级概念”，我们仅有的乃是语言游戏，包括关于思想的语言游戏。在此背景下，我们无法实质性地讨论“恶”的语义学，而只能考察“恶”的语法。相应地，存在关于恶的两种寂静主义视角：其一是语义学上的，其二是语用学上的。

在形而上学中，恶并没有本质——换个“语义上行”的说法，“恶”这个概念没有固定不变的内容。譬如，我们知道“水”的化学表达式是 H_2O，但不知道恶是什么。这意味着，任何关于恶的本质的言说，都是缺乏根据的。在恶的本质问题上，我们只能保持沉默，而这显然是一种

① ［美］马歇尔·萨林斯：《人性的西方幻象》，赵丙祥等译，生活·读书·新知三联书店 2019 年版，第 70 页。

② ［美］特里·巴雷特：《为什么那是艺术？》，徐文涛、邓峻译，江苏凤凰美术出版社 2017 年版，第 252 页。

③ Ludwig Wittgenstein, *Tractatus Logico – Philosophicus*, trans. D. F. Pears & B. F. McGuinness, London: Routledge& Kegan Paul Ltd. , 1961, p. 3.

“消极观点”。如果我们能对它有所言说，那我们一定不是在讨论它的本质如何，而是在谈论恶的其他方面。套用维特根斯坦的话说，恶并没有语义本质，这一点并不意味着它没有“语法本质”。我们经常玩“善”的语言游戏，这是一种家族相似式用法，比如“他是个好人”“她本性善良”“真诚是个美德”“这事情做得对，对大家都有好处”；与之相应，我们也经常玩“恶”的语言游戏，同样是一种家族相似式用法，比如“他是个坏人”“她对大家充满恶意”“虚伪是种恶习”“我们要敢于同丑恶现象作斗争”。我们不能说哪一种用法是本质上的、最具有代表性，在这方面，即便是最权威的词典也爱莫能助。

围绕每一种现象，都有无数个例子，这些例子千差万别，没有一个例子是完美的，仅对于说明这个现象是足够的，每一个例子所“例示”的，乃是被概念所把握的现象。比如我们用“恶”这个概念来把握形形色色的恶的现象，而实际上被当作例子描述出来的恶，只能算是“恶的例示”，而非恶之本身。没有一个例子足以涵盖我们对恶的所有理解，因此任何一个具体的例子，不仅无法描绘出人类之恶的完整图景，甚至还可能会陷入一种“盲人摸象”般的悖论之中：不去摸，我们永远不会知道大象长什么样；去摸了，又极容易误认为大象就是我们所摸到的那个样子。实不相瞒，我们不知道恶的完整图景是什么样子，但这不该由“恶的例示”来背锅：我们可能误认为，只要抛弃例示的方法，直接把握恶之本身，就能穷尽恶之本相。

在本质主义之外，我们仍然可以考虑恶的概念，从而形成对于恶的非本质主义理解。波恩斯坦特别驳斥了两种“非此即彼”式的极端观点：

> 对恶的探究位于两个极端间的中间地带。我们无法不去了解、理解、把握自己遇到的恶。如果我们放弃这么做，那我们将永远不能决定如何应对这些恶行的表现。但是，我们必须避免自欺欺人的极端，即认为总体性理解是可能的。同时，我们也必须避免另一个极端，即认为存在着理解的局限，由于我们体会到无法理解工人最极端形式，我们就必须在恶面前保持沉默。要么总体性理解，要么完全沉默——这是一级似是而非的对立。的确有一个沉默空间（这种沉默比任何

概念化的做法都揭示了更多），但这个空间仅仅在这样的时刻到来：当我们相当直接地体会到理解的局限时。[①]

在面对恶这个问题时，不管是总体理解的观点还是彻底沉默的观点，也就是，不管是“说”，还是“不说”，都是有限度的。我们的理解和沉默都不能像字面上看上去那么彻底，这一点可能会让人失望。但人类的智慧不就是“在夹缝中生存”的长期历史过程中被培养起来的吗？我们这里谈的寂静主义也不是字面上那种“彻底沉默”的姿态，毋宁说它是一种“有所说，有所不说”的态度。言说事关三个问题：第一，说还是不说；第二，说什么、不说什么；第三，怎样说、不怎样说。这里的第一个问题是原则性的，第二个问题是实质性的，第三个问题则是形式性的。

如果你说的话有实质内容，你就必须对其现实性负责，这种现实性中的很大一块是其真实性。进一步，考虑到“真实性”这个概念往往来源于权力话语的建构，因此这种现实性还涉及某些“权力负担”，譬如，你是否具备相关的权力或权利去言说诸如此类的事情，是否会因为说它或不说它而必须承担某些现实责任（比如道德责任、法律责任甚至政治责任），即便它未必造成了直接的严重后果。

不管你说什么都涉及怎么说的问题。常见的有直陈式说法，就是严格按照字面意义来说话；隐喻式说法，反讽式说法，诸如此类。前者在目击证人、新闻记者、历史学家的言说中较为常见（尽管并非总是可信），后者在文学艺术中较为常见，我们可以在杂文、漫画中看到对某些丑恶现象的讽刺，在魔幻现实主义小说或者后现代艺术中，隐喻和反讽都相当常见。

与人性的有限性相比，恶具有某种意义上的无限性，后者在艺术中得以敞开。但即便是语言艺术，比如小说，也不是对恶的语义言说，而是一种艺术化刻画。艺术中常见变形和虚构，来自现实的限制较少，在这方面它比任何一种关于现实世界的描绘都更加具有开放性。现实中，我们要么不知道恶在何处，要么知道了也无从表达，但是在艺术中，我们可以相对

---

① ［美］理查德·伯恩斯坦：《暴力：思无所限》，李元来译，译林出版社 2019 年版，第 278 页。

自由地表达那些虚构的恶，也不用过多地担心所表达的恶是虚构的，因为借以表达的形式是艺术化的，从而丧失了我们对恶的理解。

邪恶问题上的寂静主义者同时也可能是一名邪恶问题上的反讽者。不管在现实生活中还是艺术活动中，反讽者都拒绝在严格字面含义上来说话。他们与他们的反讽对象并不共享任何的“终极词汇”。面对同样的事情，反讽者要做的不是采取同样的方式来说话，而是使用另外一套词汇、另外一种说话方式。他们并非坚信换了一套说话方式之后事情本身会有所改观，而是不管如何都必须表达自己的态度。这种态度既有其防守或自卫的一面，也有其进攻或革命性的一面。反讽意味着不妥协，情况特别不利时，这种不妥协是隐藏在表面的妥协之下的。

恶的寂静主义还通过经验语用学的方式体现。正如前面所说，现实中的人们往往会出于各种考虑——其中比较典型的是自身安全的考虑——而不敢去揭露那些鲜为人知却又触目惊心的丑恶之事。言说不是中立的，它不止于就事论事，可能被认为是在表达某种态度，赞美或抱怨、阿谀或叛逆。很多时候，尽人皆知的东西与鲜为人知的事情一样，都属于“不能说的秘密”，特别是在强权面前，颇有“祸从口出”之虞。有时候即便具有这种难得的勇气，外部条件也未见得允许，做事情需要的不是一个人的勇气，而是一群人的勇气，显然你没有能力和资格去强求别人具有这种勇气。除了勇气，人们在特定时空背景下往往还缺乏必要的可靠信息。寂静主义者并不声称自己了解真相，除非他确实能够通过可靠的渠道对真相有所掌握。巧妇难为无米之炊。举个例子，如果你并不身处权力的核心层，当然就无从知晓核心层的秘密，其中的是非善恶更无从说起，也就没办法负责任地揭示什么“真相”了，即便你很想这样做。在这个语境下，负责任的态度唯有沉默。沉默并不等于默许任由罪恶横行，因为它可以是一种“悬置判断”的态度。沉默意味着拒绝不负责任地大唱赞歌。为了唱赞歌，一个人总得说点什么，这假定——或者盲从着别人假定——自己或多或少地了解事情真相，但沉默者并不认为自己具备唱赞歌的资格。

沉默是恶的象征，它是对恶的不合作态度，抑或是一种更加令人困惑的“道德洁癖”。在没有说话权利的地方，沉默也不是真正的、有意义的沉默，连同说话权利一起丧失的，是沉默的权利。言论若无自由，则沉默毫无意义。在理查德·罗蒂（Richard Rorty）看来，被压迫者是没有语言的，他们要么不得不借用压迫者的语言来说话，要么保持沉默。从这个角度看，亚里士多德笔下的奴隶，虽然拥有语言能力，但他们并没有属于自己的语言。正如我们前面所说，话语权的争夺是政治斗争的集中反映，而那些斗争的失败者不得不面临系统性的“失语”困境。苦难遭遇和痛苦感受，是压迫者施加于受压迫者身上的权力导致的自然结果。没有什么语言适合用来表达苦难和痛苦，受难者没有机会表达，找不到合适的词汇来表达，甚至也没有意愿来表达，退一步说，即便苦难和痛苦被表达出来，因为它不能迎合当权者也容易陷入“失语”状态。

> 痛乃是非语言性的：人类与不使用语言的野兽之联系，就在于痛。因此，遭遇残酷的受害者，受苦受难的人们，并没有真正的语言。这就是为什么说，没有所谓的“被压迫者的声音”或“受害者的语言”。受害者曾经使用的语言，现在无法再有效运作，他们已经痛苦到无法将新的语词组合在一起。①

痛不仅是生物学上的，更是社会学上的，它的一个代名词就是“屈辱”，在政治上压迫他人，相当于对他进行侮辱。每个人都意识到自己出生前一直维持着一种宇宙般的寂静，死后又重新陷入永久性的沉默，所以他们百般珍惜短暂人生中难得的说话机会，在一个有人说就必须有人听，而且听的人越多意味着说的意义越是显著的排他性竞争话语环境中，人们不得不为稀缺的话语权展开斗争。

有一种观点认为，现代人有“道德洁癖”，过于爱惜自己的羽毛，在与恶打交道时容易投鼠忌器。② 让·鲍德里亚有一句著名的断言：“我们再也不能说恶了。”③ 他认为，我们所能做的就是关于人权的论述，这只

---

① ［美］理查德·罗蒂：《偶然、反讽与团结》，徐文瑞译，商务印书馆2003年版，第133页。

② 颇有讽刺意味的是，这种道德洁癖居然发生在“普遍伪善”的现代人身上。但实际上并不矛盾：人们不敢“以恶制恶”，正是其伪善的一种表现方式。一个现代人甚至可能不惜对受害者家属施加二次伤害，以此捍卫杀人犯的人权。

③ Jean Baudrillard, *The Transparency of Evil: Essays on Extreme Phenomena*, trans. James Benedict, London: Verso, 1993, pp. 85–86.

是一种虔诚、软弱、无用和虚伪的论述，它的价值来源于启蒙运动从人类关系的理想化观点出发而作出的对善的自然魅力的信仰，它教会我们如何与人为善，但无法以善制恶，因为除了以恶制恶，我们别无他法。况且即便是这种良好的理想价值观，也总是以自我防御、严格自制、消极和被动的方式部署，表面上看，其都是关于如何减少恶，防止暴力的。但是来自善意的屈尊俯就和自我压抑，这种在世界上除了正直之外什么都不能梦想的力量，一种甚至拒绝考虑“邪恶的弯曲”（bending of Evil）或“邪恶的智慧”（intelligence of Evil）的力量，未能为我们带来更多的安全。但是我们对于善的“道德洁癖”式理解，至少在意识形态层面杜绝了这种富有弹性的处理方案，生怕辱没了善的美名。我们的“权利”概念缺少某些必要的变通。按照这幅理想主义图景，只有当言论被定义为个人的“自由”表达时，人们才能有言论权，而当言语被认为是一种暗示互惠、共谋、对抗或诱惑的形式时，权利的概念就没有了可能的意义。[①] 这样一来，我们的权利概念由于缺乏必要的张力，而不得不对那些丑恶现象在理论层面上“失语”，在行动层面上则束手无策。

另一种观点认为，善良的人做事比恶人所要顾忌的东西多得多，这不是源于他们的“道德洁癖”，而是善良者的先天劣势。科斯嘉（Christine M. Korsgaard）区分了两种邪恶观念：恶的否定观念（the privative conception of evil），恶意味理智和力量上的被剥夺或缺乏状态；与之相反的恶的肯定概念（the positive conception of evil），恶意味着一个理智和力量上的“暴君”：

> 与邪恶或无情的人相比，正义和善良的人似乎是一些软弱的人。在规则和条约的限制下，好人在没有得到上帝或社会的允许的情况下是不能向前迈出一步的；当这些力量对他说“不”的时候，他立即停止行动。道德规则和条约会困住和束缚他；它们会限制他的行事，即便在有机会快意恩仇地有所行动的极少数情况下，他仍然会为此遭受内疚的痛苦。善良而公正的人是温顺、驯服的，难以避免地被那些

① Jean Baudrillard, *The Transparency of Evil: Essays on Extreme Phenomena*, trans. James Benedict, London: Verso, 1993, pp. 85 - 86.

更强大、更无情的人加以利用，就像一群羔羊被带到屠宰场。邪恶是力量，善良是软弱。可以称之为积极的邪恶概念（the positive conception of evil）；邪恶是一种积极的力量。[①]

由于现实世界不足以支撑作为一种经验事实的道德法则，它只能是正义或善良人士的一种信仰。而那些邪恶无情的人是现实中的道德怀疑者和破坏者，难以避免地置善良的人们于福祉上的苦厄之中。邪恶无情之人的理智和力量甚至助长了这种怀疑和破坏。他们肆无忌惮却又精明强干地为所欲为，包括铲除任何挡在前路上的障碍物，而无须顾虑任何道德上的约束——通俗地说，好人做事会受到工具理性和价值理性的双重约束，而坏人只需受工具理性的约束。

三 熵增定律与善恶的非对称性

我们只能就有序的事情有所言说，或者参照有序性对无序表达某些“消极观点”。但是如果无序性足够多，几乎挤占了整个宇宙空间，同时有序性又足够少，几乎被坍塌成了一个没有广延的“奇点”，那么我们就几乎丧失了就无序性进行有意义言说的基本前提。从某种观点看，恶就是这样一种无序性，可以借助当代物理学中的熵增定律（亦称热力学第二定律）来指明这一点。这个定律的字面内容是：一个孤立系统的熵总是增加的，并且将两个系统连接在一起时，其合并系统的熵大于所有单独系统熵的总和。早在 1947 年，物理学家埃尔温·薛定谔（Erwin Schrödinger）指出，熵增过程也必然体现在生命体系之中。人体是一个巨大的化学反应库，生命的代谢过程建立在生物化学反应的基础上。从某种角度来讲，生命的意义就在于具有抵抗自身熵增的能力，即具有熵减的能力。在人体的生命化学活动中，自发和非自发过程同时存在，相互依存，因为熵增的必然性，生命体不断地由有序走回无序，最终不可逆地走向老化死亡。

善或意义就是一种有序性，这是从种群层面上的生物演化到个体层面

① Christine M. Korsgaard, *Self-Constitution: Agency, Identity, and Integrity*, New York: Oxford University Press, 2009, pp. 170-171.

的社会文化生活层面中的有序性。生物演化使有意义的生活成为可能，人类的主观能动性使其至少部分地成为现实，这种主观能动性比较直接地体现为为了维持其自身的生存繁衍或基因的自我复制而不得不去产生、满足种种欲望，为了使得欲望的产生和满足过程总体是符合生物种群及其个体的有序性，作为对欲望进行引导或控制的机制，理性能力出现并且获得逐步提升。实现意义的可能性要以增加无序或无意义为代价，不管对于生物种群还是个体而言皆是如此，人类种群可能破坏生态、污染环境，并最终受其所害。另外，生物会通过散发热量把生理过程中产生的剩余熵排放到环境中，温血动物较高的体温有利于更高效地排除熵，因而能产生更强烈的生命过程。就总体而言，排放的熵要大于摄取的负熵，所以满足熵增原理。

根据熵增定律，自然界的演化遵循从有序到无序的过程，熵即是指一个系统的无序度。自然界是不连续的，存在着质的变化，为了整体的熵增，而允许局部的熵减。从某种角度讲，生命从环境中抽取“有序”来维持自身的“有序”：吃喝就是其中一种摄取“有序”的过程，食物的有序度经过消化被降低，最终以分泌、排泄的方式将“无序”排放回环境。生态系统是个开放系统，生物进化是熵减的过程，人类社会的有序化发展需要环境的无序化为代价。对于人类来说，有序化的能量形式是多种多样的，如食物营养和电能。人为了维持自身的有序性，就必须满足其各种欲望，但是在欲望的满足过程中，不可避免地加重了周边环境的无序化程度。因此在有序性问题上，人与环境之间存在一种“顾此失彼”的紧张关系。

此外，欲望本身不等于有序性，因此仍有必要对之加以规范——理性就是这样一种规范性。个人的各种欲望是自然发展的趋向，它是一个不断熵增的过程，如果不加以管理、控制——这是一个熵减的过程——必将使人体走向混乱，最终导致死亡，所以应该修身养性，通过自身熵减来对抗不可避免的熵增。欲望是为了生存（有序），但是欲望的结果可能导致死亡（无序），个人欲望的各种满足可能使周边环境乃至其自身处于一个不断熵增的过程之中。作为自然界之局部的生物演化的熵减过程，并不能保证生物个体始终处于熵减过程之中。实际上，中年之后的人类个体仍然符合自然界的熵增过程，最终将导致熵的极大化——死亡。

人类个体还可能损害其他个体的利益，在资源匮乏时代尤其如此。社会其实就是人与人之间的各种关系组成的一个巨大系统，如果不对个体加以管理、控制，这个系统必将趋向于混乱。因为人总是趋向于对自己有利的行为，如果不用理性、规范予以管理，人与人之间的关系必将恶化。其实每个人每天都在做使无序变成有序的事情，只是每个人都是无意识的，如果把这种行为变得有意识，那就非常有助于我们理解一些事情，我们的处世态度和信念也会有所不同。个体把他人当作环境，个体为了其有序性的增长而不得不去损害其他人的有序性，在社会规范体系运作并不顺畅的条件下，就会陷入一种在有序性上相互损害的怪圈之中，使得彼此熵增而非熵减，博弈论中的囚徒困境就是一个适当例子。当然，这在一定程度上也符合整个宇宙的熵增定律。

有序性是一个社会性概念，但仅仅少数人的有序性不足以保证整个社会的有序性。然而不管是整个自然界还是人类社会，表现出无序性的概率比较大，而且越是复杂的生命形态，其为维持有序性而带来的无序性也就越大，这将使得其费尽心思构筑起来的秩序愈发脆弱，直到彻底崩溃。生命是高度有序的，死亡则是高度无序的。有序的生物之间总有那么多的相似之处，无序的生物却表现出千姿百态的样貌。

作为一种“恶的象征”，俄罗斯文学家列夫·托尔斯泰（Leo Tolstoy）的《安娜·卡列尼娜》开篇所言“幸福的家庭都相似，不幸的家庭却各有各的不幸”在此一语成谶：行善的方式只有一条或者少数几条，而作恶的途径却千姿百态，层出不穷。整个自然界的熵增与生态界的局部熵减之中，相对的有序性与绝对的无序性之间，呈现出一种明显的非对称性。在某种意义上说，善恶之间也存在类似的非对称性。当然，熵增定律仍然给我们留下了一丝希望的空间：尽管有序意味着实现了某些可能性，无序或混乱也未必是彻底的绝望或虚无，因为它意味着诞生新的可能性。当任何一种业已被实现的有序性僵化腐朽后，其走向无序的过程同时也是酝酿新的可能性——可能的有序性——的过程。

小结

西方学术语境中，正如我们典型地在莱布尼茨的神义论中所看到的那样，对恶的研究传统上主要集中于宗教神学领域。然而，越来越多的文献显示，现代学者试图从伦理学、道德心理学、人类学、犯罪学、政治哲学乃至认知神经科学的角度，在世俗意义上广泛地拓展了对恶的研究。本书对恶的考察以世俗视角为主，尽管我们从未宣称它与传统神学研究毫无关系。

不管从宗教传统还是从世俗视角看，恶的问题都是千头万绪的，颇有一种“剪不断理还乱”的感觉。首先在哲学上要面对的，是这样一些批判性观点，即恶并不是真实存在的，或者它不像我们的健全常识或经验直观上所呈现的那样存在。譬如，有些哲学家倾向于认为，所谓的“恶”只是一种认知错乱，实际上是不存在的；或者，所谓的“恶”只是一种概念迷雾，我们平常所以为的恶，实际上并不恶，相反它们是善的另一面；或者站在一个稍稍温和的立场上，主张所谓的“恶”只是一种道德佯谬，它并不像我们通常所以为的那样存在，而实际上是某些其他的道德缺失的外部表现。

本书认为，正如健全常识和经验直观时刻警醒我们的那样，无论如何，恶是真实存在的。因此上述各种形式的取消主义立场是成问题的。一些温和的取消主义者持有关于“恶”的还原论立场，并试图为之提供道德形而上学奠基。本书并未持有类似的还原论观点，相反，对任何一种关于“恶”的形而上学的实践后果持警惕态度，担心它们可能变成某种意识形态之恶或与之结盟。恶是复杂的，这种复杂性拒斥了对它的本质主义定位。实不相瞒，我们不知道其本质为何。正如前言所说，笔者的哲学工作是描述性的，它针对“恶”的形形色色的日常概念，以及“恶”的直觉经验，展开某种概念考察或经验反省工作。日常概念和直觉经验并不是孤立的，也并非没有观念背景，因此适当的观念批判是必要的。但无论如何不是思维哲学意义上的观念批判，也不是实证科学上的经验反省。本书并没有刻意摘取某些形态的恶，将之视为模版或典型，当然这并不意味着这项研究必须是面面俱到、百无一漏的，实际上这既没有必要，也不可能做到。

借助维特根斯坦式的语言哲学方法，以及其他思想资源，我们直接或间接地澄清了一些术语上的概念迷雾。没有这些术语，对恶的理论解释会更加吃力，但是并不影响我们对恶的经验识别。我们依据健全常识或直觉经验在宏观上对恶进行识别，但一经分析或还原，可能会出现一个令人尴尬的结果：并不存在所谓的“恶”。本书的考察结果是，所有这些概念迷雾都直接或间接地与“纯粹恶的神话”相联系。我们可能会有如下困惑：没有纯粹的恶，但有纯粹的恶人；抑或相反，没有纯粹的恶人，但有纯粹的恶。恶是工具性的，还是目的性的？恶依据善而被定义，还是善依据恶而被理解？……所有这些困惑都在概念上假定了某些纯粹性。如上所述，恶很复杂，不等于说恶不存在；其次，恶不纯粹，也不等于说恶不存在；最后，反对“纯粹恶的神话”，不等于为恶开脱，正如支持“纯粹恶的神话”不等于站在了“纯粹善”的道德制高点。

概而言之，在第一章里我们看到，不管是受害者、施害者、仲裁者、旁观者以及不同意义上的幸存者，这些角色对于恶行的解释尽管是不可或缺的，但在概念上把握起来仍然可能忽视恶之泯然性以及非纯粹性。在第二章里，借助“动机型之恶”与“非动机型之恶”的区分，以及对阿伦特“恶之平庸性”和施克莱“平常之恶”概念考察，我们揭示了依据“恶的动机”解释模型可能存在的某些粗糙性和局限性。第三章列举了一些常识的“恶行的表现”，如残酷、暴力、伪善、麻木，揭示了其间的概念勾连以及复杂样态，帮助我们克服“纯粹恶的神话”中所蕴含的本质主义的冲动。第四章着眼于“恶”的形而上学进行观念批判，揭示“纯粹善”“纯粹恶”这些神话的形成机制、恶之顽固性以及潜在危险。最后一章是“恶的象征”，通过仪式化、娱乐化、艺术化、形式化和无声化等视角，考察了“纯粹恶的神话”在日常生活的象征性呈现中的隐蔽性。

上述五个章节所揭示的，不是理论框架的五个层面，而只是从五个不同角度围绕“纯粹恶的神话”所展开的概念考察、经验反省以及观念批判。本书并不旨在提供整套的理论，一个勉强算是结论的东西是，“纯粹恶的神话”之批判再三提醒一个无法还原的“原始事实”：健全常识和直觉经验向我们展示的恶是多样而复杂的，不管它是神学、科学，抑或形而上学，它不容被削足适履地嵌入任何的单一理论之中。

参考文献

中文部分：

［美］埃里希·弗洛姆：《人心：善恶天性》，向恩译，世界图书出版公司 2019 年版。

［法］埃米尔·迪尔凯姆（涂尔干）：《自杀论：社会学研究》，冯韵文译，商务印书馆 1996 年版。

［法］爱弥尔·涂尔干：《宗教生活的基本形式》，渠敬东、汲喆译，商务印书馆 2011 年版。

［英］安东尼·吉登斯：《现代性与自我认同——晚期现代中的自我与社会》，夏璐译，中国人民大学出版社 2016 年版。

［古罗马］奥古斯丁：《忏悔录》，周士良译，商务印书馆 1963 年版。

［美］保罗·布鲁姆：《善恶之源》，青涂译，浙江人民出版社 2015 年版。

［法］保罗·利科：《历史与真理》，姜志辉译，上海译文出版社 2015 年版。

［法］保罗·里克尔（利科）：《恶的象征》，公车译，上海人民出版社 2014 年版。

［美］本杰明·莱希：《心理学导论》，吴庆麟等译，上海人民出版社 2010 年版。

［德］彼得－安德雷·阿尔特：《恶的美学》，宁瑛等译，中央编译出版社 2015 年版。

［英］彼得·辛格：《动物解放》，祖述宪译，中信出版社 2018 年版。

［美］彼得·诺维克：《大屠杀与集体记忆》，王志华译，译林出版社 2019 年版。

陈波：《逻辑学十五讲》，北京大学出版社 2009 年版。

陈常燊：《理解的准则——戴维森合理性理论研究》，中国社会科学出版社 2012 年版。

陈常燊：《互惠的美德——博弈、演化与实践理性》，上海人民出版社 2017 年版。

陈常燊：《美德、规则与实践智慧》，上海三联书店 2015 年版。

陈常燊：《维特根斯坦与寂静主义》，科学出版社 2020 年版。

陈嘉映：《语言哲学》，北京大学出版社 2003 年版。

［美］大卫·科泽：《仪式、政治与权力》，王海洲译，江苏人民出版社 2015 年版。

邓晓芒：《从康德道德哲学看儒家的乡愿》，《西南政法大学学报》2005 年第 1 期。

［法］弗朗兹·法农：《全世界受苦的人》，万冰译，译林出版社 2005 年版。

［美］弗朗西斯·福山：《历史的终结与最后的人》，陈高华译，广西师范大学出版社 2014 年版。

［德］弗里德里希·黑格尔：《历史哲学》，王造时译，上海书店出版社 2001 年版。

［德］弗里德里希·尼采：《论道德的谱系》，谢地坤等译，漓江出版社 2007 年版。

［德］弗里德里希·尼采：《道德的谱系》，梁锡江译，华东师范大学出版社 2015 年版。

［美］汉娜·阿伦特：《艾希曼在耶路撒冷——一份关于平庸的恶的报告》，安尼译，译林出版社 2017 年版。

［美］汉娜·阿伦特：《共和的危机》，郑辟瑞译，上海人民出版社 2013 年版。

［美］汉娜·阿伦特：《人的境况》，王寅丽译，上海人民出版社 2017 年版。

［美］汉娜·阿伦特：《政治的应许》，张琳译，上海人民出版社 2016 年版。

［古希腊］荷马：《伊利亚特》，陈中梅译，译林出版社 2000 年版。

[英] 贾雷德·戴蒙德：《第三种黑猩猩：人类的身世与未来》，王道还译，上海译文出版社 2012 年版。

[英] 贾雷德·戴蒙德：《枪炮、病菌和钢铁》，谢延光译，上海译文出版社 2016 年版。

江怡：《“纽拉特之船”并非对基础主义知识论的批评》，《中国社会科学报》2014 年 12 月 11 日。

《马克思恩格斯选集》，人民出版社 1995 年版。

《马克思恩格斯全集》第 3 卷，人民出版社 1960 年版。

[英] 克里斯托弗·法尔宗：《电影院里的哲学课》，汪强等译，新华出版社 2016 年版。

[德] 莱布尼茨：《神正论》，段德智译，商务印书馆 2016 年版。

[美] 兰德尔·柯林斯：《暴力：一种微观社会学理论》，刘冉译，北京大学出版社 2016 年版。

[英] 劳伦斯·里斯：《奥斯维辛：一部历史》，刘爽译，广西师范大学出版社 2016 年版。

[美] 理查德·伯恩斯坦：《暴力：思无所限》，李元来译，译林出版社 2019 年版。

[美] 理查德·加纳罗、[美] 特尔玛·阿特休勒：《艺术：让人成为人》（第 8 版），舒予、吴珊译，北京大学出版社 2012 年版。

李银河：《性学入门》，上海社会科学院出版社 2014 年版。

[美] 列奥·施特劳斯：《自然权利与历史》，彭刚译，生活·读书·新知三联书店 2016 年版。

刘畅：《理解自欺》，《云南大学学报》（社会科学版）2019 年第 2 期。

[美] 路易斯·波伊曼：《宗教哲学》，黄瑞成译，中国人民大学出版社 2006 年版。

罗伯特·塔利斯：《公共理性的困境：多元论、极化与不稳定》，载谭安奎编译：《公共理性》，浙江大学出版社 2011 年版。

[美] 罗纳德·德沃金：《民主是可能的吗？——新型政治辩论的诸原则》，鲁楠、王淇译，北京大学出版社 2014 年版。

[美] 罗伊·鲍迈斯特尔：《恶——在人类暴力与残酷之中》，崔洪建

等译，东方出版社 1998 年版。

［德］吕迪格尔·萨弗兰斯基：《恶，或自由的戏剧》，卫茂平译，生活·读书·新知三联书店 2018 年版。

［德］马丁·海德格尔：《存在与时间》，陈嘉映、王庆节译，生活·读书·新知三联书店 2006 年版。

［德］马克斯·舍勒：《伦理学中的形式主义与质料的价值论伦理学》，倪梁康译，商务印书馆 2011 年版。

［德］马克斯·韦伯：《儒教与道教》，洪天富译，江苏人民出版社 2010 年版。

［英］玛丽·米奇利：《邪恶》，陆月宏译，江苏人民出版社 2012 年版。

［美］玛莎·纳斯鲍姆：《善的脆弱性——希腊悲剧和哲学中的运气与伦理》，徐向东、陆萌译，译林出版社 2007 年版。

［美］马歇尔·萨林斯：《人性的西方幻象》，赵丙祥等译，生活·读书·新知三联书店 2019 年版。

［英］迈克尔·曼：《社会权力的来源》，第一卷，刘北成、李少军译，上海人民出版社 2015 年版。

［美］迈克尔·沃尔泽：《论战争》，任辉献、段鸣玉译，江苏人民出版社 2011 年版。

［美］迈克尔·沃尔泽：《正义与不正义的战争》，任辉献译，江苏人民出版社 2008 年版。

［美］纳尔逊·古德曼：《事实、虚构和预测》，商务印书馆 2010 年版。

［英］齐格蒙·鲍曼：《现代性与大屠杀》，杨渝东、史建华译，译林出版社 2011 年版。

［英］乔安娜·伯克：《性暴力史》，马凡等译，江苏人民出版社 2014 年版。

［意］切萨雷·贝卡里亚：《论犯罪与刑罚》，黄风译，中国法制出版社 2002 年版。

秦晖：《传统十论——本土社会的制度、文化及其变革》，山西人民出版社 2019 年版。

［法］让-诺埃尔·卡普费雷：《谣言：世界最古老的传媒》，郑若麟译，上海人民出版社2008年版。

［美］桑迪：《神圣的饥饿——作为文化系统的食人俗》，郑元者译，中央编译出版社2004年版。

［美］莎伦·克劳斯：《自由主义与荣誉》，林垚译，译林出版社2015年版。

［美］史蒂芬·平克：《人性中的善良天使：暴力为什么会减少》，安雯译，中信出版社2015年版。

［美］苏珊·桑塔格：《疾病的隐喻》，程巍译，上海译文出版社2003年版。

［斯洛文尼亚］斯拉沃热·齐泽克：《暴力：六个侧面的反思》，唐健、张嘉荣译，中国法制出版社2012年版。

［美］特里·巴雷特：《为什么那是艺术?》，徐文涛、邓峻译，江苏凤凰美术出版社2017年版。

［英］特里·伊格尔顿：《论邪恶——恐怖行为忧思录》，林雅华译，湖南人民出版社2014年版。

［美］托马斯·内格尔：《利他主义的可能性》，应奇等译，上海译文出版社2015年版。

王强：《伪善的道德形而上学形态》，中国社会科学出版社2016年版。

［古希腊］希罗多德：《历史》，徐松岩译，上海三联书店2008年版。

［英］西蒙·巴伦-科恩：《恶的科学：论共情与残酷行为的起源》，高天羽译，广西师范大学出版社2018年版。

［法］夏尔·德·托克维尔：《论美国的民主》，董果良译，商务印书馆1989年版。

徐向东：《理解自由意志》，北京大学出版社2008年版。

徐向东：《自我、他人与道德——道德哲学导论》，商务印书馆2007年版。

［美］亚当·莫顿：《论邪恶》，文静译，河南大学出版社2017年版。

［英］亚当·斯密：《道德情操论》，蒋自强等译，商务印书馆1997年版。

［古希腊］亚里士多德：《尼各马可伦理学》，廖申白译注，商务印书

馆 2003 年版。

［古希腊］亚里士多德：《诗学》，陈中梅译注，商务印书馆 1996 年版。

［德］扬·菲利普·雷姆茨玛：《信任与暴力：试论现代一种特殊的局面》，商务印书馆 2016 年版。

［德］伊曼努尔·康德：《单纯理性限度内的宗教》，李秋零译，商务印书馆 2012 年版。

［德］伊曼努尔·康德：《单纯理性限度内的宗教》，李秋零译，邓晓芒校，中国人民大学出版社 2003 年版。

［德］伊曼努尔·康德：《何为启蒙?》，载康德《历史理性批判文集》，何兆武译，商务印书馆 1997 年版。

［英］以赛亚·伯林：《反潮流：观念史论文集》，冯克利译，译林出版社 2011 年版。

［美］约翰·杜威：《确定性的寻求：关于知行关系的研究》，傅统先译，上海人民出版社 2005 年版。

［美］约翰·罗尔斯：《罗尔斯论文全集》，陈肖生等译，吉林出版集团有限公司 2013 年版。

［英］约翰·洛克：《政府论》（下篇），叶启芳、瞿菊农译，商务印书馆 2009 年版。

［美］朱迪·史珂拉（施克莱）：《政治思想与政治思想家》，左高山等译，上海人民出版社 2009 年版。

［美］朱迪丝·施克莱：《平常之恶》，钱一栋译，上海人民出版社 2018 年版。

外文部分：

A. C. Ewing, *Ethics*, New York: Free Press, 1953.

Alain Badiou, *Ethics: An Essay on Understanding of Evil*, New York and London: Verso, 2001.

Alvin Plantinga, *The Nature of Necessity*, Oxford: Clarendon Press, 1974.

Arnold Arluke, *Just a Dog: Understanding Animal Cruelty and Ourselves*, Temple University Press, 2006.

Arthur G. Miller, *The Social Psychology of Good and Evil*, The Guilford Press, 2004.

Benjamin B. Lahey, *Psychology: An Introduction*, 11th edition, New York: McGraw – Hill, 2012.

Bernard Mandeville, *The Fable of the Bees or Private Vice, Publick Benefits*, Vol. Indianapols: Liberty Classics, 1988.

Carol J. Clover, Men, *women, and chain saws : gender in the modern horror film*, Princeton: Princeton University Press, 2015.

Charles R. Geisst, *Wall Street: A history*, New York: Oxford University Press, 1997.

Claudia Card, *The Atrocity Paradigm: A Theory of Evil*, Oxford University Press, 2002.

Colin McGinn, *Ethics, Evil, and Fiction*, New York: Clarendon Press, 1997.

Crispin Wright, *Truth and Objectivity* , Cambridge: Harvard University Press.

Christine M. Korsgaard, *Self – Constitution: Agency, Identity, and Integrity*, New York: Oxford University Press, 2009.

Daryl Koehn, *The Nature of Evil*, Palgrave Macmillan, 2005.

Donald Davidson, "Paradoxes of Irrationality", in Donald Davidson, *Problems of Rationality*, with introduction by Marcia Cavell and interview with Ernest LePore, Oxford: Clarendon Press, 2004.

Donald Davidson, "Action, Reasons, and Causes" (1963), in Donald Davidson, *Essays on Actions and Events*, Oxford: Clarendon Press, 2nd ed. , 2001.

Friedrich Nietzsche, *Beyond Good and Evil: Prelude to a Philosophy of the Future*, trans. Judith Norman, Cambridge: Cambridge University Press, 2002.

Friedrich Nietzsche, *Aphorisms on Love and Hate*, Marion Faber and Stephen Lehmann (trans.), Penguin Classics, 2015.

Hannah Arendt, *Crises of the Republic: Lying in Politics; Civil Disobedience; On Violence; Thoughts on Politics and Revolution*, Florida: Harcourt,

Brace & Co.

Immanuel Kant, *Critique of Pure Reason*, trans. Norman Kemp Smith, The Macmillan Press, Ltd. , 1933.

Jean Baudrillard, *The Transparency of Evil*: *Essays on Extreme Phenomena*, trans. James Benedict, London: Verso, 1993.

Jean - Jacques Rousseau, *Rousseau*, *Judge of Jean - Jacques*: *Dialogues*, Hanover: Dartmouth College Press, 1990.

Jeffrey C. Alexander, *The Meanings of Social Life*: *A Cultural Sociology*, Oxford University Press, 2003.

Jeffrey Russell, *The Prince of Darkness*: *Radical Evil and the Power of Good in History*, New York: Cornell University Press, 1988.

John Hick, *Philosophy of Religion*, Englewood Cliffs, N. J. : Prentice - Hall, 1963.

John Kekes, "The Moral Significance of Evil", in Pedro A. Tabensky, *The Positive Function of Evil*, Palgrave Macmillan, 2009.

John Kekes, *Facing Evil* , Princeton: Princeton University Press, 1990.

John Rawls, *A Theory of Justice*, revised edition, Cambridge, Massachusetts: The Belknap Press of Harvard University Press, 1999.

John Rawls, *Political Liberalism*, New York: Columbia University Press, 1996.

Jurgen Habermas, *The Future of Human Nature*, London: Polity Press, 2003.

Ludwig Wittgenstein, *Tractatus Logico - Philosophicus*, trans. D. F. Pears & B. F. McGuinness, London: Routledge& Kegan Paul Ltd. , 1961.

Ludwig Wittgenstein, *Philosophical Investigations*, 4th edition, eds. P. M. S. Hacker and J. Schulte, trans. G. E. M. Anscombe, Oxford: Blackwell, 2009.

Luke Russell, "Evil, Monsters and Dualism", in *Ethical Theory and Moral Practice*, Vol. 13 (2010), No. 1, pp. 45 - 58.

Marquis de Sade, *Justine*, *Philosophy in the Bedroom*, *and Other Writings*, Grove Press, 1990.

Gilles Deleuze, Leopold von Sacher - Masoch, Jean McNeil, *Masochism: Coldness and Cruelty & Venus in Furs*, Zoom Books, 1991.

Martha C. Nussbaum, *Anger and Forgiveness: Resentment, Generosity, Justice*, Oxford University Press, 2016.

Nelson Goodman, *Fact, Fiction and Forecast*, Cambridge, Mass.: Harvard University Press, 1983.

Nigel Warburton, *Philosophy: the Basics*, 5th Edition, Abingdon & New-York: Routledge Taylor & Francis, 2013.

Pedro A. Tabensky, *The Positive Function of Evil*, Palgrave Macmillan, 2009.

Philip Cole, *The Myth of Evil*, Edinburgh: Edinburgh University Press, 2006.

Ralph Keyes, *The Post - Truth Era: Dishonesty and Deception in Contemporary Life*, St. Martin' s Press, 2004.

Paul W. Kahn, *Out of Eden: Adam and Eve and the Problem of Evil*, Princeton: Princeton University Press, 2006.

Richard J. Bernstein, *The Abuse of Evil. The Corruption of Politics and Religion since* 9/11, John Wiley & Sons; Wiley; Polity, 2013.

Richard J. Bernstein, Violence: Thinking without Banisters, Cambridge: Polity Press, 2013.

Richard Kraut, *Against Absolute Goodness*, New York: Oxford University Press , 2011.

Richard Morrock, *The Psychology of Genocide and Violent Oppression: A Study of Mass Cruelty from Nazi Germany to Rwanda*, McFarland, 2010.

Robert Goodin & Philip Pettit (eds.), *A Companion to Contemporary Political Philosophy*, MA: Blackwell Publishing, 1995.

Robin Morgan, "Rape Is Frequently Used as a Weapon of War", in Mary E. Williams, Tamara L. Roleff (eds.), *Sexual violence : opposing viewpoints* , San Diego: Greenhaven Press, 1997.

St. Thomas Aquinas, *Summa Theologiae*, Cambridge, Eng.: Blackfriars, 1964 - 1976.

Susan Neiman, *Evil in Modern Thought: An Alternative History of Philosophy*, Princeton: Princeton University Press, 2002.

Susan Neiman, “Undeniable Eivl”, *New England Review*, Vol. 23, No. 4 (2002).

Susan Wolf, “Moral Saints”, in*Journal of Philosophy* , 1982.

Walter Benjamin, “Critique of Violence”, in Benjamin, *Walter Benjamin Selected Writings*, Vol. 1, 1913 – 1926, Marcus Bullock, Michael W. Jennings (eds.), Edmund Jephcott (trans.), Massachusetts: The Belknap Press of Harvard University Press, 1996.

Walter Pitkin, *A Short Introduction to the History of Human Stupidity* , New York: Simon and Schuster, 1932.